Sammlung Metzler
Band 341

Peter Nitschke

Politische Philosophie

Verlag J.B. Metzler Stuttgart · Weimar

Der Autor

Peter Nitschke, geb. 1961; Universitätsprofessor für »Wissenschaft von der Politik« und Direktor des Instituts für Sozialwissenschaften an der Hochschule Vechta. Bei J.B. Metzler ist erschienen: »Staatsräson kontra Utopie. Von Thomas Müntzer bis Friedrich II. von Preußen«. 1995.

Die Deutsche Bibliothek – CIP-Einheitsaufnahme

Nitschke, Peter:
Politische Philosophie / Peter Nitschke.
– Stuttgart ; Weimar : Metzler, 2002
(Sammlung Metzler ; Bd. 341)
ISBN 3–476–10341–2

Gedruckt auf chlorfrei gebleichtem, säurefreiem und alterungsbeständigem Papier

SM 341

ISBN 3-476-10341–2
ISSN 0558 3667

www.metzlerverlag.de
info@metzlerverlag.de
Einbandgestaltung: Willy Löffelhardt
Satz: Johanna Boy, Brennberg
Druck und Bindung: Franz Spiegel Buch GmbH, Ulm
Printed in Germany
April/2002

Verlag J.B. Metzler Stuttgart · Weimar

Vorwort

Die Politische Philosophie befindet sich zu Beginn des 21. Jahrhunderts keineswegs in einer Krise, sondern (wie immer in Krisen- und Umbruchszeiten) in einer grundsätzlichen Erneuerung. Dazu will die vorliegende Einführung ihren Teil beitragen. Was genau jeweils ‚politisch' ist und was nicht, hängt vom Kontext der Fragestellung ab, aber auch von der Methodik des Fragens selbst. Insofern betreffen die folgenden Ausführungen auch stets philosophische Grundprobleme. Eine der größten Schwierigkeiten bei der Abhandlung der diversen Themenstellungen zur »Einführung« betrifft den Aspekt der Komplexität. Die Materialfülle ist zwar enorm, aber nicht das eigentliche Problem. Dieses besteht im wesentlichen gerade darin, die Komplexitätsdichte zu reduzieren zugunsten einer systematischen Argumentation. D.h., nicht alles und jedes darf vorgestellt werden, doch das, was reflektiert wird, muß einer fundamentalen Bilanzierung gleichkommen. Ein Satz muß hundert Sätze in sich aufnehmen können. Auch wenn dies sprachlich keineswegs je vollständig gelingen kann, so ist doch das assoziative Moment im Sinne einer Empfehlung zwischen den Zeilen anzustreben. Dies versucht die vorliegende Darstellung. Sie richtet sich an Uninformierte wie Interessierte gleichermaßen. Um die Freundschaft zur Politischen Philosophie, die in Deutschland derzeit wieder eine Renaissance erfährt, noch zu erweitern, geben die Klassiker in ihrer eigenen Sprache die wesentlichen Aussagen wieder. Zitiert wird dabei nach gemeinhin gut verfügbaren Ausgaben für den Seminargebrauch oder die Feierabendlektüre. Die Sekundärliteratur versucht zumeist den neueren Stand der Forschung, wie er sich im letzten Jahrzehnt des 20. Jahrhunderts manifestiert, zu dokumentieren.

Eine solche Arbeit könnte natürlich nicht zustande kommen ohne eine Vielzahl von Gesprächen und Lerneffekten. Auch wenn sicherlich zehn Jahre in der Beschäftigung hiermit nur eine erste Basis sein können, ist generell die Diskussion mit Kollegen und Kolleginnen hierzu substanziell. Ein einziger sei an dieser Stelle ausdrücklich genannt: Karl Hahn (Münster), der mit seinen temperamentvollen Beiträgen bis dato noch jede Diskussion in die heuristische Entscheidungssituation geführt hat. Dazu mein herzlicher Dank. Danken möchte ich ebenso Frau Susanne de Vries, die mit Genauigkeit die Korrekturlesungen vorgenommen hat sowie Frau Marianne Averbeck vom Sekretariat des Instituts für Sozialwissenschaften, welche die Einarbeitungen in den Text umsichtig durchgeführt hat.

Peter Nitschke Vechta, im Oktober 2001.

Inhalt

1. Themen der Politischen Philosophie

»Man sieht durch den Menschen, was der Mensch ist.«

(Tilo Schabert: Die Architektur der Welt, S. 23)

Nichts scheint so ungewiß wie Politische Philosophie. Von den einen wird sie als merkwürdige Überschußsparte der Politischen Theorie betrachtet, von den anderen wiederum als ein nach Möglichkeit zu vermeidendes Denkfeld der praktischen Philosophie. Irgendwo dazwischen stößt sich auch noch die Religion daran und rührt an die Politische Philosophie, zumeist dann, wenn es um die Richtigkeit der theologischen Prämissen für praktisches Handeln geht. Was also ist nun *Politische Philosophie*? – Eine esoterische Wissenschaft im Rahmen der Politikwissenschaft, eine suspekte Veranstaltung im Rahmen der Philosophie, deren Logik auf diesem Gebiet allzuoft bizarre Effekte zeitigt oder eine dogmatisch zu behauptende Denkfigur aus dem religiösen Interpretationsangebot von Gott und Welt?

Keines von dem für sich alleine, sondern alles zusammen – das ist die zunächst einfache Antwort. Aber damit beginnen zugleich die Schwierigkeiten für das Verständnis von Politischer Philosophie (vgl. auch Hartmann 1981, Vollrath 1987). Diese Schwierigkeiten sind, lange bevor es an die Sachfragen geht, zunächst stets hermeneutischer Art. *Was* wollen wir hier verstehen, und *wie* wollen wir es analysieren? – **Was ist das Politische**, und wie ist es zu begreifen?

Mit Fragen dieser Art schlägt sich die Politische Philosophie herum, seit es ein spezifisches Verständnis sowohl von Philosophie als auch von Politik gibt. Philosophie als **Frage nach der Wahrheit der Dinge** impliziert somit für den Bereich des Politischen, was immer es sein mag, eine Zuordnung als Wahrheitsfrage. Es geht um die Richtigkeit der Dinge, es geht um die Angemessenheit des menschlichen Tuns, der menschlichen Handlungen in dem Feld, welches wir als ein *Politisches* bezeichnen. Als solches bezieht sich Politische Philosophie auf einen Großteil jener Fragestellungen, welche auch allgemein in der Praktischen Philosophie erörtert werden. Vielen erscheint daher die Politische Philosophie als ein Teilgebiet der Praktischen Philosophie. Wir werden noch sehen, daß man dieses auch umgekehrt begreifen kann: die Politische Philosophie als höchster Zweck der Praktischen Philosophie – sogar des Philosophierens überhaupt.

Zunächst einmal ist es jedoch wichtig anzuerkennen, daß Politische Philosophie eine offene Diskurshaltung zur Voraussetzung hat. Und zwar *offen*, weil hier kein Frageverbot existieren darf. Im Gegensatz zur Theorie, die auf eine möglichst geschlossene, fein säuberlich abgezirkelte Konstruktion ihrer Aussagewerte beruht, begründet sich das Philosophieren durch die **hermeneutische Offenheit**, die sich zu keinem Zeitpunkt als eine je schon vollständig verstandene Wahrheit begreifen kann. Das führt dazu, daß *politisches Philosophieren* (wie Philosophieren überhaupt) sich durch zum Teil widersprüchliche, geradezu paradoxe Aussagemöglichkeiten von dem bewegt, was menschliche Wirklichkeit als eine politische Wirklichkeit *sein soll* oder *tatsächlich ist*. *Was ist*, erfährt sich aber stets durch die Art des Fragens selbst, ist somit abhängig von der Hermeneutik, die jeweils zugrunde gelegt wird. Da es unterschiedliche Vorstellungen von dem geben kann, was ist, bleibt es nicht aus, daß philosophisches Denken über Politik jenseits der bloßen Behauptung, es sei so (und nicht anders), differente und widersprüchliche Angebote zur menschlich-politischen Wirklichkeit enthält.

Dort also, wo eine politische Theorie, um ihrer systematischen Abgrenzung willen, Frageverbote oder ignorante Auslassungen beinhaltet, ist politisches Philosophieren gerade um die Öffnung oder das Offenhalten der Fragerichtungen bemüht. Nichts ist klar im Hinblick auf die Ewigkeit – außer der Ewigkeit selbst als permanentes Hinterfragen ihrer Bedeutung.

Wenn die Philosophie nach dem Ganzen der Wahrheit (im Sinne der Ewigkeit) fragt, dann orientiert sich hierbei die Politische Philosophie auf den Aspekt der Ordnung des Ganzen. Ordnung meint hier den Aufbau der Organisation der menschlichen Existenz als Teileinheit einer Gesamteinheit. Die Gesamteinheit, das ist die **Existenz des Menschen als Gattungswesen**: Man mag dies im Großen Menschheit nennen, Untereinheiten davon nennen wir heutzutage Nation, Gesellschaft oder Staatsvolk (vgl. Berber ²1978). Daneben gibt es noch weitere kleinere Einteilungseinheiten wie Stamm, Gruppe oder Familie. Am Ende steht der Mensch selbst als Individuum. Je nach der Fragerichtung kann man beim einzelnen Individuum anfangen und bei der Menschheit als Ganzes enden – oder auch umgekehrt. Stets ist hierbei die Wechselbeziehung das Entscheidende für die Politische Philosophie (wie auch für die Theorie): In welcher Weise steht der einzelne zu *seinem* Gesamt? – Um dies angemessen beantworten zu können, muß man zunächst einmal klären, was denn den einzelnen als Individuum kennzeichnet, eine Frage, die heute scheinbar selbstverständlich ist, aber keineswegs zu allen Zeiten in allen Kulturen als *philosophische Frage* auftaucht. Zweitens muß dabei erörtert werden, was denn das Ganze selbst ist oder sein soll. – Und schließlich ist drittens die vielleicht entscheidendste Frage, auf welche Weise denn ein jeder sich mit dem Gesamt in Verbindung sieht und setzt.

Man kann Fragen dieser Art als Fragen nach der individuellen wie kollektiven Identität begreifen. Insofern hat Politische Philosophie sehr viel mit dem zu tun, was heutzutage in der Soziologie abgehandelt wird. Doch im Hinblick auf den dritten Fragebereich, dem nach der Verbindung zwischen dem Ganzen und dem einzelnen, geht die Politische Philosophie weit über soziologische Aspekte hinaus. Hier stellt sich spätestens dann die Legitimationsfrage: In welcher Weise betrachtet der einzelne das Ganze als *legitim* für sich selbst und handelt entsprechend dem Ganzen?

Streng genommen ergibt sich erst mit dieser Sinn-Bezugsfrage der Ort des Politischen. Das Politische ist ein zu vergemeinschaftendes Tätigkeitsfeld des einzelnen bzw. einer Gruppe. Da es hierbei immer um die Qualität sowie die Quantität des Miteinanders geht, ist **Politik** als Kennzeichen des Politischen nicht einfach nur die Kunst der Staatsverwaltung oder der Staatsführung, sondern im eigentlichen Sinne (ganzheitlich) die **Kunst der Organisation des Lebens** für alle – jedenfalls für alle, die dazu gehören, dazu gehören wollen oder sollen. Politik ist so gesehen in ihrer kürzesten und zugleich am weitesten gefaßten Formel die Kunst der Vergemeinschaftung. Diese Vergemeinschaftung darf, wenn sie denn richtig funktionieren soll, keine auf kurze Zeiträume angelegte Ordnung sein. Sie muß nachhaltig betrieben werden. Das kann sie aber nur, wenn sie auf Dauer **richtig** ist. Richtig ist eine Politik aber nur, wenn sie **angemessen** die Dinge beurteilt, die sie bearbeiten und entscheiden will. Angemessen wiederum kann das Urteil nur dann sein, wenn es halbwegs **vernünftig** Ansprüche, Interessen und Gegebenheiten in Übereinstimmung setzen kann – und zwar in Übereinstimmung mit dem, was Wirklichkeit ist.

Da aber niemand in der Menschenwelt weiß, was Wirklichkeit insgesamt ist, denn sonst wäre er kein Mensch mehr, sondern ein *Gott*, bedarf es zur Erkenntnis dessen, was politisch richtig ist, der Vernunft und der Einsichtsfähigkeit in die Struktur der Dinge. Folgerichtig bezieht sich Politische Philosophie im wesentlichen auf Fragen der Logik selbst, und zwar der Logik des richtigen Handelns.

Sie stellt damit die **Frage nach den Standards des guten und richtigen Tuns**. Die Erörterung solcher Standards ist deshalb so wichtig, weil das gute und richtige Handeln in der Welt des Politischen als eine Gemeinschaftshandlung stets mit Macht verbunden ist. Mit Macht verbunden heißt, es ist nicht beliebig. So vielschichtig sich politisches Handeln auch gestalten mag, es ist keineswegs unverbindlich. Schon gar nicht von den Folgen her. Streng genommen kristallisiert sich im politischen Handeln die Zuspitzung auf die Entscheidung, was gut ist und was nicht, als einer Entscheidung über Leben und Tod. Denn in der Machtfrage vermittelt sich für das kollektive Gesamt wie für den einzelnen Teilnehmer die Verfügung über gutes wie schlechtes Tun. Das heißt, mit ihr steht und fällt auch das Erleiden von guten oder schlechten Handlungen, die von der konkreten Politik *begangen* werden.

Insofern ist vielleicht die zentralste und wichtigste Frage, die von der Politischen Philosophie immer wieder von neuem zu stellen ist und gestellt wird, die nach der Macht, die das Ganze über seine Teile beansprucht – und vor allem, zu welchem Preis dies geschieht.

Dies geht nicht ohne irgendeine Erörterung jener Standards, die wir gemeinhin mit **Gerechtigkeit** klassifizieren. Was gerecht ist und was nicht, erweist sich somit als basale Frage nach einer Bestimmung der guten Politik. Politik, so korrumpiert sie auch sein mag, kommt ohne einen Bezug hierzu nicht aus. Folglich ist die Bestimmung der jeweiligen Gerechtigkeitsstruktur einer politischen Ordnung ein weiteres Kernelement der Politischen Philosophie. *Ungerecht sein* im Sinne von Böses oder Falsches tun, bedeutet ein Nichtwissen zu haben hinsichtlich dem, was *ein Gutes tun* ist. In der Aufdeckung dessen, was Gutes zu tun sei (und zwar möglichst auf Dauer), führt die Politische Philosophie allein schon durch permanentes Nachfragen jenseits der Denkverbote in die essentiellen Daseinsweisen des Menschen als eines kollektiven Wesens, das irgendeiner Ordnung um seiner selbst willen bedarf.

Und diese *irgendeine Ordnung* ist gerade der problematischste Punkt: Nicht jede Ordnung ist eine gute Ordnung. In der Welt des Politischen changieren alle möglichen Ordnungsansprüche und -entwürfe unter dem Deckmantel der guten, mitunter sogar der **besten Ordnung**. Politische Philosophie stellt, mehr noch als die Theorie, die kritische Hinterfragung voran. Sie ist in dieser Hinsicht so etwas wie eine Aufdeckungswissenschaft: die Enttarnung der Anfangs- und Bewegungsmotive für politische Ordnung, die sich noch stets darauf berufen hat, in irgendeiner Weise gerecht zu sein. Hierbei versucht sie, die Beständigkeit und Plausibilität jener Prinzipien zu ergründen und zu beweisen, von denen ein Mathematiker oder Naturwissenschaftler auf seinem Feld sagen würde, daß diese Prinzipien als Gesetze ewig seien. Wenn »jemand eine allgemeine Frage stellt«, so hat Bertrand Russell formuliert (Russell: Denker des Abendlandes, S. 20), dann beginnt die Philosophie ihre Wirkung zu entfalten. Für die Politische Philosophie gilt dies nicht weniger – gerade wenn es um die Frage der Gerechtigkeit von menschlichen Ordnungskonzepten und ihrer Realität geht.

Allerdings ist diese **Realität** durch eine permanente Verschiebung der Daten wie auch der Zuschreibungsmöglichkeiten gekennzeichnet, was es so schwierig macht, die in den Naturwissenschaften behaupteten Gesetze auch im Bereich des Politischen und der Politik streng systematisch wiederzufinden. Zielen wir daher nicht ganz so hoch und nennen wir die Gesetze vorerst *Regeln*, dann kommen wir in der Politischen Philosophie auch dem (vielleicht) ziemlich nahe, was für die Naturwissenschaften gilt. Dann geht es nämlich um nicht weniger als die möglichst vernünftige Darlegung von Spielregeln zur Begründung der menschlichen Existenz mit selbstgewählten Rechten und Pflichten. Hierzu gehört dann auch die richtige Reihenfolge, die diese Regeln untereinander aufweisen können oder müssen.

Da es stets der Mensch als ein *homo politicus* ist, der sich dies, seine eigene Handlungsweise, als Rechenschaftsbericht wie Beurteilungsgremium auferlegt, geht es bei der Frage nach den Regeln immer um eine Art von Selbstauslegung. Hierfür kann man, grob skizziert, drei Perspektiven oder Horizonte ausmachen:

a) die Regeln des politischen Menschen aufgrund *der Natur Gottes*,
b) die Regeln des politischen Menschen aufgrund *seiner Natur*,
c) die Regeln des politischen Menschen aufgrund *seiner eigenen Konstruktion*.

Bei allen drei Ebenen stellt sich für die Politische Philosophie stets die Frage nach dem Guten wie nach dem Bösen. Letzteres muß im Sinne der Nichtangemessenheit bzw. der Ungerechtigkeit auch hinterfragt werden, denn sonst könnte man nicht begründen, was denn das Gute sein soll. Es versteht sich, daß man auch ohne das Attribut ›politisch‹ vom Menschen an sich sprechen könnte. Doch sofern man das Attribut als Qualitätsmerkmal ernst nimmt – und das empfiehlt sich aufgrund der Machtfrage –, ist es ein Kennzeichen des Politischen, daß sich der Mensch hier Regeln gibt, die er im weitesten Sinne aus den drei genannten Erklärungshorizonten ableitet.

Hierbei ist relevant, den Akt der Selbstzuschreibung im Sinne einer Selbsterkenntnis als Wahrheitsaussage zu formulieren. Dies ist um so wichtiger, weil eine *schlechte*, d.h. nicht angemessene oder gar falsche Interpretation des Guten in der Politik stets zu etwas Gegenteiligem führt. Schließlich ist auch die Barbarei »nicht nur das Gegenteil von Kultur, sondern manchmal und leider allzuoft deren Folge« (Baudart 1998, S. 77). Um das Richtige von dem weniger Richtigen oder gar Unangemessenen trennen zu können, provoziert Politische Philosophie die Fragen nach der Ordnung der Dinge als existentielle Fragen. In diesem Sinne liefert sie einer jeden Politik die wesentlichen Theoreme, Fragen und Antworten, um überhaupt erst als Wissenschaft in Erscheinung treten zu können. Als **Wissenschaft von der Politik** ist diese Wissenschaft im wesentlichen eine kognitive Ordnungswissenschaft, die ohne philosophisches Fragen und Antworten gar nicht auskäme. Keineswegs sollte man hier deshalb die Politische Philosophie von der Politikwissenschaft trennen, wie manche Autoren vorschlagen (vgl. Strauss: Political Philosophy, S. 13f.). Sie fungiert vielmehr mit ihren Fragen nach den Beweggründen für die Selbstorganisation von Interessen in einem Kollektiv als eine Art Antriebsmotor für die politische Wissenschaft insgesamt. Diese kann dann in Datenreihen und quantifizierenden Analysen die Dinge bestätigen oder relativieren, von der Axiomatik her aber kann keine Wissenschaft des Politischen ohne die oben genannten philosophischen Fragen auskommen (vgl. auch Smith 2000).

Damit verbunden ist auch die Bewertung dessen, was wir als **das Gesamte** bezeichnen. Ist es die Familie, der Stamm, der Kaufmannsverband, das (nationale) Volk, der Staat oder gar die Welt – vom Universum des Menschen im Kosmos nicht zu reden? Man wird konkrete Politik nur dann verstehen und sinnvoll gestalten können, wenn man eine angemessene Einordnung vornehmen kann. Das bedeutet: Jede individuelle Disposition kann in der Welt des Politischen nicht behandelt werden ohne eine Berücksichtigung der Ordnungsstruktur selbst, in der man sich sieht oder betrachtet sehen möchte. Denn das hat ohne Zweifel Folgen für das Alltagshandeln der Beteiligten. Aus dem Ordnungsverständnis heraus resultieren die Hierarchien, die sich Menschen kollektiv auferlegen. Jede Funktion, die ein Leistungsträger des Politischen, etwa ein Polizist oder ein Richter hat, ist nicht verständlich ohne ein Bewußtsein für das Ganze. Das heißt, Funktionen und Hierarchien können nur im Rahmen von Gesetzen und politischer Ordnung richtig verstanden und praktisch werden. Wenn die Ordnung nicht stimmt, kann auch die **Pra-**

xis nicht funktionieren. Die Realität ist dann, was immer sie sein mag, eine andere.

Somit ist eine weitere wesentliche Frage für die Politische Philosophie die nach der *realen* Realität der Dinge in der Welt des Politischen. Weil dies eine Welt ist, die hochgradig aus Selbstinterpretationen (noch dazu die der Herrschenden) besteht, gilt es hier, Schein und Sein deutlich voneinander zu trennen. Ist jeder, der behauptet, für soziale Gerechtigkeit sein zu wollen, tatsächlich auch gerecht? Gehören alle Menschen, die auf dem Boden eines bestimmten Territoriums wohnen, auch zum Volk oder nur einige wenige oder besondere? Ist man wirklich frei, wenn alle Welt von Freiheit redet (vgl. Brunkhorst 2000), oder was meint dies eigentlich?

Fragen dieser Art lassen sich nur erörtern, wenn man sie ebenfalls als Wahrheitsfragen angeht. So willkürlich hier die unterschiedlichen philosophischen Positionsbestimmungen quer durch Zeit und Raum auch sein mögen (vgl. z.B. Möbus ^{2}1966, Sabine ^{3}1971, Lieber 1991, Stammen/Riescher/Hofmann 1997, Oberndörfer/Rosenzweig 2000), allesamt verweisen sie auf etwas grundlegend Gemeinsames, das man noch am angemessensten als Gemeinwohl (*bonum commune*) bezeichnen kann. Ohne den Anspruch auf ein *bonum commune* geht es nicht. Egal, wie zusammengesetzt dieses Gut als ein Gemeinwohl ist, es besteht nicht aus einem Einzelgut als Oberstem, sondern aus Mischungen und Durchbrechungen einer Pluralität von Gütern, die so vielschichtig sein können, wie es individuelle Interessen oder auch Gruppenpräferenzen in einer Gesellschaft gibt. Dort, wo es Gemeinsamkeiten im Sinne dieses Anspruches auf Gemeinwohl gibt, existiert auch für jede noch so pluralistische Gesellschaftsordnung das **Prinzip einer Gemeinschaft**. Wer dies verstanden hat, macht als Politiker nicht nur funktional, sondern auch normativ logischerweise, wenn nicht schon die beste, so doch eine (halbwegs) gute Politik.

Doch im Gegensatz zur rein praktischen Politik (und leider oft auch der Politikwissenschaft), die sich mit Kosten-Nutzen-Analysen der vorschnellen Art zufrieden gibt, kann die Politische Philosophie um der Nachhaltigkeit der Fragen willen keineswegs simple Machtarithmetik für das jeweils bestehende politische Ordnungssystem liefern. Hierin unterscheidet sie sich auch von dem Angebot der sogenannten **Politischen Theologie** im strengen Sinne. Auch wenn der Wahrheitsanspruch hier ebenso gegeben ist wie in der Politischen Philosophie, so basiert dieser in der Politischen Theologie weniger auf der Logik als vielmehr auf dem Prinzip der göttlichen Verheißung. Die Dogmen der Theologie dürfen nicht hinterfragt werden –

erst recht nicht durch die Welt des Politischen. Somit manifestiert sich in der Politischen Theologie mehr ein Offenbarungsgeschäft als eine Philosophie des Politischen. Auch wenn die Theologie zweifellos wesentliche philosophische Grundmuster bereithält und vorantreibt, so kann die »Philosophie einzig in der Politischen Philosophie zur Vollendung ihrer Reflexivität gelangen« (Meier 2000, S. 14). Politik jenseits der Formel einer von Gottes Allmacht strukturierten Gnade ist insofern von Menschen um ihrer selbst willen reflexiv anzugehen und (auch) zu verantworten. Nur wo die Heilsgewißheit sicher scheint, da schimmert stets das Kernmotiv der Politischen Theologie durch. Das ist sicherlich nicht selten auch bei den Entwürfen der Politischen Philosophie der Fall, aber gerade deshalb darf und muß hier stets von neuem gefragt und geantwortet werden.

Im eigentlichen Sinne ist daher Politische Philosophie so etwas wie der Lackmustest für die menschliche Existenz als Gattungswesen. Eine Politik des Selbst als Individuum gibt es nicht. Wo diese Frage auch auftaucht, ist immer schon der Blick auf den anderen bzw. die anderen mit impliziert. Die Politische Philosophie zeigt hier deutlich an, was der Logos des Menschen unter- und füreinander wirklich (tun) kann. Da dies nur als Wahrheitsfrage sinnvoll betrieben werden kann, unterscheidet sich die Politische Philosophie auch kraß von dem, was in Ideologien mit falschen oder verzerrenden Behauptungen zur Wirklichkeit als schierer Machtanspruch angezeigt wird. Gerade ein Politisches Denken ist dann noch kein Beweis dafür, daß es sich hierbei tatsächlich um ein reflektiertes Niveau im Rahmen des philosophischen Horizonts handelt. Wo Ansichten über die angebliche Richtigkeit der bestehenden Tagesordnung weit verbreitet sind – und dies ist in den aktuellen Demokratien nicht anders als in den feudalen Netzwerken des Mittelalters oder den aristokratischen Stadtstaaten der Antike –, da bedarf es schon eines spezifischen Blicks quer durch Zeit und Raum, um die existentiellen Fragestellungen angemessen aufzunehmen und die je eigene Gegenwart kritisch zu reflektieren (vgl. auch Gerhardt/Ottmann/Thompson 1991ff., Maier/Denzer ^{6}2001). Insofern zeichnet sich mit der Reflexion in der Politischen Philosophie immer auch ein historisches Verstehen ab. Denn nur mittels der **Geschichte von Ideen**, die man als politische charakterisiert, kann und wird sich eine Logik des Politischen im Sinne der Regeln nachweisen lassen (vgl. hier Fetscher/Münkler 1985-93, Morrow 1998). Das aber führt zu einem weiteren hermeneutischen Problem: Der jeweils durch die Politische Philosophie erneuerte Anspruch, die Spielregeln quer durch die wechselwidrigen Umstände in Zeit und Raum sinnvoll dechiffrieren zu können, ist auf die Berücksichtigung der historischen Kontexte angewiesen (vgl. auch Hellmuth/Ehrenstein 2001). Doch gerade hierin erweist sich die paradoxe Konstellation mit den Formen der Logik selbst. Menschliche Sprache und Handlungen sind abhängig von den kulturellen Wertzuschreibungen der jeweiligen Epoche im Sinne einer Deutungseinheit. Ist also das, was man unter Gerechtigkeit in einer bestimmten Zeit und einer bestimmten Kultur klassifiziert hat, auch das, was man darunter in Verbindung aller Zeiten und aller Kulturen zu verstehen hätte? – Wohl kaum. Doch in einer formal-logischen Perspektive, quasi als Idee selbst, kann man eine solche Verbindung auch keineswegs ausschließen. Gerade von dieser reizvollen Ambivalenz zwischen logisch formulierter Idee und den Abhängigkeiten einer je historisch bedingten Deutung lebt die Politische Philosophie.

Doch was ist überhaupt historisch? – Auch dies ist eine Frage der (möglichst sinnvollen) Konstruktion und Bewertung von Aussagemöglichkeiten quer durch Zeit und Raum. Gerade deshalb ist auch eine Ausblendung der normativen Fragen für die Politische Philosophie nicht hinnehmbar und der Stein des Anstoßes für weitere Fragen. Fragen, die zu weiteren Konstruktionen dessen führen können, was historisch adäquat ist und was nicht. Insofern dreht sich mit der Geschichte politischer Ideen die Politische Philosophie in einem gigantischen Kreislauf um die (eigene) Achse – nennen wir sie der Vermutung nach einfach einmal *bonum commune.*

2. Griechische Fragen: Über Ehrerbietung und Gerechtigkeit

> »Was ist das Gerechteste? Opfern.
> Was ist das Weiseste? Die Zahl,
> und den zweiten Rang nimmt derjenige ein, der die Dinge mit Bezeichnungen versehen hat.
> Was ist das weiseste von all dem, was von uns ausgeht?
> Die Heilkunst. Was ist das schönste? *Harmonia*.
> Was ist das Mächtigste? Einsicht.
> Was ist das Beste? Glück. Was ist das wahrste von all dem, was gesagt wird? Daß die Menschen schlecht sind.«
>
> (Pythagoras von Samos, 277, S. 256)

Am Anfang des Denkens steht das Wort. So, wie beim Beginn jeglicher Philosophie, so erweist sich auch das Entstehen einer Politischen Philosophie als die Suche nach dem jeweils geeigneten Begriff für Etwas. Dieses ›Etwas‹ bezeichnen wir heute selbstverständlich als Politik. Doch so selbstverständlich, wie wir den **Politikbegriff** heutzutage verwenden, ist er eigentlich gar nicht. Genau genommen ist es ein permanentes Reflektieren über bestimmte Inhalte, die wir mit Politik als Begriff verbinden: Macht, Herrschaft – und auch Gerechtigkeit, um nur drei der zentralsten zu nennen. Da die Festlegung dieser drei Hauptbegriffe des Politischen aber stets für sich selbst schon schwierig ist, weil die Bedeutungszumessung hier ständig Schwankungen hinsichtlich der Bewertung unterliegt, gilt dies auch für den Politikbegriff. Er ist wie ein Chamäleon, er wechselt seine Farben, auch dann, wenn die formalen Attribute (wie Macht und Herrschaft) gleich bleiben mögen.

Insofern ist das Denken über Politik stets angewiesen auf eine gewisse logische Schlußfolgerung darüber, was alles – oder eben auch nicht – zu einem je konkreten Politikverständnis gehört. So ist das Ringen um Politik und ihre Inhalte zugleich ein Reflektieren über notwendige wie auch unnötige Strukturen hinsichtlich der Ausgangsfrage, was der Mensch in Gemeinschaft kann oder können sollte. Das, was ›er‹ kann, muß sich auch in Worte fassen lassen. Insofern ist Politik stets getrieben von der Suche nach den richtigen Begriffen. Hier setzt Politische Philosophie ein.

Das Ringen um den richtigen Begriff ist dann zugleich ein Erkenntniszugriff auf Möglichkeiten der Logik selbst. Politik ohne *Logos* – ohne das richtige Wort und den angemessenen Begriff für etwas zu haben, was man tut, ist nicht möglich bzw. verkehrt sich in das Gegenteil dessen, was gewünscht war.

2.1 Die Hybris der Macht (Thukydides)

Es ist das große Verdienst der griechischen Philosophie, für die Konstituierung des Politikbegriffs in Form einer reflexiven Methodik das Ausgangsszenario erstmals umrundet und hinsichtlich der spezifischen Themen zugleich auch auf einem erkenntnistheoretischen Niveau etabliert zu haben, das bis heute immer wieder Nachahmungen und Erweiterungen angeregt hat.

Nicht in den großartigen Zivilisationssystemen des Zwei-Stromlandes in Mesopotamien oder in Ägypten taucht der Politikbegriff in Form einer philosophischen Sicht der Dinge auf, sondern er schält sich gleichsam mühselig erst in den Jahrhunderten seit Homers Heldenepen nach dem 8. Jahrhundert vor Christus in den Debatten um den **griechischen Stadtstaat** (***polis***) aus. So lange ein mythisches Denken vorherrscht, so lange kann ein eigenständiger Ansatz für Politik nicht existieren. Macht und Herrschaft sind im Denken der vorsokratischen Welt mythisch eingebunden in einen Zauber der Natur und in die Launen der Götter (vgl. hierzu Weber-Schäfer [2]1992, T.1, Kirk/Raven/Schofield 1994). So, wie bei Homer das Handeln der Menschen von den Göttern geordnet wird, damit sie ihrer naturhaften Bestimmung gerecht werden (vgl. Homer: Ilias), so verfolgt das mythische Denken eine Einordnung des Politischen in ein System der schicksalshaften Daseinsverfügung. Daraus resultiert zum einen die Gebundenheit des Daseins an die Macht der Götter, zum anderen ist eine Selbstverfügung für die menschliche Handlungswelt hierbei (wenn überhaupt) dann nur bedingt gegeben. Politik taucht in einem solchen Deutungshorizont nur in Verbindungen mit anderen Werten auf: Kampf, Freundschaft (unter Kriegern), Ruhm und Ehre für sich und seine Sippe. Eine eigenständige Wertzuschreibung, erst recht ein spezifischer Begriff des Politischen, existiert in der mythischen Weltauslegung nicht. Wo die Hohepriester des Orakels die Deutungsmacht über die Handlungen des

Menschen haben, wird der Begriff des Politischen geradezu verschluckt von der mythischen Immanenz der Erscheinungsformen. Die Machtmittel für einen Kampf um Gerechtigkeit sind zwar auch in den Stammeskulturen vorhanden, sie werden aber (noch) nicht als spezifisch *politische* Gestaltungsmuster dechiffriert, sondern formulieren sich über die traditionellen mystisch-theologisch verbrämten Interpretationen sozialer Macht- und Willensdurchsetzung.

In den vorsokratischen Diskussionen, den philosophischen Entwürfen über Götter und Welt zwischen dem 6. und dem beginnenden 4. Jahrhundert vor Christus, erfährt dieses mythologische Denken hinsichtlich des Politischen seine ersten Brüche (vgl. Raaflaub 1989, Cartledge 1998). Besonders die sogenannten **Sophisten**, jene Lehrer, die in den griechischen Städten Geld für ihre Lehren nahmen, formulieren für den Politikbegriff wichtige Ansätze. So etwa Protagoras, wenn er in seiner Erklärung der Menschenwelt auf eine Gabe der Götter verweist, die diese den Menschen als indirekte Fähigkeit beigegeben haben: Von allen Eigenschaften, die Menschen für ihre Handlungen besitzen, gibt es zwei, die zwar elementar, aber doch zunächst im neu geborenen Menschen erst noch entwickelt und ausgebaut werden müssen – nämlich *aidós* (Respekt vor dem anderen) und *díke* (Gerechtigkeit). Beide Faktoren sind so etwas wie Antriebsprinzipien, die der Mensch benutzt, benutzen kann oder sollte, um sich im Rahmen seines Daseins als Mensch unter Seinesgleichen zu ordnen. Dieser **Mythos des Protagoras**, der als Schöpfungsgeschichte formuliert ist, verweist auf die Möglichkeiten, die das Mensch-Sein als Dasein ausmachen (vgl. Baumhauer 1986). Mittels der Orientierung an Ehre und Gerechtigkeit kann sich der Mensch unter seinesgleichen aufgrund einer zu entwickelnden Kunst (*téchne*) Fähigkeiten erwerben, die für das, was Politik beinhaltet, die Grundlage bilden. Gesetze sind nach diesem Verständnis eine originäre Kulturleistung des Menschen.

Thukydides hat diese Interpretation als Handlungsmuster bei seiner Darstellung des *Peloponnesischen Krieges* (430-400 v. Chr.) zur Analyse der strukturellen Entscheidungen angewandt. Nicht mehr die Götter entscheiden, wie bei Homer, über den Ausgang von Schlachten, den Sieg oder Untergang von Kulturen, sondern es sind die Menschen selbst, die mit ihrer jeweiligen Form von politischer Kunst (*politikè téchne*) den Lauf der Dinge bestimmen (vgl. grundsätzlich Leppin 1999). Wenn Athen z.B. bei der Belagerung und Erstürmung von Melos so handelt, daß die Melier keine neutrale Position zwischen Unterwerfung und Untergang haben, dann geschieht dies aufgrund des selbstformulierten Machtanspruchs von Athen, der als Gesetz (*nomos*) ausgelegt wird. Tatsächlich, das läßt Thukydides in seinem brillanten *Melier-Dialog* sichtbar werden, folgen die Athener nur der eigenen Machtverliebtheit, die als *physis* zum Wesen der Macht gehört: Sie sind nicht in der Lage, zwischen dem inneren Wesen der Macht und ihrer aktuellen (äußeren) Gestaltungsform zu unterscheiden. Hätten sie hier sorgfältiger die Natur der Macht ergründet, worauf die Melier sie im Dialog hinweisen, dann hätten sie erkennen können, daß die Frage der Macht vom Wesen her amorph ist: Sie bleibt nie auf Dauer bei der gleichen Position und der gleichen Person oder Gruppe. **Das Wesen der Macht** besteht gerade darin, zu fluktuieren (vgl. auch Meier 1982, S. 820-835). Aufgabe des Politikers ist es, diese Fluktuation, die Ambivalenz der Macht in den Erscheinungsformen zu erkennen und sich entsprechend der Umstände angemessen zu verhalten. Dies alles erkennen die Athener in der Analyse des Thukydides nicht. Sie argumentieren statt dessen vor den Toren von Melos rein funktional hinsichtlich ihres eigenen (unmittelbaren) Nutzens, demzufolge »alles Menschenwesen allezeit nach dem Zwang seiner Natur, soweit es Macht hat, herrscht« (Thukydides: Geschichte des Peloponnesischen Krieges, V105). Der sophistische Standpunkt, daß nämlich »das Angenehme für schön und das Nützliche für gerecht« gehalten wird (ebd., V107), erfährt hier seine augenfällige Paradoxie. Die Macht ist keineswegs identisch mit dem Nutzen und schon gar nicht ist Mehr-Macht-Haben auch stets von größerem Nutzen. Das erfahren auch die Athener in der Darstellung des Thukydides: Der Melier-Dialog ist nicht umsonst der verhängnisvollen Sizilienfahrt vorangestellt. Vor Melos agiert Athen noch höchst erfolgreich mit diesem Prinzip der simplen Nutzenkalkulation für den eigenen Standpunkt, der für die unterlegenen Melier die Katastrophe der völligen Vernichtung beinhaltet. Auf Sizilien scheitert man dann aber gerade an diesem Anspruch und der Nichtberücksichtigung der Gefahren, die der Gier nach Macht zugrunde liegen. Die Macht ist und bleibt somit auch für die Athener keine feste, allzeit nur für sie selbst erfolgreich zu praktizierende Größe, sondern sie ist relativ (nach Zeit und Raum willkürlich auftretend), wobei derjenige, der über Macht verfügt, wie die Stadt Athen, stets nicht die Zufälligkeit und die eigene Willkürlichkeit sieht, sondern sich seine Herrschaft als Nomos auslegt. Eben darin besteht die Hybris der Macht.

2.2 Macht und Gerechtigkeit (Platon)

Bei Thukydides tritt dieses Phänomen der Ambivalenz und der Pleonexie, des Immer-mehr-haben-Wollens von Macht, als diagnostisches Prinzip bei der Darstellung der historischen Ereignisse im Duell zwischen Sparta und Athen scheinbar ohne jede Wertung auf. Quasi wie ein Arzt legt Thukydides nur den Finger auf die Wunde, ohne die therapeutischen Ratschläge geben zu können und zu wollen, wie denn die Heilung hätte aussehen können. Es bleibt dem philosophischen Gedankengebäude Platons überlassen, aus dem Grundproblem einer stets möglichen Hybris der Macht die systematische Lehre zu ziehen. Platon hat dies in den Spätschriften seines äußerst umfangreichen Werkes von verschiedenen Perspektiven aus durchgespielt. Herausgekommen ist dabei so etwas wie eine **Ontologie der Macht**, in der die Frage nach der Natur der Macht zugleich eingebunden wird in die Frage nach der Qualität des möglichst richtigen Gemeinwesens, das am besten auf Dauer existieren können sollte (vgl. Reale 1996, Kersting 1999 u. Deibel 2000).

Bereits in der einleitenden Fragestellung des ersten Buchs der legendären *Politeia* (387-67 v. Chr.), jener Abhandlung über die Gerechtigkeit, in der die Aspekte eines besten Staates erörtert werden, fokussiert Platon auf seine Weise meisterhaft das Grunddilemma bei der Frage der Macht. Die klassische **Kardinaltugend** ***Gerechtigkeit*** wird im Dialog zwischen dem sophistischen Denker Thrasymachos und Sokrates, hinter dessen spieltheoretischer Person sich Platon mehr oder weniger verbirgt, verhandelt. Ausgangspunkt für den Disput ist die traditionelle Konstruktion, derzufolge Gerechtigkeit darin bestünde, den »Freunden Gutes tun und den Feinden Böses« (Platon: Politeia, 332d). Die sokratische Gegenposition vermittelt demgegenüber die Frage der Gerechtigkeit als die einer Tätigkeit, in der die richtige Relation der Dinge angegangen wird. Das führt dazu, daß Gutes tun bei Sokrates als Tugend-Gebot verstanden wird und so Freund wie Feind in den Genuß einer guten, d.h. gerechten Handlung kommen müssen, wenn der Begriff von Gerechtigkeit überhaupt Sinn haben soll. Da Thrasymachos auf diesem Gebiet nicht weiterkommt in seiner Argumentation, verwirft er den ersten Ausgangssatz und präzisiert ihn mit der These, daß Gerechtigkeit der Nutzen des Stärkeren sei. Hier wird die sophistische Position vom Recht des Stärkeren zum Paradigma erhoben. Exakt wie bei der Argumentation der Athener im Melier-Dialog behauptet auch Thrasymachos: Wer die Gewalt in der Polis hat, hat auch die Macht und schließlich den (größten) Nutzen. Jede politische Ordnung praktiziert dieses Prinzip, wie es ihr beliebt: Einige Staaten werden dann »tyrannisch regiert [...], andere demokratisch und noch andere aristokratisch« (ebd., 338d). Vehement wehrt sich Platon in der Figur des Sokrates gegen diese Argumentation, indem er auf die immanente Selbstbindung der Herrschaft an ihre jeweiligen Prinzipien verweist. Diese werden von ihnen aufgrund des Willkürprinzips politischer Ordnung mitunter auch vernachlässigt oder sogar hintergangen. Das geschieht dann aus Unwissenheit heraus, »wenn die Regierenden wider Wissen, was ihnen übel ist, anordnen« (ebd., 339e). Erst wenn eine Regierung genau weiß, auf welcher Grundlage ihre politische Ordnung basiert, kann sie auch den Nutzen für ihre Anweisungen und Handlungen berechnen. Mit einem reinen Appell an das Recht des Stärkeren ist es dann nicht mehr getan. Die politische Tätigkeit einer jeden Regierung hat stets ein Ziel zu formulieren, dessen Verwirklichung für sie selbst auch von Nutzen ist. Doch eben nicht nur für sie alleine, denn keine Regierung ist um ihrer selbst willen da – mit Ausnahme der Tyrannis.

Faktisch enttarnt Platon des Standpunkt des Thrasymachos damit als ein tyrannisches Argumentationsmodell. Denn vom Ziel (*telos*) her gedacht, ist eine jede Regierung nur Mittel zum Zweck, also Nutzen. Die Frage ist (nur), für wen ist die jeweilige Regierung von Nutzen – und für welches Ziel?

Das Ziel wiederum ist etwas anderes als der Einsatz der Mittel. Insofern liegt es in der Qualität der Frage nach Gerechtigkeit begründet, daß mit ihr (und nur mit ihr adäquat) die richtige Zweck-Mittel-Relation in bezug auf das Telos beantwortet werden kann. Zu welchem Zweck soll eine konkrete Gemeinschaft überhaupt Machtausübung über ihre Mitglieder zulassen, wenn der Sinn nicht irgendwie in der Gerechtigkeitsfrage bestünde? – Thrasymachos kann bezeichnenderweise auf diese sokratische Gegenposition nicht antworten, und so weicht er aus zur Formulierung eines dritten Leitsatzes: Gerechtigkeit sei etwas, das von weniger Nutzen sei, als wenn man ungerecht ist.

Auch diesem, faktisch bis zur heutigen Zeit reichendem Allgemeinplatz begegnet Platon erneut mit dem Hinweis auf die Bedeutung für ein jedes politisches System: Ordnung funktioniert nicht ohne Gerechtigkeit. Eine jede Politik muß »notwendig mit Gerechtigkeit« ausgestattet sein (ebd., 351b), sonst reicht auch die pure Gewaltanwendung nicht aus, um ein Volk bei der Ordnung zu halten. Der Tyrann mag so handeln, aber dann ist die politische Herrschaft auch nicht von Dauer, sie scheitert empirisch wie anthropologisch stets an »Zwietracht und Haß und Streit untereinander« (ebd.,

351d). Demgegenüber steht das Prinzip der **Gerechtigkeit als Handlungsmaxime des richtigen Regierens** für Eintracht und Freundschaft.

Dieser zunächst nur formal vorgetragene Gesichtspunkt wird von Platon dann im weiteren Verlauf des Dialogs in der *Politeia* geradezu systematisch durchgespielt und sowohl von den empirischen wie auch von den theoretischen Möglichkeiten her anschaulich durchleuchtet. Ausgehend von den substantiellen Bedürfnissen, die ein jeder Mensch in einer jeden Polis hat, wird nach den Bedingungen gefragt, unter denen eine politische Ordnung nicht nur als simple Konstruktion der Existenzbefriedigung einer sogenannten *Schweinepolis* funktioniert, in der jeder seine Speise und seinen Trank hat, sondern in der auch die Entwicklung und Vervollkommnung der geistig-sozialen Eigenschaften des Menschen geformt werden können. Hierzu skizziert Platon seinen berühmt-berüchtigten **Wächterstaat**, der die erste Utopie in der abendländischen politischen Philosophie darstellt.

Die beste aller Polis-Welten ist in dieser Fiktion ein Zwei-Schichten-System, in dem auf der einen Seite die Gruppe der Herrschenden – die sogenannten Wächter – stehen und auf der anderen Seite die Beherrschten – die Händler, die Handwerker und Bauern. Das Spannungsmoment in dieser Konstellation, das seitdem ebenso viel Bewunderung wie Kritik hervorgerufen hat, basiert auf der anthropologischen Grundannahme, derzufolge nicht jeder zum Herrschen geeignet ist. Herrschen-Können und Herrscher-Sein ist vielmehr ein ontologischer Status, den man zwar durch systematische Ausbildung erreichen kann, doch ohne die entsprechenden Fähigkeiten nützt auch die beste Anleitung nichts. Platon unterteilt daher seine fiktiven Polisbewohner von vornherein in eine biologisch gegebene Struktur, aus deren quasi genetischer Matrix sich die Eigenschaften für die Tätigkeitsfelder mit Notwendigkeit im Verlauf der Erziehung ergeben. Die Wächter sind die Goldmenschen und die übrigen, das werktätige Volk, die Eisenmenschen. Damit wird ein Daseins-Status festgemacht, der in seinem jeweiligen ontologischen Rahmen für alle Beteiligten zwingende Konsequenzen hat: Nichts ist beliebig, die Funktion einer jeden Tätigkeit in dieser Polis ist ausgerichtet auf die **Idee des Guten**, von der Platon annimmt, daß sie konstitutiv und handlungsleitend für jede Gruppe und jeden Menschen sei.

Gerechtigkeit manifestiert sich in diesem System als ebenso nützlicher wie harmonischer Ausgleich von Interessen und Bedürfnissen zwischen der Gruppe der Wächter und den übrigen Tätigkeitsfeldern und dort noch einmal zwischen Bauern, Handwerkern und

Händlern untereinander. Damit es zu keinen Überschneidungen der Tätigkeiten kommt, bindet Platon beide Schichten in unterschiedliche, streng voneinander getrennte Status- und Funktionsbereiche. Herrschen und Kriege führen können nur die Wächter; Gesetze erlassen und diese in ihrer Ausführung kontrollieren ist allein Sache der Wächter. Hierfür bekommen sie die beste Erziehung, die in der Polis möglich ist. Allerdings zahlen sie dafür nach heutigem Verständnis hinsichtlich ihrer Individualität auch einen hohen Preis: Sie bilden ein Kollektiv, eine Kaste, in der es keinen Privatbesitz und auch keine Familienbildung geben darf. Gegenüber dieser quasi mönchisch-reglementierten Wächterkaste, in der sowohl Männer wie auch Frauen die gleichen Funktionen erfüllen, ist in der Gruppe der Händler und Handwerker genau das Gegenteil der Fall. So politikfern diese Schicht der Werktätigen ist, so haben sie all das, was die Wächter nicht haben: Familien, Privatheit und Privatbesitz.

An der Spitze dieses zweigeteilten Polismodells steht als oberster Regent der **Philosoph als Herrscher**. Denn nur der Philosoph ist in der Lage zu erkennen, was richtig ist und was nicht und die Gesetze hinsichtlich der konkreten Bedürfnisse der unterschiedlichen Statuseinheiten zu formulieren und den Wächtern in Auftrag zu geben. Hier, an der Spitze, erfährt das platonische Modell seine eigentlich utopische Maxime: Entweder müssen »die Philosophen Könige werden in den Staaten oder die jetzt so genannten Könige und Gewalthaber wahrhaft und gründlich philosophieren« (ebd., 473d). Solange diese beiden Prinzipen, Herrschaft und Philosophie, nicht eine Einheit bilden, »eher gibt es keine Erholung von dem Übel für die Staaten« und »auch nicht für das menschliche Geschlecht« insgesamt (ebd.).

Die Schwierigkeit, die sich für Platon stellt, liegt in der Frage der Antriebsbewegung: Nicht, daß es überhaupt eine vollständig gerechte politische Ordnung geben könnte, ist das Problem, sondern wie man dahin kommt, sie überhaupt einzusetzen. Wie soll der Philosoph zur Macht gelangen, wenn (noch) stets die Schweinepolis herrscht, in der die Philosophie als unnütze Tändelei verachtet wird? Platon führt an diesem Punkt ein Stilmittel ein, das er eigentlich bei der Beweisführung im Rahmen der Logik des Politischen bei Homer und anderen Vorgängern stets kritisiert hat: den Mythos. Im siebten Buch der *Politeia* offeriert er dem Publikum das berühmte **Höhlengleichnis**, mit dem er die verquere Situation für den Spielraum des potentiellen Philosophenkönigs anzeigt.

Ausgangspunkt seiner Parabel ist die Schilderung einer Höhle, in der die Bewohner nicht wissen, daß sie überhaupt in einer Höhle leben. Sie halten die Höhle für etwas Normales. Schlimmer noch, sie halten die Abbildungen der Schatten, die sie vor sich an der Wand sehen, für die Existenz der Dinge selbst. Da die Höhlenbewohner so an den Boden gefesselt sind, daß sie sich nicht umdrehen können, wissen sie auch nicht, daß hinter ihnen in ihrem Rücken ein Feuer existiert, das überhaupt das Licht an die Wand wirft, welches sie sehen. Über eine Mauer, die zwischen dem Feuer und den Gefesselten steht, werden von anderen Menschen Gegenstände hochgehalten, die als Schatten auf der gegenüberliegenden Höhlenwand erscheinen. Die Beschreibung dieses erbärmlichen Zustands für die Gefesselten entbehrt nicht einer gewissen Komik, obwohl die Sequenz eigentlich einen tragischen Charakter aufweist. Die Gefesselten fühlen sich als Wissende, obgleich sie eigentlich noch nicht einmal erkennen, daß es nur Schatten sind, über die sie sich unterhalten. Vom Feuer selbst, geschweige denn von der Natur der Höhle oder der Natur überhaupt haben sie keinerlei Vorstellungen.

Die Frage ist, was passiert, wenn sich einer der Gefesselten befreien könnte. – Er würde aufstehen, sehen, daß da eine Mauer existiert und dahinter das Feuer, welches das Licht spendet. Er würde feststellen, daß die Dinge, die er bisher für wahr hielt, im Grunde nur schemenhafte Abbildungen der tatsächlichen Existenz darstellen. Er würde aber auch vielleicht an den Menschen bei dem Feuer vorbeigehen und nach einem Ausweg aus der Höhle suchen. Sollte er ihn finden, würde er an der Erdoberfläche feststellen können, was die Natur der Dinge wirklich ist. Denn hier existiert jenseits der künstlichen (von Menschen gemachten) Flamme das wahrhafte Licht der Sonne, aus der alles Leben und alle Erkenntnis entspringt.

Die nun, nach dieser fundamentalen Naturentdeckung, noch wichtigere und alles entscheidende Frage ist, was macht der Philosoph mit seiner Erkenntnis des Ganzen? Bleibt er für immer an der Erdoberfläche als einzelner und freut sich über die Natur der Dinge? Oder kehrt er zurück in die dunkle Höhle zu den Artgenossen, um sie aufzuklären über sich selbst und die Natur ringsherum? Für Platon ist die zweite Antwort (eigentlich) eine logische Notwendigkeit, die sich aus der Existenz des einzelnen als soziale Verpflichtung gegenüber den anderen ergibt. Jedoch sieht er die Gefahren, denen sich der Philosoph dabei aussetzt, sehr deutlich. Entweder wird der Heimkehrer in der Höhle verlacht, weil man ihm nicht glaubt, oder aber, wenn er gar zu sehr auf seiner Erkenntnis von Wahrheit insistiert, dann könnte man ihn als Abweichler von der eigenen Realität auch umbringen.

Das Dilemma des Philosophen ist damit offenkundig: Wie will er seine Wahrheit beweisen, wenn den Gesprächsteilnehmern und den zeitgenössischen Sozialpartnern die geistigen Grundlagen für die Erkenntnis fehlt? Entweder er hält sich zurück mit dem Wahrheitsanspruch oder er stirbt den Tod des Schismatikers. Im Grunde hat Platon hier die beste **Aporie des politischen Philosophen** beschrieben: Je weiter seine Erkenntnisse reichen, desto unwahrscheinlicher wird deren Realisierung in der eigenen Epoche. Da die Menge »unmöglich« Philosoph sein kann (ebd., 494a), ist die Einsichtsfähigkeit der Mehrheit in die Wahrheit der Dinge nicht gegeben. Nur der einzelne kann wahrhaft erkennen, nicht aber die Masse selbst, die noch dazu aus Stein- und Eisenmenschen besteht.

Mit diesem mythischen Bild hat Platon nicht nur die Aporie der politischen Philosophie meisterhaft formuliert (vgl. auch Zimbrich 1994), er hat zugleich auch (prozessual betrachtet) den Anstoß für die Denkrichtung ihrer Überwindung geliefert: Erziehung zum richtigen Mensch-Sein in gegenseitiger Verantwortung. Sollte es je einen richtigen Philosophenkönig geben, dann würde sich der Gegensatz von Macht und Wahrheitsliebe auflösen. Wahrheit wäre dann mit Macht identisch.

2.3 Die Politik der Mitte (Aristoteles)

Die außerordentlich hoch gegriffene Formel Platons unterstreicht in ihrer Radikalität, worum es seit Sokrates der griechischen Philosophie in dem Bemühen um die Politik geht: Erkenntnis der spezifischen Möglichkeiten politischer Gestaltung und der Legitimation der Ordnung, die nicht willkürlich und zufällig behauptet werden sollte. Platons Ansatz, mit der Idee des Guten eine alles verbindende Grundlage für die unterschiedlichen menschlichen Interessen und Leidenschaften zu plazieren, ist allerdings als Ordnungsmodell, bei dem eine Aristokratie der Wächter über das Volk herrscht, bereits von seinem Meisterschüler Aristoteles nicht ohne systematischen Widerspruch aufgenommen worden.

Aristoteles begreift im Gegensatz zu seinem Lehrer Platon die Fragen der Logik nicht im Sinne einer Ideenlehre, sondern er versucht, die Phänomene in ihren empirischen Erscheinungsformen für die Existenz des Politischen hin zu durchleuchten (vgl. hier Hager 1972, Kamp 1990, Weber-Schäfer ²1992, T.2). Das führt dazu, daß Aspekte der Singularität und Besonderheit hier mehr betont werden als bei Platon. Dennoch – oder aber gerade deswegen – ist seine Abhandlung über die *Politik* (nach 335 v. Chr.) mit Platons *Politeia* der zweite große Wurf in der politischen Philosophie der Antike. Da Aristoteles die einzelnen Bausteine des Politischen zunächst in ihrer Differenz angeht, verweist er mehr als Platon auf die Substanz der Familienhaushalte für den Begriff des Politischen. Der Haushalt (*oikos*) ist für ihn nicht deckungsgleich mit der Polis. Auch wenn es Analogien gibt, sind die Befugnisse des Hausherrn über die Familienmitglieder nicht identisch mit denen des Herrschers in der Polis. Die Polis ist mehr als ein einzelner Oikos, sie ist auch mehr als die Summe aller Haushalte: Sie ist »von Natur ursprünglicher als das Haus oder jeder Einzelne« (Aristoteles: Politik, 1253a 20). Daß das Ganze mehr ist als die Summe seiner Teile, bedingt sich auch für Aristoteles aus einer ontologischen Perspektive. So, wie der einzelne Buchstabe für sich steht, ergibt sich (erst) durch die Aneinanderreihung von Buchstaben in einer bestimmten Relation ein Wort, ein Begriff, der eine oder mehrere Bedeutungen hat, die den einzelnen Buchstaben für sich genommen und selbst als Summe nicht zukommt. Die deutliche Unterscheidung von Einzelding und Gesamtheit führt dazu, daß bei Aristoteles die Qualität der politischen Ordnung als einer Gesamtheit höher zu veranschlagen ist als die der einzelnen Glieder. Wenn auch alle Haushalte ihr je spezifisches Gutes anstreben, so ist dies doch nichts im Vergleich zur Gutheit der politischen Ordnung, der Polis selbst.

Da alle Haushaltungen an diesem Gesamtgut partizipieren, ergibt sich auf dieser Ebene ein Mehrwert, der die politische Ordnung sowohl normativ als auch quantitativ zu einer Größe eigener Art macht. Streng genommen entsteht Politik erst aus dieser ontologischen Differenz zwischen dem einzelnen und dem Gesamten. Politik ist daher für Aristoteles der **Vorgang der Vermittlung von Bedürfnissen im Rahmen von Interessensausgleichen** – hier stets konkret zwischen Regierenden und Dienenden. Damit folgt Aristoteles grundsätzlich seinem Lehrer Platon, der in der Schrift *Politikós* (nach 365 v. Chr.) bereits den Politiker als Leiter und Bewacher einer Herde von Menschen charakterisiert hatte (vgl. Platon: Politikós, 267d). Bei Aristoteles wird aus diesem Bild eine regelrechte »Wissenschaft vom Herrenverhältnis« (Aristoteles: Politik, 1253b 8). Wie es in jedem Oikos die Rangordnung zwischen »Herr und Sklave, Gatte und Gattin, Vater und Kinder« gibt (ebd., 1253b 6), so gehört auch das Herrenverhältnis zur Politik und einer jeden politischen Ordnung. Politische Teilhabe, überhaupt die Fähigkeit zur Politik, besitzen bei Aristoteles allerdings auch nur bestimmte Personen. Zwar sind es in seiner Lehre nicht die philosophisch geschulten Wächter wie bei Platon, doch ist auch hier ein gewisses aristokratisches Grundmodell gegeben: Frauen, Kinder, Krüppel und Handwerker bleiben von der politischen Partizipation ausgeklammert. Nur wer »es sich also leisten kann, sich nicht selbst abzumühen, bei dem übernimmt ein Verwalter dieses Amt, und die Herren selbst treiben Politik oder Philosophie« (ebd., 1255b 36f.). Die politische Ordnung wird demnach nur von den Eigentum besitzenden Männern gemacht, von den Hausherren der Haushalte mit Besitz an Ländereien und Handelswaren.

Aristoteles formuliert diese Ausgangsposition als Bedingung für Politikfähigkeit vor dem Hintergrund der realen Gegebenheiten in Athen. Doch die Prämisse für die Teilhabe am Politischen hat für ihn auch eine logische Qualität: Politik ist streng genommen nichts anderes als die **Kunst der Hausverwaltung**. Der Politiker hat hier die gleiche Konstellation zu beachten: Er muß die Dinge hinsichtlich der unterschiedlichen Interessen in der Polis so ordnen, daß das Ganze (die Gemeinschaft) keinen Schaden nimmt, sondern, im Gegenteil, prosperiert. Die Politik erzeugt insofern nicht die Menschen (wie Platon meinte), sondern sie übernimmt »sie von der Natur« und verwendet sie zu den Bedürfnissen der Menschen selbst (ebd., 1258a 23).

Die Polis als Vielheit strukturiert gerade um ihrer Vielheit willen die Einheit des Ganzen. Hier ist das Politische, und hier entsteht das Bedürfnis und die Notwendigkeit für die **ausgleichende Gerechtigkeit** in der politischen Ordnung (ebd., 1261a 30). Um dies gewährleisten zu können, ist die Einhaltung des Prinzips der Freundschaft unter denjenigen, die Politik betreiben, das höchste Gut. Schon Platon hat stets darauf hingewiesen, daß nichts so wichtig ist, wie die Bewahrung des Friedens unter denen, die regieren. Die Stabilität einer politischen Ordnung hängt von der Einhaltung der Gesetze und der Freundschaft unter den Regierenden ab. Das ist ebenso normativ wie funktional zu verstehen – erst recht, wenn die Interessen der Menschen verschieden sind. Doch anders als sein Lehrmeister hält Aristoteles den Versuch, zu einer philosophischen Realisierung der guten Polis zu gelangen, für unmöglich. Denn das Hauptproblem bei der Machtfrage, das dynamische Prinzip des Immer-mehr-haben-Wollens, die Pleonexie, gehört mit zur menschlichen Grundausstattung. Es ist quasi eine anthropologische Konstante, die auch durch die bestmögliche philosophische Konstruktion nicht zu beseitigen ist: »Denn die Natur des Begehrens ist unbegrenzt, und die große Menge lebt nur, um es zu sättigen« (ebd., 1267b 4).

Um dieses schier unendliche Begehren zu kanalisieren, kann sich die Politik auf verschiedene Formen der Teilhabe und des Regierens einlassen. Wie schon Platon unterscheidet hier Aristoteles (noch differenzierter) drei Varianten des Herrschens, die ihrerseits zwischen einer positiven und einer negativen Herrschaftsform unterteilt werden können.

A. Gute Herrschaft	B. Schlechte Herrschaft
1. Monarchie	Tyrannis
2. Aristokratie	Oligarchie
3. Demokratie	Ochlokratie

Abb. 1: Das Modell der Herrschaftsformen in der Antike

Für jede dieser dreimal zwei Herrschaftsformen gibt es eine jeweils nur ihr entsprechende Eigenschaft, deren Ziel wie Ursache sie ist. Die Qualität der **Monarchie** besteht demzufolge darin, daß hier die Entscheidungskompetenz unmißverständlich bei einer einzigen Person liegt. Gerade, wenn um den Sinn der Politik gestritten wird, ist das mitunter die einzige stabilisierende Größe für den Erhalt der politischen Ordnung. Deshalb hat Platon auch die Synthese von Macht und Weisheit in der Person des Einen gesucht.

Demgegenüber zeichnet sich die **Aristokratie** durch eine Beteiligung mehrerer Personen aus, die aber allesamt zur richtigen Einsicht fähig sind und aufgrund ihrer Tugend als Regierung der Besten eines Volkes angesehen werden müssen. Die **Demokratie** stellt in dieser Hinsicht die mengenmäßig größte Erweiterung für politische Herrschaft dar: Hier können alle mitregieren, die zur politischen Teilhabe fähig sind. Nach der Lehre des Aristoteles sind dies aber nur die besitzenden Männer, so daß diese Auffassung von Demokratie aus heutiger Sicht letztlich aristokratisch bleibt. Die Masse der Bewohner einer Polis ist demnach nicht identisch mit denjenigen, die als Bürger in der Demokratie regieren können.

Die positive Bestimmung, die der demokratischen Ordnung durch den Siegeszug der parlamentarischen Systeme der Moderne zukommt, verdeckt, daß sowohl bei Aristoteles wie auch bei Platon die Demokratie tendenziell schlecht in der Bewertung abschneidet. Der spätere Versuch eines Anhängers der aristotelischen Lehre, mit der sogenannten **Ochlokratie** als einer Herrschaft des Pöbels, die auf Maßlosigkeit basiert, hier eine Unterscheidung zu machen, kann nicht darüber hinweg täuschen, daß auch Aristoteles das Freiheitsmotiv für die Demokratie ausgesprochen kritisch beurteilt. Freiheit in Maßen mag zur Tugend anleiten, als reiner Selbstzweck führt es in die Pleonexie der hemmungslosen Eigeninteressen von jedermann, die (systematisch betrachtet) in der Geschichte der griechischen Stadtstaaten noch stets den Bürgerkrieg bedingt haben.

Was also ist dann eine *gute Verfassung* für Aristoteles? – Da Monarchie und auch Aristokratie von der Möglichkeit eines Umschlags in die jeweils pervertierte Form der **Tyrannis** und der **Oligarchie** nicht gefeit sind, muß es noch eine andere Form der Verfaßtheit für die Polis geben. Was liegt näher, als die verschiedenen positiven Attribute der einzelnen Ordnungsformen so zu koppeln, daß sich hieraus eine gut strukturierte Mischform ergibt, die von größerer Dauer sein kann als die reinen Polismuster. Und so empfiehlt Aristoteles unter der Bezeichnung der *Politie* ein Mischsystem von Verfassungsattributen aus den drei positiven Herrschaftsformen, bei der die Geltung von Wahrhaftigkeit (des Monarchen), der Tugend (aus der Aristokratie) und der Freiheit (der Demokratie) zu einer neuen Matrix verbunden werden. Im Grunde handelt es sich hierbei um die **Gewinnung einer politischen Mitte**: Auf der einen Seite steht der Wahrheitsanspruch des einzelnen Staatslenkers, auf der anderen Seite das freiheitliche Begehren der vielen Bürger. Im Prinzip der Tugend treffen sich beide Ausgangspunkte auf eine Mittelposition hin, was dazu führt, daß auch Aristoteles wie bereits Platon unmißverständlich auf den funktionalen Gehalt der vier Kardinaltugenden (Gerechtigkeit, Tapferkeit, Klugheit und Mäßigung) für den Bestand der politischen Ordnung Wert legt.

Was dann jeweils welchen Anteil ausmacht, ist eine Frage der Zielsetzung der Polis selbst. Im besten Sinne kann es hierbei für die Politie formal betrachtet nur zwei grundlegende Ziele für Regierungshandeln geben: zum einen die Glückseligkeit (*eudaimonia*) ihrer Bürger zu stärken und voranzutreiben und zum anderen die Selbständigkeit (*autarkia*) der Ordnung als Ganzes zu behaupten und dauerhaft zu etablieren. Insofern ist die Anleitung zur Tugend, wie schon bei Platon, so auch bei Aristoteles, Leitlinie für richtiges Bürgerverhalten. Je weniger man sich zu extremen Positionen begibt, desto besser kann die individuelle wie kollektiv formulierte Glückseligkeit erlangt werden. Das Prinzip der Mitte wird hier für die Politik als erkenntnistheoretische wie handlungsleitende Größe implementiert. Dieses Prinzip garantiert nicht nur Beständigkeit für alle Beteiligten und die Ordnung selbst, sondern es verlangt auch eine permanente Selbstkonditionierung für die Bürger – um ihrer Glückseligkeit willen. Hierfür ist die Politik zuständig: »Denn dort setzen wir das Ziel der politischen Kunst als das beste an, und gerade diese bekümmert sich am meisten darum, die Bürger zu einer bestimmten Art und Tugend zu bilden und fähig, das Edle zu tun« (Aristoteles: Nikomachische Ethik, 1099b 29-33).

3. Römische Antworten: Von Tugend und Recht

»Alle Handlungen des ganzen Lebens orientieren sich an der Beachtung des Sittlichen und des nicht Sittlichen: danach richtet sich die Art unseres Tun und Lassens.«

(Seneca: Ad Lucilium epistulae morales, 76, 18)

Die aristotelische Interpretation von politischer Ordnung legt ebenso wie die platonische Fassung ein hohes Gewicht auf die natürliche Funktion der Ordnungsfrage. Das bedeutet, politische Ordnung ist keinesfalls ein Zufallsprodukt. Sie ist vielmehr ein dem Menschen von vornherein aufgegebenes Ziel, das er um seiner selbst willen erfüllen muß. Wenn man den Mythos des Protagoras streicht, bleibt immer noch (und erst recht) der Mensch für sich selbst als handlungsrelevant übrig: Das heißt, der Mensch ist immer schon und notwendigerweise ein politisches Wesen, ein *zoon politikon*, wie es Aristoteles so treffend formuliert.

Nicht die Götter machen die Politik aus, sondern die Menschen sind wegen ihrer sozialen Natur, und wegen ihrer Bedürfnisse stets auf Politik angewiesen. Wo keine Menschen, da auch keine Politik. – Diesen logischen Grundsatz kann man sowohl mit allerlei metaphysischer Aufladung versehen, wie es Platon mit der Idee des Guten und Aristoteles mit dem Anspruch auf Glückseligkeit gemacht haben; man kann hieraus aber auch die verhaltensrelevanten Schlußfolgerungen ziehen, die sich auf das Funktionieren der menschlichen Handlungen konzentrieren. Dies ist in der Folgezeit vor allem im Bereich der sogenannten **Stoa** geschehen, jener Lehre und Interpretation vom Menschen, die neben der Logik und der Physik stets die Frage nach der **richtigen Ethik** gestellt hat. Diese Lehre hat vor allem im Bereich der römischen Welt für die Auseinandersetzungen um Macht und Recht eine ganz entscheidende Rolle gespielt (vgl. hierzu Oppermann ³1983, Steinmetz 1994 u. Weinkauf 1994). In einer Kombination von platonischen und aristotelischen Positionen begreifen die Stoiker als Ausgangspunkt das menschliche Lebewesen in seinem Selbstverhältnis und gehen der Frage nach, wie der Mensch vernünftigerweise seine Außenbeziehungen zur Um- und Mitwelt gestalten kann. Die je eigene körperliche Existenz, die Triebstruktur und die Vernünftigkeit der Handlungen sind hier die maßgeblichen Fixpunkte. Als Ziel gilt die möglichst vollkommene Autarkie des Einzelnen, die stets nur mit einem gewissen Maß an **Selbstbeschränkung** zwischen den eigenen Ansprüchen und denen der Gemeinschaft zustande kommen kann. Das ist zunächst nichts anderes als ein ethischer Code, der für jede einsichtsfähige Person gilt, die an ihr teilhat. Im Sinne einer politischen Philosophie kann die stoische Lehre nur dann und dort angesehen werden, wo sie nicht einfach nur auf Herrschaftsverweigerung setzt und die Abstinenz der Moral von der Macht empfiehlt, sondern wo sie im Gegenteil das richtige Tun in einer Welt der Leidenschaften **mit Macht** für sich behauptet.

3.1 Die Mischverfassung als beste Verfassung (Polybios)

Die römische politische Philosophie hat gegenüber dem hohen Theorieansatz aus der platonischen wie aristotelischen Lehre keine spezifische Neuinterpretation hervorgebracht. Allerdings wäre es zu kurz gegriffen, wollte man den Erkenntniswert der römischen Reflexionen zu Fragen der Politik nur als Abklatsch der griechischen Vorgaben sehen. Insbesondere auf dem Feld der **Rechtsphilosophie und Verfassungslehre** ist es zu wichtigen Erweiterungen und Modifikationen gekommen (vgl. grundsätzlich Fustel de Coulanges 1988, Maurach 1989). Polybios hat in dieser Hinsicht eine zentrale Funktion als Katalysator der griechischen wie der römischen Perspektiven. Für den griechischen Feldherrn, der in römische Gefangenschaft gelangt und dort staunend den Siegeszug eines neuen politischen Ordnungssystems quer durch die Mittelmeerwelt zur Kenntnis nimmt, ist es nicht nur eine historische, sondern vor allem auch eine Frage der Logik selbst, warum Rom über alle seine Feinde so erfolgreich ist. Die Antwort dazu breitet Polybios in seiner großen Geschichtsdarstellung zum Aufstieg Roms (vermutlich nach 165 bzw. 144 v. Chr.) in vergleichender Perspektive zur Geschichte Spartas, dem Reich der Perser und Makedonen, aus. Sein erkenntnisleitender Ausgangspunkt ist die Erfolgsgeschichte der Ausbreitung Roms in der Welt (Polybios: Geschichte, I 1): »Denn wer wäre so gleichgültig, so oberflächlich, daß er nicht zu erfahren wünschte, wie und durch was für eine Art von Einrichtung und Verfassung ihres Staates beinahe der ganze Erdkreis in nicht ganz dreiundfünfzig Jahren unter die alleinige Herrschaft der Römer gefallen ist?«

Um dies darzulegen, holt Polybios weit aus. Die ganze Geschichte des mediterranen Raumes nimmt er mit seiner Abhandlung in den Blick. Das hat zunächst einmal zwar nichts mit politischer Philosophie zu tun, doch seine geschichtsphilosophische Darstellung beinhaltet auch substantielle Aussagen für das Politische, da Geschichte von Polybios als »sicherste Schule und Vorübung für eine öffentliche Tätigkeit« verstanden wird (ebd.). Die genaue Kenntnis der Ursachen, die historisch zu dieser oder jener Erscheinung geführt haben, bedingt die Option auf das jeweils bessere Handeln für eine politische Ordnung. **Geschichtswissenschaft** ist somit, mehr noch als bei Thukydides, konkrete politische **Handlungswissenschaft**: Sie gibt Auskunft darüber, wie die Dinge richtig oder verkehrt gemacht werden können. Das betrifft insbesondere den Verfassungszustand einer politischen Ordnung. Vor die Wahl gestellt, mit welcher Herrschaftsform man denn am besten regieren könne, entscheidet sich Polybios in Anlehnung an Aristoteles für das Konzept der Mischverfassung (vgl. Lehmann 2001). Die beste Verfassung ist demnach die Vereinigung aller drei übrigen positiven Herrschaftsformen (Monarchie, Aristokratie und Demokratie). Dieses Modell wird nunmehr sowohl spezifiziert als auch – und darin liegt das Besondere – im Sinne eines historischen Kreislaufs schematisiert.

Am Anfang eines politischen System steht historisch immer der König. Doch nicht »jede Alleinherrschaft darf ohne weiteres Königtum heißen, sondern nur die, welche von den Untertanen als solches anerkannt wird und die das Regiment mit Einsicht, nicht mit Gewalt und Terror führt« (Polybios: Geschichte, VI 3). Die Monarchie vermittelt demzufolge das Gemeinwohl, andernfalls hieße sie Tyrannis. Sofern sie das Gemeinwohl der Untertanen fördert, steht das Königtum stets als Anfang für den »Begriff des Guten und Rechten« (ebd., VI 5). Leider, dies belegt Polybios anhand seiner historischen Fakten, bleibt es nie bei diesem Anfang. Alle politische Ordnungen neigen dazu, sich zu verwandeln: Sie mutieren – oft in das Gegenteil dessen, was sie eigentlich begründen wollten. Gerade für die Monarchie ist der Sprung zur Tyrannis besonders leicht möglich. Aus der Herrschaft des Einen, des *basileus*, kann ebenso gut die Herrschaft des Schreckens, die Tyrannis, resultieren. Diese basiert dann eben nicht mehr auf der Akzeptanz der Untertanen, weil sie einsichtsfähig sind, sondern es ist eine mit Gewalt betriebene Zwangsherrschaft des Einen über die Vielen.

Auf Dauer kann jedoch gerade so eine Herrschaft nicht existieren. Irgendwann werden die Vielen den Einen beseitigen und dann, weil die Monarchie ihnen so verhaßt wurde, nur noch die Herrschaft der Besten, die Aristokratie, akzeptieren. Doch auch hier kann (und wird) das »Wohl der Gemeinschaft« pervertiert (ebd., VI 8). Der Umschlag von der Aristokratie, als einer Herrschaft der tugendhaft Besten, in die Herrschaft der Sich-selbst-Bereichernden, die Oligarchie, kommt mit Notwendigkeit. Irgendwann, meist ist dies nach den Darlegungen des Polybios eine Generationenfrage, wird dann auch die Oligarchie beseitigt werden – und zwar zugunsten der Herrschaft des Volkes, des *demos*. Doch auch hier das gleiche Schauspiel: »Wenn jedoch eine neue Generation heranwächst und die Demokratie in die Hände der Enkel kommt, dann wissen sie diese Freiheit nicht mehr zu schätzen, weil sie sich schon daran gewöhnt haben, und suchen größere Macht und einen Vorrang vor der Menge zu erringen« (ebd., VI 9). Dies betrifft besonders die Position der Reichen, die in einer »unsinnigen Gier nach Ehre und Ansehen das Volk für Bestechungsgelder empfänglich« machen (ebd.). Es folgt, was kommen muß: der Umschlag auch der demokratischen Ordnung in ihren natürlichen Widerpart, die Ochlokratie als eine »Herrschaft der rohen Gewalt«, in der die »vertierte Masse« agiert (ebd.).

Dieser **Wechsel der Herrschaftsformen ist ein Kreislaufsystem**, das für Polybios aufgrund der verschiedenen und sich doch stets wiederholenden Beispiele in der Geschichte mit »Naturnotwendigkeit« daherkommt (ebd.). Von der Ochlokratie erfolgt dann der Umschlag wiederum zur Monarchie, weil nur noch die Herrschaft des Einen, Gerechten, aus einer völlig verqueren Situation die richtige Ordnung wiederherstellen kann. Aus diesem geschichtsphilosophischem Konzept folgt zweierlei: zum einen das Bewußtsein, daß menschliche Herrschaftsformen, so unterschiedlich sie auch ausfallen mögen, nicht zufällig sind, sondern in einem **Wechselspiel der Kräfte und der Interessen** einzuordnen sind; zum anderen resultiert aus diesem Modell die klare Erkenntnis, daß es einen wie auch immer gearteten herrschaftsfreien Raum nicht gibt. Gerade die mannigfaltige Historizität und Differenz der Erscheinungsformen belegt dies präzise: Der Mensch ist um seiner selbst willen zur Herrschaft verdammt. Das zoon politikon des Aristoteles erfährt hier seine fundamentale geschichtsphilosophische Bestätigung.

Darüber hinaus implementiert Polybios mit diesem Modell eine hermeneutische Festlegung, die ganz wesentlich zum Siegeszug dieses Modells beigetragen hat. Wenn man den fatalen Kreislauf vom

Auf- und Abstieg der Herrschaftsformen einigermaßen erfolgreich zumindest ausgleichen oder anhalten will, dann müsse man sich auf die Mischverfassung einlassen, wie Rom das in seiner politischen Ordnung praktiziere. Der Siegeszug des *Imperium Romanum* ist für Polybios nicht zuletzt deshalb eine bis dahin nicht dagewesene Erfolgsgeschichte, weil die Römer (im Gegensatz zu den Griechen) die **Mischverfassung** praktizieren (vgl. grundsätzlich Nippel 1980). Das Volk für den Demos, der Senat als aristokratisches Forum und die mächtigen Konsuln als monarchische Repräsentanten bilden die Schnittmenge einer nicht nur in den Augen des Polybios mustergültigen Lösung der leidigen Verfassungsfrage. Das republikanische Rom hat sich demzufolge auf eine Mittelposition (gleich einer Waage) eingerichtet, in der »das Königtum am Übermut durch die Furcht vor dem Volk gehindert wird« (Polybios: Geschichte, VI 10). Wenn dann die beiden maßgeblichen Grundlagen eines jeden politischen Systems – Sitte und Gesetz – richtig aufeinander eingestellt sind, darüber hinaus die Zwangslenkung der Masse durch »dunkle Angstvorstellungen und eine gut erfundene Mythologie« organisiert wird (ebd., VI 56), dann ist eine solche Ordnung von größtmöglicher Dauer.

Allerdings – und daran läßt Polybios keinen Zweifel – auch **nicht ewig**. Auch Rom, so seine Prognose, wird dem natürlichen Lauf der Dinge nicht entgehen. Auch die beste Mischverfassung der Welt bleibt nur eine Organisation auf Zeit.

3.2 Das Recht der Republik (Marcus Tullius Cicero)

Der Reiz der Geschichtskonstruktion von Polybios besteht aber nicht nur in dem Modell, das man in der antiken Welt (und nicht nur dort) unabhängig von Epoche und Kultur anwenden konnte, sondern er liegt auch darin begründet, daß hier ein Anspruch auf die Politikfähigkeit selbst erhoben wird. Wer soll über Politik besser berichten und analysieren können als ein Politiker? – So, wie ein Historiker »weder Kriegsereignisse sachgemäß darstellen« kann, »wenn er selbst keine Kriegserfahrung hat«, so kann man auch innenpolitische Vorgänge nicht sachgerecht abhandeln, wenn man »nie mit Staatsgeschäften und politischen Kämpfen etwas zu tun gehabt hat« (ebd., XII 25g). Hier erweist sich der Anspruch auf die Realität der politischen Dinge in aller Deutlichkeit. Jegliches Philosophieren im platonischen Idealmaßstab erscheint der Sache nach abträglich. Politik ist etwas, wo man sich der wahrhaften Erscheinung der Dinge in ihrer ganzen Tragweite stellen muß. Praktische Erfahrung ist daher selbst für die politische Philosophie unabdingbar.

Kann anderer hat diesen Bewertungsmaßstab in der römischen Diskussion so ernst genommen wie Marcus Tullius Cicero.

Bei Cicero zeigt sich einerseits eine viel weitreichendere Adaption der platonischen wie aristotelischen Philosophie als sie bei Polybios vorlag, zum anderen verarbeitet er seine politischen Erfahrungen, die er in der römischen Republik als Konsul (63 v. Chr.) und als Provinzgouverneur von Kilikien (51-50 v. Chr.) gemacht hat, systematisch und formt damit das Erbe der griechischen politischen Philosophie in eine dezidiert **römische Politiklehre** um (vgl. grundsätzlich Pöschl 1990, Wood 1991, Schofield 1999).

Der Ausgangspunkt seiner Lehre liegt in der Bewertung des Rechts und der Vernunft begründet. Beide Faktoren resultieren wiederum aus dem Willen der Götter (Cicero: De legibus, I 19): »Den Anfang aber der Begründung des Rechts wollen wir von jenem höchsten Gesetz nehmen, das allezeit vorher entstanden ist, ehe irgendein Gesetz geschrieben oder überhaupt ein Staat gegründet worden ist.« Die Götter stellen dem Menschen nicht nur die Vernunft zur Verfügung, sondern auch die Gesetze der Natur. Diese sind dann auch vom Menschen (um der Vernunft willen) nicht hintergehbar. Das heißt, wenn der Mensch die **Wurzel des Rechts** betrachtet, dann kann und muß er sich diese »von der Natur holen« (ebd., I 20). Die Notwendigkeit, so zu verfahren, d.h. die Aneignung des natürlichen Rechts als einen Vorgang des Sollens zu betrachten, ist ein Gebot der Vernunft, das zudem angeleitet wird durch eine Wesensähnlichkeit mit der göttlichen Welt (vgl. auch Glei 1999). Der Mensch wird hier von seiner inneren Natur angetrieben, sich zu vervollkommnen (Cicero: De legibus, I 25): »Wesensvollendung gar ist dieselbe in Mensch und Gott, und in keiner anderen Art; es ist aber Wesensvollendung nichts anderes als die völlig ausgebildete und zum höchsten Ende geführte Natur.«

Wenn der Mensch sich dieser internen Setzung als Endziel seiner selbst bewußt ist, dann geht es bei der Frage des Rechts stets um die Qualität und die Legitimation. Nicht jedes Recht ist richtig – im Sinne der Vollendung. Doch da es die göttlich aufgegebene Vernunft (*ratio*) gibt, existiert auch die Möglichkeit der sachgerechten Urteilsfindung im Recht. Kann man hier ein sinnvolles Recht begründen, wäre dies nach den Kriterien der Vernunft nicht einfach zufällig gefunden, sondern hätte als politische Ordnung zweifellos universale Gültigkeit. So zumindest lautet der kognitive Anspruch bei Cicero: Eine vernünftig begründete Rechtsordnung gilt nicht nur für Rom, sondern für die »Bürger der ganzen Welt«, gleichsam als wenn alle Menschen Mitglied eines »einzigen Staates« wären (ebd., I 61).

Das beinhaltet einen enormen Unterschied gegenüber der Auffassung aus der griechischen Polislehre. Bei Platon und Aristoteles sind die Nichtgriechen, die Fremden (wie die Sklaven), ausgeschlossen von jeder Politikfähigkeit im Sinne des richtigen Gesetzes. Bei Cicero erfolgt dagegen der Appell an die **Universalität der Rechtsprinzipien**, die durch die Vernunft selbst zum Vorschein kommen – unabhängig davon, wer diese Vernunft ausspricht. Auch wenn historisch für Cicero (natürlich) Rom dieses Rechtsverständnis als politisches Ordnungssystem bestmöglich verwirklicht hat, so ist es doch keine Erfindung der Römer: Es ist »etwas Ewiges, das die gesamte Welt« regiert »in der Weisheit des Befehlens und Verhinderns« (ebd., II 8). Die platonische Idee des Guten wird in diesem Konzept instrumentalisiert zugunsten einer göttlichen Immanenz in den Dingen, die über die Sprache der Vernunft stets anzuzeigen scheint, was richtig ist und was nicht. Wer sich (wie die Römer) auf den Kontrakt mit den Göttern in richtiger Weise einläßt, dem wird diese Vernunft der Dinge offenbar.

Die geschichtsphilosophische Konstruktion des Polybios bekommt hier ihre staatsrechtliche Weihe: Das republikanische System, das zur Zeit Ciceros bereits in seinen Niedergang begriffen war, erfährt hier seine stilistische wie systematische Modelldarstellung. Strenger als es das griechische Verständnis der Polis erlaubt hat, legt Cicero auf die Trennung von Privatheit und Öffentlichkeit Wert. Recht und Gesetze erfolgen entlang dieser Unterscheidungslinie. Was Recht (*ius*) ist und was nicht, hat stets einen privaten (*privatus*) und einen öffentlichen (*publius*) Charakter, der sowohl in der Funktion, der Qualität wie nicht zuletzt in der Kompetenz höchst unterschiedlich ausfallen kann.

Das ganze Gemeinwesen, die *civitas*, wird von dieser doppelten Kompetenzordnung mit der **Unterscheidung zwischen Öffentlichkeit und Privatheit** getragen. Dies geht bis in die Religion hinein: Ebenso wie es das »private religiöse Recht« gibt (ebd., II 58), so existiert andererseits aber auch ein öffentlicher Rechtsraum. Um genau diesen geht es in Ciceros großer Abhandlung *De re publica* (51 v. Chr.).

Die Frage nach der Qualität der politischen Ordnung und ihrer Legitimation ist bei Cicero eine Frage der Stabilität, wie schon bei

Platon und Aristoteles. Stabilität ist dabei in erster Linie eine Frage der Harmonie und des Konsenses unter Freunden, das heißt unter denjenigen, die zur politischen Klasse gehören, welche die Dinge gestaltet. Die Einheit der politischen Klasse markiert zugleich die Einheit für das Volk. Denn die Sache des Öffentlichen (*res publica*) bleibt bei Cicero der Aristokratie vorbehalten: **Volk** ist somit »nicht jede Vereinigung von Menschen, die auf jede nur denkbare Weise sich wie eine Herde zusammengeschart hat, sondern der Zusammenschluß einer größeren Menschenzahl, der auf der Grundlage einer Rechtsvereinbarung und einer Interessengemeinschaft erfolgt« (Cicero: Über den Staat, I 25). Nachdrücklich betont Cicero den Aspekt der sozialen Differenz als Grundlage für die republikanische Ordnung: Selbst eine formale Gleichheit im öffentlichen Recht darf nicht darüber hinwegtäuschen, daß es prinzipielle Ungleichheit sowohl im ökonomischen, sozialen wie nicht zuletzt im kognitiven Sinn gibt. Die beste Verfassung ist demzufolge dann auch für Cicero eine Mischverfassung, wobei hier die aristokratisch-oligarchischen Anteile in seiner Lehre überwiegen (vgl. auch Klein [2]1973, Jehne 1995). Rom als Maßstab einer selbstgerechten Stilisierung von Mischverfassung avanciert dabei zum Inbegriff von guter politischer Ordnung, die »in keinem anderen Staatswesen [...] ihresgleichen findet« (Cicero: Über den Staat, II 23).

Die Privatrechte des einzelnen – wiederum ist nur der Hausherr als Familienvater (*pater familias*) gemeint – werden zugunsten der öffentlichen Rechtssphäre inkorporiert. Wenn es um die »Wahrung der Freiheit der Bürger« geht, dann kann es keinen Privatmann geben (ebd., II 25). Die **Rechte des Bürgers** in ihrem privaten Bereich erscheinen in der Lehre Ciceros auf der öffentlichen Kehrseite als **Pflichten des Bürgers**, um den Bestand des Gemeinwesens zu sichern. Niemand kann aus diesem logischen Kreislauf ausbrechen. Andernfalls wäre die Republik zutiefst in Gefahr.

Cicero versucht, den Sinnzusammenhang von Recht und Pflicht über die Tugendfrage zu regeln. Nicht nur die politische Macht und eine möglichst ausgewogene ökonomische Grundstruktur erhalten eine politische Ordnung auf Dauer: Zwingend notwendig sind ebenso das Ansehen der Ordnung bei den Bürgern und die Tugend der Bürger untereinander. Als Kennzeichen dieser bürgerlichen Tugend (*virtus*) gilt die Tapferkeit: »Zu ihr gehören Seelengröße und eine weitgehende Verachtung von Tod und Schmerz« (ebd., V 7) .

Nur dort, wo eine solche Tugend in den Köpfen und im Herzen der Menschen verankert ist, kann das republikanische Gemeinwesen überhaupt funktionieren. Denn es verlangt die potentielle Herrschaftsfähigkeit von jedermann, der über die Bürgerrechte verfügt. Regieren und Dienen, **Befehlen und Gehorchen**, bilden ein Kreislaufsystem in der Lehre Ciceros. Das ist der Sinn der republikanischen Tugend und macht die Qualität ihrer Ratio aus: Wer richtig erkennt, der kann auch richtig handeln, er kann herrschen wie dienen gleichermaßen.

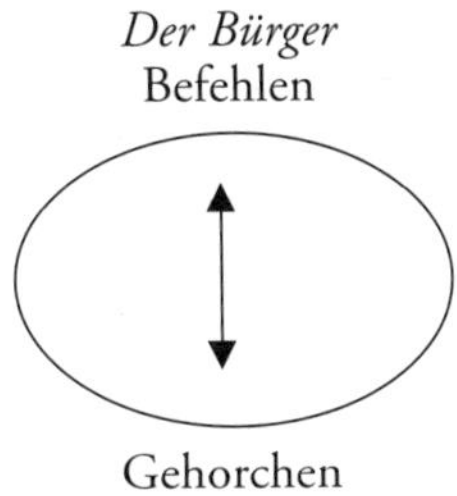

Abb. 2: Der republikanische Kreislauf

Getragen von einer hohen Leistungsbereitschaft um der Substanz der politischen Ordnung willen, ist ein solcher Bürger in der Lage, den republikanischen Zirkelschluß in ein und der gleichen Person für sich selbst zu vollziehen und dauerhaft zu praktizieren. »Darum muß der, welcher gehorcht«, konstatiert Cicero in *De legibus* (III 5), »die Hoffnung haben, er werde zu irgendeiner Zeit befehlen, und der, welcher befiehlt, daran denken, daß er in Kürze gehorchen muß«.

Die hohe Verpflichtung, die der römische Bürger um der republikanischen Ordnung willen für sich eingeht, verweist zugleich auf den moralischen Anspruch des Rechts bei Cicero. Recht ist demzufolge nicht einfach nur das, was (nach Lage der Dinge) vernünftig ist, sondern was auch zu allen Zeiten moralisch geboten ist – jedenfalls so lange man das Ziel (den Erhalt der Republik) vor Augen hat. Diese Moral ist eine **staatstragende Moral**. Sie unterstützt und legitimiert die republikanische Ordnung um ihrer selbst willen. Auch wenn das Recht aus der göttlichen Natur hergeleitet werden kann, so ist das Recht in der Politik ein spezifisch »vom Staat geschaffenes und kein Naturrecht« (Cicero: Über den Staat, III 8). Mit dieser Auffassung leitet der römische Denker eine folgenschwere instrumentale Positivierung des Rechts ein, denn er verläßt damit im Prinzip die metaphysische Ebene der platonisch-aristotelischen Argumentation. Das Recht beruht nun auf einer (willkürlichen) Setzung der Menschen, die sich zwar Vernunft zugestehen und voneinander erwarten, doch die Frage ist, welche Form von Vernunft ist es, die Cicero meint?

Auch wenn er an einen universalen Horizont der Vernunft und des Rechts appelliert, so kann er dies nur, wenn er auf der Gegenseite das Schreckensszenario einer jeden guten Ordnung heraufbeschwört – nämlich die der Tyrannis und der Barbarei der Bürger untereinander. Wenn es um reine Befriedigung der Eigennutzorientierung geht, versagt sich jede Humanität, kann Sozialität nicht gedeihen. Aus diesem tiefsten und dunkelsten Punkt menschlicher Triebexistenz führt nur ein Weg heraus: der der politischen Ordnung um der je eigenen existentiellen Sicherheit der Menschen willen. »Wenn jedoch einer den anderen fürchtet, ein Mensch seinen Nebenmenschen und ein Stand den andern, dann erfolgt, weil niemand mehr zu sich selbst Zutrauen hat, gleichsam ein Abkommen zwischen Volk und Machthabern. Daraus entsteht der Zustand, den Scipio lobte: die Gemeinschaftsform einer Bürgerschaft. Denn nicht die Natur und nicht der freie Wille, sondern die Schwachheit ist die Mutter der Gerechtigkeit« (ebd., III 13).

3.3 Das richtige Tun (Marc Aurel)

Ciceros Plädoyer für die »Übereinstimmung des Rechts« (ebd., III 33), aus der sich erst der Bürgerbegriff und damit auch der Zusammenhalt eines Volkes ergibt, kann ohne öffentlichen Tugendgebrauch nicht funktionieren. So, wie sich aus der privaten Religion des Haushalts eine entsprechende Sitte für jede Familie einstellt, so kann die öffentliche Ordnung nur dann dauerhaft erfolgreich sein, wenn es eine öffentliche Moral – oder besser: eine öffentliche Pflicht (*officium publicum*) – gibt, die nicht hintergangen werden darf.

Mit diesem systematischen Verweis referiert Cicero zwar Positionen der Stoa, aber eben nur zum Teil (vgl. auch Drexler 1988). Der Endzweck, das Ziel, ist ein anderes: Es geht in seiner Republiklehre nicht um die Autarkie des einzelnen, sondern um die Freiheit des Ganzen. Eine personale Autarkie, wie sie von den Stoikern angestrebt wird, würde den Verpflichtungszusammenhang zwischen Dienen und Herrschen, das System der Res Publica insgesamt, konterkarieren.

Das aber gerade ist das Dilemma, vor dem (auch) Cicero historisch steht: Sein vernünftiges Plädoyer für die Rechtseinheit der Bürger, dem sich diese mittels eines öffentlichen Tugendbewußtseins notwendigerweise unterordnen, ist in der historischen Realität seiner Epoche gescheitert. Es setzen sich vielmehr die hemmungslosen, auf die Pleonexie der Macht dringenden Ansprüche eines Cäsars und eines Augustus durch. Die **Autarkie des Einen**, des Cäsars, wird damit zum politischen Maßstab für das Ganze, die Res Publica.

Allerdings gibt es von seiten der stoischen Lehre permanent Versuche, die Frage der Macht des Einen mit der moralischen Qualität der Autarkie zugunsten des Anspruchs auf eine gute Ordnung zu versöhnen. Als Erziehungsfrage wird sie von Seneca ernst genommen, und auch wenn er philosophisch im Falle Neros (tragisch) scheitert, so bleibt doch unbestritten, daß das Erlernen und der vernünftige Gebrauch einer öffentlichen Tugend eng zusammenhängen mit der Frage der **Selbsterziehung** (vgl. Fuhrmann 1963).

Hierfür gibt es eine geradezu paradigmatische Konstellation in der Person von Marc Aurel, der vielleicht als einer der wenigen Denker gelten kann, bei dem der platonische Anspruch auf den Philosophenkönig zumindest in der kritischen Selbstreflexion bestehen kann.

Der römische Kaiser reflektiert in seiner Abhandlung *Wege zu sich selbst* (vermutlich 168-80) über die Grundfragen des Lebens und besonders über die Anforderungen, die durch das Mandat der politischen Machtausübung an ihn gestellt sind. Es ist dies der systematische Versuch einer Selbstbewahrung vor den Perversionen einer Pleonexie der Macht. Der philosophisch begründete Anspruch auf Autarkie soll ihm ermöglichen, die »Arbeit selbst zu erledigen«, sich »nicht in fremde Angelegenheiten zu mischen und nicht auf üble Nachrede zu hören« (Aurel: Wege zu sich selbst, I 5). Wer unabhängig ist von seinen Mitmenschen, der ist auch nicht abhängig von den Perversionen der Macht, dem gelingt es vielleicht sogar, das wahre Wesen »des naturgemäßen Lebens« zu erlangen (ebd., I 17). Wer die Autarkie der inneren Seelenruhe vor den Anfeindungen der Welt bewahrt, dem ist es möglich, »sich fast wie ein Privatmann zu geben und darum keine schlechtere oder weniger verantwortungsbewußte Einstellung gegenüber den notwendigen Aufgaben des Herrschers zum Wohle der staatlichen Gemeinschaft zu haben« (ebd.). **Der Privatmann und der König** in einer Person zielen auf die Überwindung einer Unterscheidung zwischen öffentlicher (politischer) und privater (spezieller) Moral. Scheitert man als König in *seiner* Moral, dann scheitert man auch als Privatmann – und umgekehrt.

Es gibt für Marc Aurel keine Daseinsbereiche, die man strikt voneinander trennen könnte. Kosmisch betrachtet, wie es die Stoiker mit Vorliebe praktizieren, ist die **Natur als Ganzes** stets bei allen Einzelhandlungen präsent. Das Eigene ist immer Ausdruck des Ganzen (ebd., II 9): »Dessen muß man sich immer bewußt sein, was die Natur des Ganzen und was meine eigene Natur ist und wie sich diese zu jener verhält und welcher Teil welches Ganzen sie ist und daß es niemanden gibt, der dich daran hindern könnte, stets das, was im Sinne der Natur ist, deren Teil du bist, zu tun und zu sagen.«

Aus diesem kosmologischen Naturverständnis resultiert eine Auffassung der Dinge, die sich stets als ein fließender Vorgang darstellen, bei dem es kein absolutes Ende wie auch keinen absoluten Anfang gibt. Die Natur ist der Maßstab, und da grundsätzlich alles aus ihr resultiert, gibt es auch nichts Schlechtes, da alles natürlich ist. Damit sind jedoch schlechte Handlungen keineswegs entschuldigt, sie stellen nur nicht das absolut Böse dar, sondern bedingen sich durch die Unvernunft der Menschen. Daraus folgt für Marc Aurel die Aufforderung zum permanenten Gebrauch der Vernunft: Das Leben mag noch so kurz sein, an Handlungschancen existieren stets mehr als nur *eine* Option. Für jeden Menschen gibt es immer eine richtige und eine weniger richtige, wenn nicht gar eine falsche Handlungsmöglichkeit; es gilt daher den Sinn der Handlung in ihrem Kontext zu treffen: »Solange du lebst, solange es dir möglich ist, werde gut« lautet die Aufforderung Aurels (ebd., IV 17). Das eigene Dasein ist deshalb »mit Vernunft und Gerechtigkeit« zu praktizieren (ebd., IV 26). Natürlicherweise resultiert die Ratio aus der Ordnung des Kosmos selbst, dem sich auch die politische Gemeinschaft (*politeumatós*) in ihrer Existenz verdankt. »Von dort aber, d.h. aus diesem gemeinsamen Staat, haben wir unser Denkvermögen, unser vernünftiges Wesen und unser Bedürfnis nach dem Gesetz« (ebd., IV 4).

Menschliches Handeln im allgemeinen wie politisches im besonderen sind somit eine Frage der richtigen Erkenntnis der Dinge: Was braucht man zu welchem Zweck – und vor allem, **was ist der gute Zweck**?

Der gute Zweck ergibt sich für Aurel aus der Mäßigung der eigenen Bedürfnisse, sowohl um seiner selbst willen wie auch für die Beziehung zu den übrigen Mitgliedern der (politischen) Gemeinschaft (ebd., VI 30): »Achte darauf, daß du dich nicht zum Cäsar machen und entsprechen färben läßt. Denn das kann geschehen. Sorge also dafür, daß du ein einfacher, guter, ehrlicher, ernsthafter, schlichter

Mensch bist, ein Freund der Gerechtigkeit, gottesfürchtig, gütig, liebevoll und stark für die Leistungen, die du zu erbringen hast.« Das Tätigwerden zugunsten der anderen als politisches Ethos, das gilt im Prinzip nicht nur für den Kaiser, sondern auch für jeden Bürger des römischen Weltreichs. Für den Kaiser gilt dies aufgrund seiner herausragenden Stellung und Vorbildfunktion erst recht (ebd.): »Kämpfe darum, daß du so bleibst, wie dich die Philosophie haben wollte. Achte die Götter, rette die Menschen.«

Dieses eindringliche Plädoyer kann als Grundsequenz ganzer Fürstenspiegel gelten, wie sie später in christlicher Tradition mit nicht weniger Pathos formuliert werden. Alles hat nicht nur seinen Eigenwert, sondern auch eine Funktion in der Ordnung des Ganzen. Eigenwert und Gesamtwert korrespondieren über den Funktionsstatus des Einzeldings. Es kommt auf den Menschen als Bürger einer Ordnung und auf den Herrscher als Vermittler dieser Ordnung gleichermaßen an, den jeweiligen Status und die Funktion klar zu bestimmen und danach zu handeln. Nur wenn das gegeben ist, wenn die »Einheit des Seins« klar erkannt wird (ebd., VI 38), kann es eine gute Ordnung und ein gutes Leben geben.

Die Vernunft und der Nutzen bündeln insofern die Macht in eine je konkrete Existenzform des Herrschers wie des Untertanen. Ganz aristotelisch gedacht ist auch für Aurel der **Nutzen ein Prinzip der Mitte**. Was den Fähigkeiten und der Natur entspricht, ist nützlich, und dies gilt sowohl für das Individuum wie auch für die politische Gemeinschaft. Wenn sich ein jeder nach den Prinzipien der Solidarität, der Vernunft und der Selbstbeherrschung richtet, dann gelingt die politische Gemeinschaft und wird ihre Ordnung von Dauer sein. Das funktioniert aber nur, wenn die jeweilige Tat des einzelnen, egal an welcher Stelle des Gesamten er stehen mag, in ihrer »sittlichen Bedeutung« erkannt und praktiziert wird (ebd., VIII 58). Hier schließt der spätrömische Kaiser an Cicero an: Das ursprünglich republikanisch gemeinte Ethos ist nunmehr ein politisches, staatstragendes Tugendprinzip geworden. Es gilt erst recht, wenn auch der Monarch sich in seiner Tätigkeit so versteht. Republikanisch bleibt es immer noch, weil das monarchische Handeln Vorbildfunktion für bürgerlich-politisches Handeln hat. Und eben darin liegt die Quintessenz der Reflexionen von Marc Aurel (ebd., IX 16): »Nicht im passiven Verhalten, sondern im Tätigsein liegt das Wohl und Wehe des vernünftigen und politisch aktiven Lebewesens, wie auch seine guten und schlechten Eigenschaften nicht im passiven Verhalten, sondern im Tätigsein wirksam werden.«

4. Christliche Erweiterung: Die Heilige Ordnung der Dinge

»Und er sagte zu mir: »Versiegle nicht die prophetischen Worte dieses Buches! Denn die Zeit ist nahe. Der Frevler frevle weiterhin; der Unreine sei weiterhin unrein; der Gerechte übe weiterhin Gerechtigkeit, der Heilige heilige sich weiterhin.
Siehe, ich komme bald, und mit mir mein Lohn, um einem jeden zu vergelten nach seinem Werk. Ich bin das Alpha und das Omega, der Erste und der Letzte, der Anfang und das Ende.«

(Offenbarung 22,10-13)

Die römische Uminterpretation der griechischen Polislehre in eine nach Recht und Notwendigkeit strukturierte Theorie des imperialen Regimes, die eine universale Ordnung für sich beanspruchen kann und will, hat zum Ausgang der Antike eine fundamentale Erweiterung erfahren. Der Siegeszug des christlichen Glaubens von einer zunächst verfolgten Sektenrichtung zur maßgeblichen Religion des römischen Staates hat den Ordnungsanspruch für die politische Philosophie in eine neue Dimension geleitet. Die klassischen Fragen von Recht und Gerechtigkeit, von Macht und der Selbstbeschränkung der Macht erhalten nun ein geschichtsphilosophisches Kleid zugeschneidert, das nur noch bedingt mit dem zyklischen Verlaufsmodell aus der Herrschaftslehre des Polybios zu tun hat. Die zentralen Bezugspunkte dieses geschichtsphilosophischen Modells sind jetzt allerdings nicht mehr sozio-politischer Natur, sondern theologischer Provenienz (vgl. hier Koch 1997).

Die Bibel wird zum Maß der Dinge – und zwar für einen langen Zeitraum. Viele nennen das neue Zeitalter, das auf die antiken Vorstellungen von politischer Ordnung folgt, ein **Mittelalter** und grenzen es damit ab von dem, was man die Neuzeit oder die moderne Zeit nennt. Doch dies ist eine Festlegung im Nachhinein, die selbst wiederum geschichtsphilosophischer Herkunft ist. Gewonnen ist damit wenig (vgl. auch Flasch ^{2}1989, Perler 2000). Denn die Autoren dieser mittleren Zeit formulieren Ansprüche auf die Politik, wie sie sich noch bei Interpreten der politischen Theorie des 19. und 20. Jahrhunderts finden lassen. Wenn die Theologie der Maßstab ist, dann gestaltet sich diese Zuschreibung allerdings insofern als mittelalterlich, weil der biblische Text als ein epistemologischer Traktat für die Einordnung des Politischen in die Ordnung Gottes genommen wird. Das heißt, nur von Gott her wird die Welt des Politischen verständlich und interpretierbar. Die aristotelische Lösung, den Menschen als ein durch und durch politisches Wesen zu begreifen, wird hierdurch zunächst zugeschüttet. Auch die ciceroianische Komponente einer Republik, die auf den wechselseitigen Tugendgebrauch ihrer Bürger abgestellt ist, gerät in Vergessenheit, da das Recht als zentrale Kategorie der politischen Existenz eine Umbewertung zugunsten der Heilsordnung Gottes erfährt. Was von der antiken Konstellation allerdings bleibt und zunächst sehr bestimmend wirkt, ist die platonische Konzeption der Idee des Guten.

Christliche Autoren haben keine Schwierigkeiten damit, die Idee des Guten zu einer **Idee Gottes** umzuwandeln. Gerade die Quintessenz der platonischen politischen Philosophie, nämlich eine Ontologie der Gerechtigkeit als einen Dauerauftrag für menschliches Zusammenleben zu formulieren, begünstigt die Durchsetzung der christlichen Lehre mit ihrer Verheißung auf ein ewiges Leben. Wenn die Seele unsterblich ist, was schon Platon konstatiert, warum soll dann nicht auch die politische Ordnung im Sinne der Ewigkeit Gottes gestaltet werden können? An dieser elementaren Frage arbeitet sich das theologische Denken christlicher Autoren in immer neuen Entwürfen und Varianten ab. Die erste und zugleich fundamentale Lehre formuliert hierzu Aurelius Augustinus bereits in der Spätphase des Römischen Reiches.

4.1 Das Reich Gottes und das Reich der Menschen (Aurelius Augustinus)

Augustinus stellt sich als Bischof von Hippo der entscheidenden theologischen Frage mit aller Konsequenz: Wie kommt das Böse in die Welt, wenn doch Gott die Welt als Ganzes *gut* gemacht hat?

Wenn alles Sein, weil es von Gott herrührt, gut ist, dann ist das Böse eigentlich »nichts Wesenhaftes«(Augustinus: Bekenntnisse, S. 180): Es ist ein Nichts (*malum nihil est*). Dennoch läßt sich nicht leugnen, daß es Böses in der Welt gibt, Menschen schlechte Handlungen begehen, nicht zuletzt in der Welt des Politischen. Augustinus versteht dies als Abkehr vom richtigen Willen, nämlich Gott zu finden und in Liebe und Demut die Treue des Glaubens zu bewahren. Gerade darin haben aber Adam und Eva in der Schöpfungsgeschichte versagt: Sie haben die durch Gott mögliche Einheit von Körper und Geist im Paradies nicht aufrechterhalten können – weil sie es nicht wollten! Statt dessen haben sie sich dem hingegeben, was das Falsche war, doch dies war eine willentliche und damit auch bewußte Handlung. Augustinus deutet den Griff nach dem Apfel nicht als Verführung durch die Schlange, sondern als eine **Selbstverführung** Adams und seiner Eva. Der Antriebspunkt dieser Selbstverführung besteht im Hochmut des Menschen, sich über die göttliche Ordnung hinwegzusetzen. Typischerweise ist es Eva, die hiermit anfängt und schließlich auch Adam betört, doch Augustinus läßt keinen Zweifel daran, daß die Schuld für den Mann nicht weniger wiegt: Beide habe sie gemeinsam von der durch Gott ermöglichten Freiheit des eigenen Willens den falschen Gebrauch gemacht. Böse Werke sind also die, welche der Mensch »nach sich selber tut und nicht nach Gott« (Augustinus: Vom Gottesstaat, 14,11; S. 179).

Damit konzipiert der Bischof von Hippo zum einen den **Primat der Willensfreiheit** gegenüber Gott, zum anderen macht er aber auch unmißverständlich deutlich, was folgt, wenn der Mensch sich in seinen Handlungen zwar freiheitlich, aber doch uneinsichtig zeigt hinsichtlich der göttlich intendierten Ordnung der Dinge. Wer nur (wie Adam und Eva) bei sich selbst sein will und nicht bei Gott, der nähert sich dem Nichts an, d.h. seine Handlungen werden schlecht. Die Ausweisung aus dem Paradies ist demnach eine Konsequenz aus dem *nicht richtig* praktizierten freien Willen. Um Böses zu tun, bedarf es des Guten, aber das Gute benötigt nicht das Böse, um gut zu sein. Auch wenn das höchste Gut, nämlich Gott, »in diesem Leben unerreichbar« bleibt (ebd., 14,9; S.175), so ist es doch ein Gebot der menschlichen Existenz um ihres Seelenheils willen, die Nähe zu Gott zu suchen. Das ist ein Dauerauftrag für den Glauben und der gläubige Christ hat sich dem mit Hingabe zu stellen.

Eine andere Frage ist, wie er dabei mit der weltlichen Ordnung umzugehen hat. Denn zweifellos ist die Frage des Seelenheils zunächst einmal eine Angelegenheit für die Binnenpsychologie des einzelnen Menschen. Hinausgeworfen jedoch aus dem Paradies wird aus der internen Seelenfrage zugleich ein Fall für die politische Ordnung. Die Sünden der täglichen Existenz korrelieren mit den Auflagen der politischen Macht. Wem gehorcht man *wann* und *wie* richtig?

Augustinus hat diesen substantiellen Fragebereich systematisch zu beantworten versucht. Seine Lehre, die er in den voluminös angelegten 22 Büchern (entstanden 413-26) über den *Gottesstaat* (*civitas Dei*) ausgebreitet hat, ist auch als theologische Streitschrift zu sehen, die der imperialen Herrschaft Roms eine Absage erteilt, um den christlichen Glauben als fundamentale Kategorie für die Legitimation des Politischen zu etablieren. Rom hat demzufolge seine Herrschaft nicht wegen des von Cicero gepriesenen Rechts und schon gar nicht aufgrund der Mischverfassungsdoktrin des Polybios bekommen. Es verdankt seine Vorrangstellung in der überhaupt bekannten Welt seiner Waffengewalt und dem hemmungslosen Gebrauch dieser Gewalt gegenüber allen anderen Völkern. Mit dieser quasi ideologiekritischen Lesart des römischen Aufstiegs verbindet sich zugleich die dichotomische Einteilung in gutes und schlechtes Handeln. Die **Herrschaft der Guten** ist »nicht so sehr für diese selbst als für die menschlichen Verhältnisse von Wert« während die **Herrschaft der Bösen** den Machthabern selber zum Schaden gereicht, indem sie ihre Seelen aufgrund des Immer-mehr-haben-Wollens zerstören und ihre Anhänger ohnehin dann mit in den Abgrund reißen (ebd., 4, 3; S. 173).

Der gute (gläubige) Mensch lebt insofern frei, »auch wenn er dient«, und der Böse ist »ein Knecht, auch wenn er herrscht«, weil er sich in den Zwang seiner Laster begibt und nicht mehr über einen freien Willen verfügt (ebd.). Gleiches gilt auch für die Beziehung zur politischen Ordnung: Was unterscheidet hier eine Räuberbande von einem Staat? – Eigentlich nur die Tatsache, daß die Spielregeln der Herrschaft in einer Räuberbande nicht durchgehend festgelegt sind, der Willkür und dem Zufall überlassen bleiben, mithin der Triebstruktur der menschlichen Existenz geschuldet sind. Von politischer Ordnung, gar von einem **Reich** kann nur dann und da die Rede sein, wo es Gesetze gibt, die eingehalten werden und nicht den Launen des Herrschers entspringen, sondern der Gerechtigkeit im Sinne eines allgemeinen Wohls verpflichtet sind. Wo dies fehlt, da konstatiert Augustinus schonungslos (ebd., 4,4; S. 173): »Was anders sind also Reiche, wenn ihnen Gerechtigkeit fehlt, als große Räuberbanden?« Rom ist in dieser Hinsicht so etwas wie eine groß geratene Räuberbande. Das hohe Rechtsethos, das sich Cicero und andere zugeschrieben haben, gilt für den Bischof von Hippo zu Beginn des 5. Jahrhunderts nach Christus nur dann als legitim, wenn es als christliches Recht verstanden wird. Nur wenn man von Gott her denkt, kann menschliches Recht überhaupt eine seriöse Grundlage haben. Insofern ist **christliches Naturrecht** nicht ganz identisch mit den entsprechenden Überlegungen eines Platon, Aristoteles oder Cicero. Zwar wird der Mensch hier gerade auch im Hinblick auf die Ewigkeit seiner Seele metaphysisch ausgelegt, das heißt, die individuelle Existenz wird jenseits ihrer körperlichen Figuration als Bestandteil einer alle Zeit überdauernden Ordnungsstruktur verstanden. Doch ist die Priorität hierbei, anders als bei den antiken Denkern, auf die Existenz Gottes als Ausgangspunkt aller Dinge festgelegt. Gott ist der *primus motor*, der Erstbeweger: In ihm sind alle Dinge enthalten, die in der irdischen Welt eine Rolle spielen. Nicht Gott ist in den Dingen, sondern die Dinge sind in Gott.

Dieses metaphysische Verständnis von Welt führt zu einer entelechischen Rückkoppelung an Gott: Wenn von dem Erstbeweger alles Leben ausgeht, dann muß sich das Leben, erst recht ein vernunftbezogenes, auf Gott als unbedingten Maßstab seiner individuellen wie kollektiven Existenz zurückbeziehen. Das bedeutet für den gläubigen Christen: Die Gattung »Mensch« kann nur dann sinngerecht existieren, wenn sie sich der richtigen Praxis des Gottesbezugs stets vergewissert. Diese Praxis, der Kult des christlichen Glaubens, ist dann nicht zuletzt eine Frage der gerechten politischen Ordnung.

An diesem Punkt setzt Augustinus sein **Modell der zwei Reiche** an. Die Existenz des Menschen wird unterteilt in ein dualistisches Schema: Auf der einen Seite existiert das Reich Gottes (*civitas Dei*), auf der anderen der weltliche Bereich (*civitas terrena*). Es ist dies erneut eine Unterteilung, die den gleichen Prämissen unterliegt wie die Unterscheidung von Gut und Böse. Die beiden Reiche sind wie bei der Frage von Gut und Böse nicht wirklich voneinander getrennt, sondern sie unterliegen einer dialektischen Beziehung: Gutes und Böses haben ihre Funktion im göttlichen Heilsplan. Insofern sind die beiden Reiche aufeinander angewiesen. Während in der *civitas terrena* der menschliche Körper seine Funktion erfahrt, vollzieht sich die Bedeutung des Menschen für die *civitas Dei* gerade in seiner metaphysischen Komponente – der Seele und dem Geist. Beide Welten haben demnach eine zwar unterschiedliche, doch einander ergänzende Funktion und Daseinsberechtigung: In der Welt der menschlichen Körper herrscht die politische Ordnung, in der Welt der Seele und des Geistes gilt hingegen das Gebot Gottes. Es ist klar, in welcher Welt die höhere Dignität vorherrscht: Die *civitas Dei* ist der irdischen Welt nicht nur normativ und transzendental vorgelagert und in einer superioren Position, sie ist zugleich damit indirekt auch der Maßstab für die Belange in der *civitas terrena*. Der weltliche Bezug ist nur eine Form der **Selbstliebe**, »die sich bis zur Gottesverachtung steigert«, der himmlische Bezug hingegen wird geprägt von einer dauerhaften **Gottesliebe**, die sich bei den Gläubigen »bis zur Selbstverachtung erhebt« (ebd., 14,28; S. 210).

Diese Selbstverachtung bedingt das Seelenheil des gläubigen Christen: So, wie »der Friede eines Körpers in dem geordneten Verhältnis seiner Teile, der Friede einer vernunftlosen Seele in der geordneten Ruhelage der Triebe« begründet ist, so basiert auch der »Friede einer vernünftigen Seele in der geordneten Übereinstimmung von Denken und Handeln« (ebd., 19,13; S. 552). Daraus resultiert der »Friede zwischen dem sterblichen Menschen und Gott«, basierend auf »dem geordneten gläubigen Gehorsam gegen das ewige Gesetz« (ebd.). Die Friedensfähigkeit des Menschen ist somit das Ergebnis einer Einhaltung und strikten Beachtung von Gottes ewigen Geboten. Die Ordnung der Dinge, wie sie im Reiche Gottes klar und deutlich gegeben ist, bedingt dann folgerichtig auch eine Ordnung in der Menschenwelt – nämlich den Frieden »des Staates in der geordneten Eintracht der Bürger im Befehlen und Gehorchen« (ebd.).

Hiermit wird unmißverständlich von Augustinus anerkannt, daß die weltliche Ordnung, so mangelhaft sie auch im Vergleich zum Reich Gottes sein mag, doch ihre elementare Berechtigung hat. So, wie die Funktionsabläufe zwischen den Bewohnern eines Hauses nur durch Regeln von Befehl und Gehorsam garantiert werden können, so bedarf auch die politische Ordnung funktionaler Spielregeln. Diese dienen in erster Linie der Existenz und dem Aufrechterhalten der Lebensmöglichkeiten für die Gattung Mensch. **Einordnung und Unterordnung** sind hierfür fundamentale Notwendigkeiten. Ordnung überhaupt wird zum Maß der Dinge. Doch was ist das Kriterium für die funktionale Ordnung in der Menschenwelt? – Die »Verteilung gleicher und ungleicher Dinge, die jedem den gebührenden Platz anweist«, lautet die Antwort bei Augustinus (ebd.). Damit formuliert er den platonischen Anspruch von Gerechtigkeit neu – diesmal im christlichen Sinne: Denn die Ordnung in der Menschenwelt resultiert, sofern sie halbwegs gut funktioniert, aus der Orientierung an Gott und seinen himmlischen Geboten. Das bedeutet: Die Anerkennung der höchsten Dignität von Gottes Ordnung (*ordo Dei*) führt zeitlich und innerweltlich zu einer Befriedung der ansonsten pleonexistischen Triebstruktur von Macht-haben-Wollen und entsprechenden innerweltlichen Machtkämpfen. Wer Gottes Reich im Inneren seiner Seele beherzigt, der braucht sich auf nutzlose Machtspiele nicht einlassen. Damit ist jedoch nicht ein Anspruch auf Absolutheit verbunden, daß z.B. der wahrhaft Gläubige vollständig wisse, was denn nun grundsätzlich über Zeit und Raum hinweg den göttlichen, den ewigen Frieden auf Erden ausmache. Eben dies ist und muß dem guten Christen aufgrund seiner nach wie vor unvollkommenen Erkenntnisstruktur versagt bleiben. Jegliche Interpreten und Gruppierungen, die da behaupten mögen, sie wüßten tatsächlich, was Gottes Ordnung ewig-weltlich beinhalten würde, unterliegen bei Augustinus dem Verdikt, nicht besser als die falschen Propheten aus der Bibel zu sein. Wer behauptet, die Welt Gottes vollständig zu erkennen, der würde sich damit auf eine Stufe mit Gott stellen. Eine systematische Verschmelzung von Gottes Reich und dem weltlichen Reich darf es aber nicht geben, weil dies einem Verrat an Gott selbst gleich käme, der doch über der Macht des Menschen steht.

Aus diesem Grund müssen auch das innerweltliche und das außerweltliche Reich kognitiv getrennt bleiben: Was die Macht des Menschen darstellt, ist eine Frage der konkreten Herrschaftskonstellationen. Doch diese sind im Hinblick auf Gottes Ewigkeit stets nur willkürlich und zeitlich begrenzt. Selbst das mächtige Rom bekommt dies im Jahr 410 bei der Eroberung durch die Vandalen zu spüren. Die politische Ordnung ist nicht von ewiger Dauer. Allein die Hinwendung zum Reich Gottes vermag der Seele das zu geben, was ihr am meisten notwendig ist: den (originären) Platz zu finden in der Ordnung der Dinge.

4.2 Die natürliche Ordnung des Politischen (Johannes von Salisbury)

Die Fixierung auf eine metaphysische Ordnung, aus der auch die innerweltliche Herrschaftsordnung eine gewisse Legitimation erhält, macht das Zwei-Reiche-Modell von Augustinus zu einer beherrschenden Lehre für die Politische Philosophie des Abendlandes (vgl. grundsätzlich Kerner 1982, Burns 1988, Miethke 1991, Nedermann/Langdon 1993). Sofern politische Herrschaft nicht einer Räuberbande gleichkommen will, bedarf sie einer strikten Orientierung an der Frage der Gerechtigkeit. Mit dem Appell an das christliche Naturrecht wird das jeweils bestehende politische Herrschaftssystem normativ hinterfragbar: Widmet sich der christliche Regent tatsächlich der Gnade Gottes und damit der Gerechtigkeit unter Menschen – oder ist die politische Praxis ein Abfall davon? – Wenn es eine Natur Gottes gibt, und davon handelt die Offenbarungsgeschichte der Bibel unmißverständlich, dann ist es folgerichtig, daß man sich als

Mensch nach der Natur seinesgleichen fragt. Das Subjekt der politischen Handlungsmöglichkeiten ist dann aber nicht nur der Mensch mit seinem unvollständigen Glauben und seiner Triebstruktur, sondern es ist die metaphysische Existenz Gottes und seiner Spielregeln aus dem Schöpfungsakt, die den Gang der Dinge bestimmen. Die Geschichte der Menschen als Gattung wie auch die Geschichte ihrer politischen Ordnungsformen sind dann Ausdruck der zeitüberdauernden Immanenz Gottes. Der **Endzweck** ist hierbei klar formuliert: Das Jüngste Gericht wird die Herrschaft Gottes für alle Ewigkeit festschreiben und damit den Seelenfrieden der Gläubigen sichern. Bis dahin aber ist es ein langer Weg, der stets durch die Anfeindungen des Bösen massiv erschwert wird. Politische Herrschaft gehört nach Augustinus tendenziell eher zu den Erschwernissen als zu den Erleichterungen. Sie ist vom Gläubigen nur so weit zu ertragen, wie die äußere Stabilität des Gemeinwesens dadurch nicht beinträchtigt wird. Die Herrschaft des weltlichen Königs ist insofern formale Voraussetzung für die Binnenintegrität der Gläubigen in ihrer Kirche. Politische Ordnung ist damit bei Augustinus nur **Mittel zum Zweck** – keineswegs Selbstzweck.

Diese instrumentelle Auffassung von Politik läßt ein spezifisches Verständnis des Politischen sukzessive in den Hintergrund treten. Die Zwei-Reiche-Lehre eignet sich hervorragend, um die **Priorität der Kirche gegenüber jeglicher weltlicher Autorität** und die Dominanz der Theologie zu behaupten. Mit dem Niedergang des Römischen Weltreiches verschwindet insofern nicht zufällig auch das hochentwickelte Argumentationsmodell aus der platonischen wie aristotelischen Lehre. Von Ciceros Republikanismusdoktrin bleibt für Jahrhunderte fast gar nichts übrig. Bestimmend wird nunmehr eine theologische Interpretation von politischer Herrschaft, die im wesentlichen auf eine **Theokratie**, eine Festlegung der weltlichen Macht durch die Garde der Priester und Bischöfe, hinaus läuft. Wenn etwas mittelalterlich ist, dann sicherlich dieses: die starke Inanspruchnahme der politischen Herrschaft im Sinne einer **Herrschaft Gottes auf Erden**.

Doch wenn dies der Kern der mittelalterlichen politischen Philosophie sein soll, dann existiert diese bereits bei Petrus Abailard im 12. Jahrhundert nicht mehr. Hier wird ein neues Modell von politischer Theologie sichtbar: Gott muß keineswegs nur gedacht werden als patriarchalischer *Herr*, dessen Spielregeln unabdingbar sind, sondern er kann auch als absolute Möglichkeit von Weisheit formuliert werden. Dies ist bei Abailard eine Weisheit, die aufgrund ihrer Liebe unter den Menschen nicht herrscht, sondern lebt. Sofern man sich mit seiner Vernunft der **Gnade Gottes** in dieser Liebe bewußt wird, bedarf es keiner Ausgrenzung der politischen Ordnung im Sinne eines zweiten Reiches mehr.

Die **Fürstenspiegel** als Lehren zur Anweisung zum richtigen Verhalten von Regenten greifen diesen Gesichtspunkt systematisch auf: Wenn es darauf ankommt, den weltlichen Herrscher so zu trainieren, daß seine Herrschaft im Sinne der göttlichen Gebote richtig ist, dann ist der König oder der Fürst notwendigerweise so etwas wie Stellvertreter Christi auf Erden und herrschender Sünder in einer Person (vgl. grundsätzlich Berges 1952, Kantorowicz 1990). Das Zwei-Reiche-Modell fällt hierbei zusammen: Formal mag man noch unterscheiden, inhaltlich ist es ein Gebot der christlichen Vernunft, daß der Regent nicht nur der bestmögliche Herrscher in seiner Zeit ist, sondern zugleich auch der beste Christ.

Auch wenn die Praxis anders aussieht (vgl. Canning/Oexle 1998), an der normativen Stringenz der Argumentation ändert dies nichts. Die Frage ist dann allerdings nicht nur, wie gläubig der jeweilige König ist, sondern auch, wie gut seine konkrete Herrschaft ist.

Der traditionelle Verweis auf Gehorsam und Untertanenschaft nützt wenig, wenn es um die konkrete Praktikabilität der politischen Mittel geht. Johannes von Salisbury ist der erste christliche Autor, der mit seinem *Policraticus* (entstanden 1156-59) die Grundfragen der politischen Philosophie in der Theologie wieder zu Wort kommen läßt. Denn ohne »Klugheit und Wachsamkeit«, so argumentiert er, »macht nicht nur der Staat [*res publica*] keine Fortschritte, sondern hat nicht einmal das kleinste Haus Bestand« (Johannes von Salisbury: Policraticus, S. 62). Die metaphysische Ordnung der Dinge bekommt in dieser auf Klugheitsgebote ausgerichteten Abhandlung nunmehr eine *natürliche* Komponente: So, wie die Bienen ihre natürlich-biologische Ordnung haben, so hat auch der Mensch in seiner Handlungswelt seine **naturgegebene Ordnung**. Darauf muß er sich einlassen und sie erkennen.

Die biologistische Interpretation von politischer Ordnung führt zu der anschaulichen Metapher, daß sich der Herrscher (*princeps*) im Staat so verhält wie der Magen im Körper eines Lebewesens: Er verwertet und teilt die Dinge zu, welche die einzelnen Glieder jeweils betreffen.

Jede Kritik an der Notwendigkeit der Herrschaft verbietet sich damit von selbst, denn ohne Magen kann kein lebender Körper existieren. Und so folgert Johannes von Salisbury, daß der Magen freigesprochen werden muß, »der, mag er auch gefräßig und begierig nach Fremdem sein, dennoch nicht so sehr für sich fordert, sondern für die anderen, die nicht ernährt werden können, wenn er ausgehungert« wäre (ebd., S. 72).

Der weltliche Herrscher ist zum »Nutzen aller« (ebd., S. 73): Er ist in seiner Funktion als Sachverwalter der Bedürfnisse aller Glieder am gemeinsamen Körper zugleich ein »Abbild der Gottheit« (*imago deitatis*). In dieser Eigenschaft ist die Einheit des Hauptes mit all seinen Gliedern das zentrale Kriterium für den Bestand der politischen Ordnung. Kommt es zu einer »Verletzung des Hauptes«, wirkt sich dies notwendigerweise auf alle Glieder aus, so, wie umgekehrt auch eine Verletzung »irgendeines Gliedes auf eine Verletzung des Hauptes hinzielt« (ebd.).

Dieses **organologische Verständnis von politischer Ordnung** ist keineswegs identisch mit den Reflexionskriterien der griechisch-römischen Vorstellungen. Das Denken in Körpermetaphern formuliert für die Welt des Politischen ein analogisches Reflexionsverfahren, bei dem die symbolische Bildhaftigkeit mehr den Ausschlag gibt als die dialektische Koppelung von konkreter Realität und abstrakter Idealität. Letztlich bleibt es bei dem organologischen Politikbild bei einem schematischen Reduktionismus, der nur Formelcharakter hat. Über die konkreten Anwendungsmöglichkeiten des politischen Herrschers im Umgang mit seiner weltlichen Macht ist damit noch nicht viel gesagt. Wie bei Johannes von Salisbury, so wird auch bei den vielen anderen Fürstenspiegeln stets nur darauf verwiesen, daß die Ordnung der Dinge ihren gottgewollten Ursprung hat. Widerstand gegen die politische Herrschaft ist damit eigentlich illegitim. Sofern man die Einheit des gemeinsamen politischen Körpers bewahren will – und dies ist eine existentielle Notwendigkeit –, kommt man ohne die Einordnung in den Kreislauf von Befehlen und Gehorchen nicht aus. Ein jeder hat in dieser natürlichen Ordnung seinen angestammten sinnvollen Platz. Insofern ist es nur vernünftig, wenn sich der Bauer, der Händler, der Priester wie auch der Ritter ihren jeweils spezifischen Tätigkeitsfeldern widmen. Die Ordnung der Dinge ist dann gegeben, wenn **jeder das Seine** mit Notwendigkeit tut.

4.3 Die Verantwortung des Fürsten (Thomas von Aquin)

Die Ritualisierung der organologischen Formel im politischen Verständnis von Welt zeigt bei aller schematischen Stringenz jedoch an einem Punkt ein schwerwiegendes Paradox: Was geschieht, wenn der angeblich christliche Fürst sich in Wahrheit als Tyrann entpuppt? – Bei dieser Frage hat schon Johann von Salisbury große Schwierigkeiten, die politische Herrschaft als natürliche Ordnung zu rechtfertigen. Denn der Tyrann ist möglicherweise der **Antichrist**, und diesbezüglich steht die *Offenbarung des Johannes* aus dem *Neuen Testament* als unmißverständliches Mahnmahl für christliches Handeln. Angesichts einer solchen Konstellation räumt auch Johann von Salisbury das **Recht auf Widerstand** ein – eben weil die natürliche Ordnung der Dinge ansonsten elementar gestört würde.

Streng genommen läßt sich dieses Problem allerdings mit dem organologischen Verständnis von Welt gar nicht lösen. Es bedarf anderer Theoreme, um den Tyrannen aus der christlichen Ordnung auszuschließen. Sie kommen interessanterweise aus einer Wiederbelebung der antiken Vorstellungen über Politik, hier insbesondere des Aristotelischen Modells. Genau genommen ist dies eine Wiederentdeckung, denn die *Politik* des Aristoteles war über Jahrhunderte im christlichen Abendland nicht mehr rezipiert worden (vgl. grundsätzlich Ullmann 1975, Coleman 1996). Die Kenntnis dieser Schrift gelangte über Umwege aus den Debatten islamischer Autoren in die Stuben der gebildeten Theologen Europas, denn im Islam ist Aristoteles mit seiner politischen Lehre vor allem von Autoren wie Avicenna und Averroës nicht nur begeistert gelesen, sondern vor allem auch weiterentwickelt worden (vgl. Butterworth 1993). Ihre Kommentierungen zeigen den christlichen Denkern seit dem 11. und 12. Jahrhundert in aller Deutlichkeit, daß sie sich zur Begründung der politischen Ordnung nicht nur auf eine formale Organologie und die Zwei-Reiche-Lehre Augustins stützen müssen. Es geht auch anders.

Die entscheidende Wiederaufnahme der **aristotelischen Politik** erfolgt in der Lehre des Thomas von Aquin und bekommt hier unabhängig von seinem immensen theologischen Gesamtwerk eine nachhaltige Bedeutung für das Verständnis von Kirche und politischer Ordnung (vgl. Meyer 1961). Thomas bricht mit der Zwei-Reiche-Lehre Augustins, die in dem entscheidenden Punkt, nämlich der Frage, warum der gläubige Christ um des Seelenheils willen eine schlechte weltliche Herrschaft ertragen soll, keine überzeugenden Antworten liefert. In seinem Hauptwerk, der *Summe der Theologie* (1267-73), formuliert der Aquinate die Bedeutung menschlichen Handelns von ihrem denkbar größten Endzweck her. Was aber ist der Endzweck einer menschlichen Tätigkeit? – Zweifellos das Gute dessen zu suchen und zu tun, was man für das Richtige hält. Insofern ist jede Tätigkeit des Menschen im Hinblick auf den gewählten

Endzweck eine Willenshandlung. Der Glaube ist eine Sache, der Wille eine andere. Wenn es nun darum geht, den Endzweck des Glaubens in all seinen Handlungen konkret sichtbar zu machen, dann ist menschliches Handeln stets eine moralische Angelegenheit. Dazu muß man die Vernunft und den Willen aufbringen. Die Zwei-Reiche-Lehre ist in dieser Hinsicht unbefriedigend, weil sie in der Praxis die Moral politisch delegitimiert. Wenn es schon in der Bibel lautet, daß »niemand zwei Herren dienen kann« (Matth. 6, 24), dann folgert Thomas daraus, daß es unmöglich für »einen Menschen mehrere Endzwecke gibt, die keine Beordnung aufeinander haben« (Thomas von Aquin: Summe der Theologie, II 1, 5). So, wie die Natur »nur auf ein Eines« strebt (ebd.), so strebt auch der Mensch in seiner je konkreten Handlung auf einen Endzweck und nicht auf mehrere. Die Frage, die sich dem Aquinaten daher stellt, lautet: **Was ist der Endzweck des Politischen?** – Für die Welt des Glaubens ist dies Gott, aber gilt dies auch für die Welt des Politischen?

Zweifellos setzt der Tyrann gänzlich auf die falsche Karte, wenn er statt Gott die Macht als solches sucht. Doch muß auch ein christlicher Regent stets vorrangig an Gott glauben, um politisch richtig handeln zu können? – Notwendigerweise, da Gott doch der Endzweck allen Lebens ist: Doch für das Leben selbst bedarf es noch weiterer Zielsetzungen, die der Regent zu beachten hat, will er dem göttlichen Auftrag als Stellvertreter auf Erden gerecht werden.

Was ist hierfür das zentrale Maß der Dinge? – Die Antwort des Aquinaten lautet: Die *Glücksruhe* ist es, die Geborgenheit des Seelenfriedens, die alle Menschen anstreben und deren Erlangung sie schon im Diesseits der irdischen Existenz zu erreichen suchen.

Wenn die **Glückseligkeit** sowohl für den Menschen als Individuum als auch als Gattungswesen der innere Kern seiner Existenz ist, dann kommt es für die politische Ordnung insgesamt und den verantwortlichen Regenten insbesondere darauf an, die Qualität von guten Handlungen zu erkennen und sie auch zu praktizieren. In der Lehre von der Glückseligkeit als Endzweck der Politik ist somit der Machtgedanke keineswegs nur formal bestimmt, sondern hat stets eine elementare praktische Bedeutung: Die Macht hat »ein Verhältnis zu Gut und Übel«, konstatiert Thomas (ebd., II 2, 4), dergestalt ist Politik stets auch von moralischer Natur. Da der Mensch selbst hierbei »nicht das höchste Gut« ist (ebd., II 2, 5), liegt die Qualität des Endzwecks in Gott allein begründet.

Die Finalität des Politischen liegt demnach darin, zur Glückseligkeit in Gott zu gelangen. Damit wird politische Ordnung zu einer

Herrschaft der richtigen Zweckbestimmung des Glaubens in der Politik. Hierfür strukturiert der Aquinate in Verschmelzung des römischen Rechts mit Positionen, die er bei Aristoteles findet, die theologische Lehre in ein systematisches Modell politischer Herrschaft. Die natürlichen Gesetze Gottes werden in der Menschenwelt per Vernunft nur bedingt eingesehen. Aber schon diese begrenzte Einsicht in die ewig währende Gerechtigkeit und Gnade Gottes reicht aus, um die willkürlichen Gesetze der Menschenwelt als **positive Gesetze** sachgerecht praktizieren zu können. Sachgerecht heißt hier, die Einordnung in die richtige Teilhabe an den Dingen. So, wie der Familienvater der »Lenker des Hauses« ist, so ist auch der Regent ein »Staatslenker« (ebd., II 90, 3). So, wie der Familienvater im Kleinen eine Vielheit organisiert und strukturiert, so gestaltet der Regent als der Eine das Gemeingut als »Stellvertretung der gesamten Vielheit« (ebd.).

Hiermit reformuliert Thomas die römische Differenz zwischen öffentlich und privat, sie ist bei ihm aber nicht nur eine funktionale Kategorie, sondern entscheidend ist dabei die unterschiedliche normative Bedeutung. Denn die »unbeamtete (privata) Person kann nicht wirkkräftig zur Tugend anleiten« (ebd.): »Sie kann nämlich bloß mahnen. Wenn aber ihre Mahnung nicht angenommen wird, hat sie keine Zwangskraft«. Eine solche Zwangskraft hat nur »die beamtete (publicam) Person, welche die Sorge für die ganze Vielheit hat« (ebd.). Mit Berufung auf Aristoteles ordnet Thomas daher den Staat als die »vollkommene Gemeinschaft« ein (ebd.).

Wenn die politische Ordnung hinsichtlich der Tugend die größtmögliche Handlungseinheit und damit die höchste Dignität aufweist, stellt sich die Verantwortung für den christlichen Regenten in der Praxis um so mehr. Er muß nicht nur normativ Vorbild sein für sein Volk, sondern er muß die Untertanen auch noch zur spezifischen Glückseligkeit anleiten. Deshalb ist es in der Lehre des Aquinaten so wichtig, daß der König mit Vernunft handelt. Denn die Vernunft benötigt er, um die positiven Gesetze konstruieren zu können, die er auf der Grundlage der Erkenntnis der natürlichen Gesetze Gottes formuliert. Doch Gottes Gesetze und das Naturrecht der Menschen sind nicht identisch. Das letztere folgt aus dem ersten, doch dieses ist nur indirekt aus dem **Wort Gottes** zu erschließen: Gott ist Gott, was immer ER sein mag, das Wort Gottes ist Jesus Christus – die menschgewordene Botschaft Gottes.

Hieraus folgt, daß der Regent sich der Einsicht in die Notwendigkeit der Dinge mit ganzer Kraft widmen muß: Politische Klugheit ist somit – richtig verstanden – ein Abbild von der Klugheit der

Naturgesetze Gottes. Die Wirkungsmöglichkeiten des christlichen Herrschers sind aber freiheitlich. Solange Wille und Vernunft unvollkommen sind, bleiben die menschlichen Handlungen insgesamt – und die im politischen Bereich besonders – fehlerhaft. Um die Menschen zur richtigen Tugend anzuleiten, bedarf es daher der permanenten Disziplinierung. »Furcht vor Strafe« als Gesetzeszucht ist dem thomistischen Lehrgebäude nicht fremd (ebd., II 95, 1). Die Befolgung der Gesetze und die Einhaltung der gegebenen Ordnung sind auch für Thomas das zentrale Richtmaß, um die politische Ordnung dauerhaft erhalten zu können. Die Gemeinwohlorientierung ergibt sich auf der Grundlage des »Anmaßverhältnisses« zum göttlichen Gesetz (ebd., II 95, 3). Notwendig ist demnach, was anders nicht möglich ist. Notwendig ist ferner auch alles, was im Rahmen der göttlichen Gebote nützlich ist.

Politische Moral, Vernunft und Naturgesetz werden hiermit als eine dem Menschen aufgegebene Solleinheit deckungsgleich gemacht. Das ist das Gebot des politischen Lebens: Die **Tugend des Herrschers** ist auch die Tugend der Untertanen – und umgekehrt. Beide Seiten unterliegen der gleichen naturgesetzlichen Logik, was bedeutet, daß die Suche nach Glückseligkeit für den Herrscher wie für die Untertanen wechselseitig verpflichtend ist. Systematisch übernimmt Thomas das Mischverfassungsmodell der aristotelischen Politie. Der Tugend des christlichen Monarchen steht die Tugend der Aristokratie zur Seite. Doch diese adlig-klerikale Ordnung wird erweitert durch das Prinzip der Volksherrschaft (*democratia*), denn eine Herrschaft der Teilhabe aller Formen gehört als »Führerschaft an alle, sowohl weil sie aus allen erwählt werden können, als auch weil sie ja aus allen erwählt werden« (ebd., II 105, 1). Der Möglichkeit (und der Logik des Naturrechts) nach gehört »die Wahl der Fürsten ans Volk« (ebd.). Mit dieser bemerkenswerten Feststellung wendet Thomas die metaphysische Zuordnung zugunsten einer innerweltlichen Angelegenheit. Zwar ist sie weit entfernt davon, nur innerweltlich zu sein, doch ist sein Modell nicht mehr mit den Stereotypen einer Theokratie aufzufassen. Was der Aquinate in seiner politischen Theologie offeriert ist mehr eine **Theopolitie** als eine Theokratie. Der Unterschied liegt in dem Stellenwert der politischen Ordnung: Sie ist dem Menschen eine aufgegebene und ständig zu erneuernde Seinsfrage, die trotz aller Ausrichtung auf die Glückseligkeit innerweltlich angemessenen behandelt werden muß.

Genau hieran scheitert aber der Tyrann: Seine nur an der eigenen Triebstruktur orientierte Politik der funktionalen Machtanwendung führt zu einer Zerrüttung der Ordnung. Insofern kann seine Herrschaft auch »nicht von langer Dauer sein«, konstatiert Thomas in seiner kleinen Abhandlung *Über die Herrschaft der Fürsten*, die 1265-67 (oder 1271-73) entstanden ist (Thomas von Aquin: Herrschaft der Fürsten, I, 10). Denn der Menge ist zwangsläufig eine derart selbstbezogene Herrschaft verhaßt, da sie sich gegen die Wünsche der vielen richtet. Irgendwann kommt bei einer solchen Konstellation stets die Gelegenheit zum Aufstand gegen den Tyrannen – und immer »wird unter den vielen auch der eine sein«, der Zeit und Situation nutzt (ebd.). Gerade das maßgebliche Element bei der Herrschaft des Tyrannen – nämlich die Erzeugung von Furcht – wird die Menschen in ihrer Verzweifelung auch zu enormen Taten bewegen. Die Tyrannis scheitert bei dem Aquinaten also nicht durch göttliches Zutun, sondern durch Menschenhand. Es bedarf keines göttlichen Heilsplanes, um die Beseitigung eines Tyrannen zu ermöglichen. Die **Legitimation zum Widerstand gegen die Tyrannis** ergibt sich gerade aufgrund der Beachtung der naturgesetzlichen Ordnung. Die systematische Orientierung an das Naturgesetz ist es auch, die Thomas zur eindeutigen Favorisierung der monarchischen Position führt: »Alle Vielheit leitet sich von einer Einheit ab«, konstatiert er im Hinblick auf Gott (ebd., I, 2). Folglich ist es nur konsequent gedacht, wenn die Herrschaft des Einen als die Herrschaft des Besten seine Theopolitie bestimmt. Es gibt »keine Schönheit des Körpers, wenn nicht *alle* Glieder in entsprechendem Verhältnis zueinander stehen, aber die Häßlichkeit ist da, wenn auch nur *ein* Glied diesem Verhältnis widerspricht« (ebd., I, 3).

Die natürliche Ordnung der Dinge, die auch Johann von Salisbury propagiert, wird hier zu einer fein abgezirkelten hierarchischen Struktur, in der das Subsidiaritätsprinzip das leitende Element bildet. Jede Einheit formuliert sowohl funktional mit ihren Arbeitsleistungen wie auch normativ mit ihrer jeweiligen Tugend ihren Teil am Gesamtwerk des Gemeinwohls (*bonum commune*). Derjenige Regent, der seinen politischen Körper mit all seinen unterschiedlichen Gliedern so einzustellen weiß, daß er richtig funktioniert, kommt für sich wie auch für *sein* System der Glückseligkeit insgesamt ein Stückchen näher. Politik ist demnach für den Herrscher ein **Auftragsverhältnis bei der Annäherung an Gott**. Ein guter christlicher Herrscher wird sich dieser Bedeutung in ihrer ewigzeitlichen Perspektive in immer neuem Bemühen stellen. Tut er das nicht, dann scheitert er – und zwar nicht nur persönlich.

5. Doktrinäre Positionen: Vom Sinn einer absoluten Gewalt

> »Dieser Weg ist klar; auf den zweiten, den der Macht, ist noch hinzuführen. Sie ist der unmittelbare und königliche Zugang zu einer festen Autorität. Fehlt sie, mag alles andere da sein, was nützt das dann.«
>
> (Justus Lipsius: Politicorum II, 276)

Das hohe Verpflichtungsethos, das der Fürst in der Lehre des Aquinaten eingeht, resultiert nicht zuletzt aus der metaphysischen Zuschreibung der monarchischen Position als Stellvertreter Gottes. Selbst wenn man die metaphysische Begründung des absoluten Endzwecks nicht teilt, bleibt das Kriterium der Glückseligkeit auch innerweltlich ein attraktives Gut. Im Streit der Kirchenmänner um die wahre Auslegung des Gottesgedankens und der strengen Regelbildung sogenannter scholastischer Kernsätze ist das thomistische Interpretationswerk zu einem systematischen Lehrgebäude ausformuliert worden. Auch wenn Kritiker am metaphysischen Leitbild die nach wie vor starke Bindung an den Gottesgedanken attackiert haben, so haben sie die Stellung des Königs als die zu favorisierende Position für die Qualität der politischen Ordnung nicht in Abrede gestellt. Selbst ein so gründlicher Denker wie Wilhelm von Ockham hat in seinem *Dialogus* (entstanden 1332-41) das aristotelische Politiemodell mit der monarchischen Zuordnung, wie sie Thomas vorgestellt hat, übernommen – auch wenn er die metaphysische Bindung nicht teilt. Es bleibt darüber hinaus bei einer grundsätzlich eher negativen Beurteilung der Leistungen einer demokratischen Ordnung: Auch für Ockham ist dies eine »durch Übertreibung verkehrte« Herrschaftsform, bei der das Volk herrscht – und zwar »nicht um des Gemeinwohls willen« (Wilhelm von Ockham: Dialogus, 108).

Eine Frage, die sich immer mehr in den Vordergrund geschoben hat, ist neben der Qualität des Politischen auch die nach der **Struktur der Macht** insgesamt. Wenn der König durch die Gnade Gottes legitimiert ist, was ist dann mit seiner Legitimation durch das Volk? – Bedarf es hier noch einer weiteren Legitimation? – Nach Thomas ist es die Glückseligkeit, doch wer oder was ist das Volk? – Wenn man das Volk bestimmt, dann muß man auch die Grenzen der politischen Ordnung bestimmen können, andernfalls ist der Volksbegriff keine feste Größe. Für Aristoteles und Platon ist dies insofern einfach gewesen, weil sie die Existenz der Polis als städtisches Gebilde in ihren Lehren als politische Grundnorm veranschlagt haben. Auch für Cicero ist die Stadt Rom die Grundlage trotz aller imperialen Ausweitung. Doch während bereits Augustinus den *corpus spiritus*, den geistigen Körper der christlichen Kirche, als Handlungssystem begriffen hat, erscheint mit der Lehre des Aquinaten die politische Ordnung für ein territoriales Flächensystem als sinnvoller Bezugspunkt. Wenn nicht mehr eine Stadt regiert, wie das alte Rom, sondern ein Monarch (wie der König der Franken) über mehrere Völker und diverse Territorien, wo fängt dann seine Herrschaft an und wo hört sie auf? – Die Beantwortung dieser Frage hängt keineswegs nur von der Zuordnung des Raumes ab, mit der man die politische Herrschaft verbindet, sondern eigentlich zuerst von der Frage nach dem »Warum«. Warum ist politische Macht in der Herrschaft des Einen so effizient?

5.1 Die Stabilität der politischen Ordnung (Marsilius von Padua)

Marsilius von Padua formuliert hierzu in der ersten Hälfte des 14. Jahrhunderts eine systematische Theorie der politischen Ordnung (vgl. auch Koch 2000), in der die Herrschaft des Einen erstmals eindeutig eine superiore Position gegenüber dem Standpunkt der Kirche bekommt. In seinem Werk *Defensor Pacis* ‚Verteidiger des Friedens (1324), wird der Kirche nur noch Repräsentationsqualität, jedoch kein Rechtsanspruch mehr auf die Gestaltung praktischer Dinge zugebilligt. Das aristotelische Modell wird hier weitaus mehr als bei Thomas von Aquin konsequent zu Ende gedacht, was bedeutet, daß einzig und allein der Politik die Koordination und Lenkung der Bedürfnisse in der Menschenwelt zukommt. Marsilius folgt Aristoteles in der Prämisse, daß die politische Ordnung gleichsam so etwas sei »wie ein beseeltes oder organisches Naturwesen« (Marsilius von Padua: Verteidiger des Friedens, I, ii, 3). Wenn es ein organisches Wesen der Natur ist, dann muß jede politische Ordnung, egal ob ein Territorialstaat oder eine Stadt, so eingerichtet werden, daß ihre Konstitution von der Natur her gesund bleibt. Marsilius überträgt bewußt das Bild aus der Medizin auf die Politik. Wenn es auch beim Staat um das Leben des politischen Körpers geht, dann ist zweifellos derjenige Zustand der beste, »bei dem jeder seiner Teile in vollkommener Weise die Funktionen erfüllen kann, die seiner Natur zukommen« (ebd.). Ein solcher Zustand des richtigen Funktionierens der Dinge kann nur dann erreicht werden, wenn der politische Körper in geordneter Weise unterhalten wird. Das aber setzt die Ruhe des Körpers voraus. Der Friede, im Sinne einer Ordnung des geregelten Ablaufs des Ganzen mit seinen Teilen, wird somit bei Marsilius zum zentralen Indikator für politische Praxis. Die arbeitsteiligen Prozesse der Menschenwelt verlangen geradezu nach einer konsequenten Organisation der zwar unterschiedlichen, an sich aber wechselseitigen Belange. Hierzu ist die Existenz der politischen Ordnung eine existentielle Notwendigkeit. Sie ist Ordnung des Differenten, Befriedigung der Bedürfnisse der unterschiedlichen Stände, der Bauern, der Handwerker, der Krieger, der Händler, der Priester. Dies funktioniert jedoch nur dann erfolgreich, wenn es eine zwingende Gewalt gibt, der sich alle unterordnen müssen (ebd., I, v, 8). Die verschiedenen Zweckursachen der menschlichen Tätigkeiten verlangen nach einer von diesen wiederum gesonderten Zweckursache. Diese muß, um alle verbinden zu können, eine allgemeine Zweckursache sein: Eben dies betrifft die Existenz und Notwendigkeit der politischen Ordnung in der Funktion des Staates.

Der politische Körper bekommt damit (wie bereits in der Antike) erneut eine Qualität eigener Art zugesprochen: So, wie sich jeder Stand (z.B. die Ritter) einen eigenen Habitus, eine spezifische Disziplin, und damit auch einen besonderen Status zuspricht, so verfügt auch der Staat als politische Ordnung (*civitas*) über einen originären Habitus, Status – und vor allem, ein besonderes Ziel. Das Ziel ist bei Marsilius, die **Friedensfähigkeit des Ganzen** zu erhalten. Dies ist zum Nutzen der Allgemeinheit (ebd., I, ix, 6), und hierfür eignet sich die Herrschaft des Monarchen am besten. Im Kontext der klassischen Fürstenspiegel formuliert Marsilius das römische Modell zwischen Haushalt und Res publica in eine Herrschaft des Einen um. Die Monarchie ist aber nur dann in ihren Funktionen kompetent und wirkungsvoll, wenn sie sich auf die **Zustimmung durch die Beherrschten** begründet. Alle Varianten, die historisch bei der Monarchie bereits einmal möglich waren, kommen dem Idealtypus von monarchischer Herrschaft nur dann und deshalb nahe, »je mehr sie mit dem Willen der Untertanen« bestehen »und nach einem Gesetz, das zum gemeinsamen Nutzen der Untertanen gegeben ist«, geordnet sind (ebd., I, ix, 5). Ausdrücklich räumt Marsilius hierbei ein, daß eine Monarchie, die auf der Wahl durch die Untertanen beruht, besser sei als eine nichtgewählte Herrschaft. Ohnehin »erhält man bei diesem Verfahren der Einsetzung allein den besten Herrscher; denn es ist zweckmäßig, daß es der beste Staatsbürger ist; er soll ja das Handeln aller anderen im Staate regeln« (ebd., I, ix, 7).

Eine solche Wahl ist im Kern eine Art Kontrakt, ein **Wahlvertrag** zugunsten der Auswahl desjenigen, der als der Beste für die Regentschaft der Civitas erscheint. Ein so gewählter Monarch ist nicht nur die höchste Autorität in der Gemeinschaft der Bürger, sondern zugleich auch der höchste Richter und Zensor. Selbst die Kleriker haben sich dem unterzuordnen. Der Fürst allein sichert Recht und Gesetze – und damit das *bonum commune* und somit auch die Stabilität des Gemeinwesens.

Keineswegs ist dies jedoch ein vollständig enttheologisiertes Plädoyer für die Monarchie. Auch der gewählte Monarch bleibt ein christlicher Regent, und die Priester haben die hohe ethische Verpflichtung, die Glaubensgebote in angemessener Weise um des Seelenheils der Untertanen willen zu praktizieren und zu unterrichten. In der Lehre des Marsilius wird jedoch der Suprematieanspruch der Kirche grundsätzlich bestritten. Erkenntnistheoretisch erreicht Marsilius seine Verteidigung der innerweltlichen Legitimation von politischer Ordnung durch den Rückgriff auf die **Geschichtlichkeit aller Dinge**. Politische Herrschaft ist historisch gewachsen und muß daher auch als historisch manifeste Größe verstanden werden. Der überzeitliche Anspruch der Religion gilt bei Marsilius folglich nur dort noch als legitim, wo er den innerweltlichen historischen Rekonstruktionen von Herrschaft nicht im Wege steht. Gerade indem hier Geschichte begriffen wird als eine rationale Durchleuchtung der Bedürfnisse für politisches Handeln zugunsten der Herrschaft des Einen, wird die metaphysische Konstruktion von politischer Ordnung enttheologisiert. Politische Herrschaft erscheint nunmehr denkbar als eine historisch gewollte und einigermaßen vernünftig erklärbare Angelegenheit, die Menschen unter sich ausmachen.

5.2 Die Macht als Endzweck (Niccolò Machiavelli)

Derjenige Autor, der diesen Sinnzusammenhang und Erklärungsansatz am deutlichsten formuliert hat, heißt Niccolò Machiavelli. Mit dem Namen des Florentiner Politikers aus der Renaissancezeit verbindet sich zugleich ein Politikverständnis, das die Frage nach der

Legitimation von Politik geradezu radikal auf funktionale Anwendung reduziert (vgl. grundsätzlich Basta 1982, Kersting 1988 sowie Skinner 1988). In seinem kleinen Traktat *Il Principe* (entstanden 1513) beschäftigt sich Machiavelli zentral mit zwei Fragen: Zum einen, wie kommt der Fürst (*principe*) an die Macht, zum anderen, wie kann er sie (möglichst dauerhaft) erhalten?

Bei der Beantwortung dieser beiden Fragen greift Machiavelli systematisch in das Arsenal der historischen Vergleichsfälle, die er den eigenen zeitgenössischen Beobachtungen zur Seite stellt. Geschichte ist somit der Quell des Lebens, aus dem sich das Verständnis von Politik maßgeblich gewinnen läßt. Der Florentiner Autor bricht gänzlich mit dem theologischen Fragehorizont, jedwede Argumentation aus dem Kontext der Bibel wird hier in Abrede gestellt. Politik handelt nicht von Wundern, »sondern alles ist durchaus normal und vernünftig erklärbar« (Machiavelli: Der Fürst, S. 29). Der Machtgedanke, nicht Gottes Wirken, ist der elementare Bezug. Wo Menschen sind, da geht es um Macht. Das zentrale Motiv des Politischen ist für Machiavelli die **Gewinnung und Behauptung der Macht** – und zwar um jeden Preis. Alle Autoren, die diesen Aspekt vernachlässigen oder gar nicht beachten, gehen nach Machiavellis Ansicht an der Substanz des Politischen vorbei. Entweder sind sie Idealisten wie Platon oder Dogmatiker wie die Kirchenleute, die von der Sache nichts verstehen. Für Machiavelli gilt hingegen, »der Wirklichkeit der Dinge nachzugehen« statt nur bloße Vorstellungen über sie zu haben (ebd., S. 119): »Viele haben sich Republiken und Fürstentümer vorgestellt, die nie jemand gesehen oder tatsächlich gekannt hat; denn es liegt eine so große Entfernung zwischen dem Leben, wie es ist, und dem Leben, wie es sein sollte, daß derjenige, welcher das, was geschieht, unbeachtet läßt zugunsten dessen, was geschehen sollte, dadurch eher seinen Untergang als seine Erhaltung betreibt«.

Hier spricht der ehemalige Politiker, der die Existenz seines Gemeinwesens, der Stadt Florenz, konkret bedroht sah und aus seinen persönlichen Erfahrungen heraus systematische Schlußfolgerungen für die Politik zieht. Mit dem Verweis auf historische Parallelen wird hieraus eine Anweisungsstrategie für den handelnden Fürsten, die mit den normativen Grundsätzen der scholastischen Fürstenspiegel nicht mehr viel gemeinsam hat. Der Zweck der Politik ist die Erhaltung der Ordnung – und zwar mit Macht, der unter den jeweils gegebenen Umständen alle Mittel recht sein können. Was die richtigen Mittel für die gegebene Situation sind, entscheidet sich nach Notwendigkeit (*la neccessità*). Das Ziel ist für jeden Fürsten eigentlich gleich – nämlich den Machterhalt seiner Herrschaft für sich selbst zu sichern. Das gute Tun richtet sich somit nach der Notwendigkeit der konkreten Situation. Das Programm der christlichen Tugenden ist in dieser Hinsicht relativ und darf keineswegs als unumstößliches Gebot gelten: Tugenden entscheiden sich nach ihrer konkreten Nützlichkeit. **Nützlich ist, was dem Zweck der Machterhaltung dient**. So kann es also sein, diagnostiziert Machiavelli, »daß manche Eigenschaft, die den Anschein der Tugend hat, bei ihrer Verwirklichung seinen [des Fürsten] Untergang herbeiführt, und daß manch andere, die den Anschein des Lasters hat, ihm bei ihrer Verwirklichung zu Sicherheit und Wohlbefinden verhilft« (ebd., S. 121). Nicht die (christliche) Moral entscheidet über den Erfolg einer Politik, sondern die richtig kalkulierte Anwendung der Macht. Klugheit (*prudenzia*) gehört hier ebenso dazu wie die Anwendung von Gewalt. Da die Menschen von ihrer Natur her eigennutzorientiert sind und nur sich und ihren Vorteil im Blick haben, darf der Fürst seine Herrschaft keineswegs auf moralisches Wohlwollen seiner Untertanen bauen, sondern muß sich mit wohldosiertem Zwang und prinzipieller Gewaltbereitschaft der Untertanenschaft seiner Bürger versichern. Aufgrund ihrer tendenziell hemmungslosen und eigensüchtigen Triebstruktur sind die Menschen entweder »zu verwöhnen oder zu vernichten« (ebd., S. 17). Der Fürst kommt demnach um seiner eigenen Existenzerhaltung willen gar nicht umhin, auch **Gewalt** anzuwenden. In konkreter Gefahrenlage muß er hiervon sogar massiv, d.h. grausam, Gebrauch machen. Hat man es z.B. mit einer Vielzahl von Gegnern zu tun, dann »muß man alle Gewalttaten auf einmal begehen, damit sie weniger fühlbar werden und dadurch weniger verletzen; Wohltaten hingegen muß man nach und nach erweisen, damit sie besser wahrgenommen werden« (ebd., S. 73). Solche Ratschläge haben den Autor des *Principe* später auf den päpstlichen Index gebracht, doch es wäre verkehrt, Machiavelli als hemmungslosen Befürworter einer gewaltorientierten Politik aufzufassen. Der Umgang mit Gewalt ist in seiner Lehre ein Kalkül für den strategischen Machterhalt. Auch die Gewalt hat ihren Zweck und ihre Nützlichkeit: Sie zwingt die eigenen Bürger als Untertanen in die Schranken und die politischen Gegner bekommen ihre Grenzen zugewiesen. Taktisch an der richtigen Stelle eingesetzt, funktioniert Gewalt wie bei den Zügen in einem Schachspiel: Sie minimiert die Chancen der anderen und erhöht die eigene Position.

Die fürstliche Position ist ein Status (*lo stato*), der sich nur von der Macht her begründen läßt. Jeglicher Anspruch auf eine irgendwie formulierte Tugendlehre oder gar Metaphysik ist hier fehl am

Platz. Solange die Menschen sich in einer derart negativen anthropologischen Struktur befinden, wie Machiavelli sie schildert, nämlich als »undankbar, wankelmütig, unaufrichtig, heuchlerisch, furchtsam und habgierig« (ebd., S. 129), so lange tut der Fürst gut daran, seine Herrschaft mit den Mitteln der Furcht zu gestalten. Denn anders wird er nicht überleben können. Machiavelli versteht insofern Politik als einen im Prinzip schonungslosen Kampf um die Macht: Dem Sieger gehört alles: Ruhm, Ehre, Geld und Macht – dem Verlierer bleibt oft nicht einmal mehr die nackte Existenz.

In seiner Politiklehre, die er als *realistisch* versteht, weil die Geschichte noch stets von neuem solche Beispiele produziert hat, ist der Kampf der Menschen um die politische Macht quasi ihre natürliche Existenz. Das *zoon politikon* des Aristoteles wird hier insofern auf den **Machtvollzug** reduziert. Den Machtvollzug braucht man mit Notwendigkeit, denn sonst kann man gar nicht überleben. Zwei Naturen muß sich der Fürst zu eigen machen, will er in diesem ständigen Kampf erfolgreich sein. Er muß die Rolle des Löwen spielen können und auch die Rolle des Fuchses beherrschen. Die Eigenschaften des Löwen braucht er, »um die Wölfe zu schrecken« und die des Fuchses, um mit Klugheit und List den Schlingen zu entgehen, die ihm gestellt werden (ebd., S. 137). Wann der Fürst Löwe sein muß und wann Fuchs, das hängt von der Situation ab (vgl. Stolleis 1990, S. 21-36). Es hängt aber nicht zuletzt auch von der Fähigkeit des Fürsten ab, mit der ihm eigenen Tapferkeit und Tugend (*virtù*) die Dinge überhaupt gestalten zu können. Hierfür wiederum sind Klugheit und das Glück (*fortuna*) mitentscheidend. Insbesondere das Glück, denn nicht alles ist berechenbar. Ein Fürst kann noch so klug die Dinge im voraus sondieren, die Gelegenheit zum Handeln und die Notwendigkeit, mit der dieses Handeln betrieben wird, hängen nicht zuletzt vom Glück ab. Insofern vollzieht sich der Erfolg eines Fürsten bei Machiavelli in der möglichst konsequenten Beachtung der vier Faktoren **Klugheit**, **Tapferkeit**, **Notwendigkeit und Glück**. Man mag die ersten drei Prinzipien dem Menschen als individuelle Fähigkeiten zusprechen, der vierte Faktor entzieht sich jedoch der menschlichen Zugriffsmöglichkeit. Allein bei diesem Punkt bleibt auch Machiavellis Lehre einem metaphysischen Verständnis von politischer Praxis gegenüber offen (vgl. grundsätzlich Parel 1992). Ansonsten zählt jedoch allein der Endzweck – seine Macht durchzusetzen. Hier sind im Prinzip alle Mittel legitim, weil der Zweck, der politische Erfolg, die Mittel heiligt. »Laß nur einen Fürsten siegen und seine Herrschaft behaupten«, bilanziert der Florentiner Denker kühl (Machiavelli: Der Fürst, S. 141),

»so werden die Mittel dazu stets für ehrenvoll gehalten und von jedermann gelobt werden; denn der Pöbel läßt sich immer von dem Schein und dem Erfolg mitreißen; und auf der Welt gibt es nur Pöbel«.

Der Pöbel (*il vulgo*) ist immer in der Mehrzahl, der Fürst, egal ob gewählt oder aus dynastischen Gründen an der Macht, ist immer nur der einzelne, der gegenüber der Menge allein auf sich gestellt ist. Schon allein deshalb benötigt er absolute Herrschaftsgewalt (*la autorità assoluta*). Insofern ist Machiavellis Lehre den Grundelementen einer **Theorie der Diktatur** verpflichtet. So, wie der Diktator im römischen Recht ein Meister des Volkes gewesen ist, so ist der Fürst in einer bürgerlichen Herrschaft (*principato civile*) derjenige (ebd., S. 74/75), der mit Macht zugunsten des Volkes alles entscheiden darf und muß.

Das ist das politische Ideal, um das es Machiavelli vorrangig geht: die **bürgerliche Fürstenherrschaft**, in der die individuelle Leistung zählt. Gerade deshalb kommt den persönlichen Wesenseigenschaften des Fürsten in Form seiner Klugheit, Tapferkeit und seinem Charakter ein so hoher Stellenwert zu. Er muß seine eigenen ›Werte‹ quasi systematisch anlegen, um das Volk in seine Ordnung zu zwingen. Hierfür muß er sich »auf eine Methode besinnen, durch die seine Bürger immer und in jeder geschichtlichen Lage den Staat und ihn brauchen; dann werden sie ihm stets treu bleiben« (ebd., S. 83). Der Staat hat insofern eine ihm eigene Vernunft. Es ist die Klugheit des Fürsten, dies zu erkennen und seine eigenen Bedürfnisse und Fähigkeiten der Vernunft des Staates anzupassen und diese umgekehrt an ihn. Die Idee der **Staatsräson** wird insofern bei Machiavelli im Kern bereits formuliert (vgl. grundsätzlich Cassirer ²1978, Münkler 1987, Viroli 1992, Nitschke 1995). In seiner größeren Schrift *Discorsi* (entstanden 1513-22) widmet er sich den spezifischen Anforderungsprofilen einer solchen Räson der politischen Ordnung systematisch. Was indirekt schon im *Principe* durchschimmert, findet hier seine Bestätigung: Machiavellis Überlegungen konzentrieren sich vorrangig an der Erhaltung einer republikanischen Ordnung, einer Ordnung, bei der das Volk (vertreten durch besitzende Bürger) unter sich den Besten auswählt, damit dieser dann die Geschicke des Gemeinwesens lenkt. Insofern folgt er der aristotelischen Politie-Konzeption mit der monarchischen Zuspitzung, wie sie sich durch die Debatten seit Thomas von Aquin ergeben haben. Allerdings ist dies nun keine Monarchie mehr, sondern ein Freistaat (vgl. Pocock 1975). Doch auch für die Republik gilt der Machtgedanke als elementare Bezugsgröße: Herrschaft ist **Macht-**

konzentration im Raum, und Politik handelt von einem Regelwerk, das nicht beliebig ist, sondern, im Gegenteil, erkannt und beachtet werden muß. »Alles, was wir tun, ist eine Nachahmung der Natur«, konstatiert der Florentiner (Machiavelli: Discorsi, S. 176). Im Prinzip muß man nur drei Dinge systematisch beachten und anwenden: »Tüchtigkeit, religiöse Gläubigkeit und Ordnung« (ebd., S. 258). Wo diese Prinzipien herrschen, wie in der Römischen Republik, die von Machiavelli als Ideal dargestellt wird, da ist die Stabilität des Gemeinwesens gesichert. Das bedeutet aber auch zugleich, daß man sich immer wieder den Anfangsgründen der politischen Ordnung verpflichtet weiß. Jede Erneuerung kann nur im Kontext des Ausgangspunkts stattfinden, damit die Ordnung insgesamt gewahrt bleibt. Das aber ist vorrangig die Aufgabe des Herrschers, nämlich »den Staat auf seinen Ursprung« hin zurückzuführen (ebd., S. 277). Dies aber geht nicht ohne die stringente Anwendung von Befehl und Gehorsam. Somit ist erst recht der republikanische Fürst jemand, der die Bürger (um ihrer selbst willen) in eine zu disziplinierende Existenz bringt. Auch wenn Machiavelli ausdrücklich zugibt, daß es hierbei um den »Nutzen für das Allgemeinwohl« gehe (ebd., S. 4), so ist doch die zentrale Ausrichtung der Machtgedanke selbst. Macht ist in der Politikkonzeption des Florentiner Autors vielleicht nicht ganz der Endzweck der Dinge, zweifellos aber ein Selbstzweck. Mitunter kommt dies in der politischen Praxis einem Endzweck recht nahe.

5.3 Der Souverän als Herrscher (Jean Bodin)

Was bei Machiavellis Analyse des Politischen grundsätzlich fehlt, ist eine Letztbegründungsperspektive. Jegliche normative Zuordnung bleibt hier in einem Strom von Zeit und Raum befangen, die sich, weil Politik als **Kampf um die Macht** ständig in Bewegung ist, nur situativ und konkret – eben als Begrenzung – erfahren läßt. Religion ist dann nur Mittel zum Zweck – nämlich zugunsten der besseren Durchsetzungsfähigkeit der politischen Macht. Durch ein solches Verständnis wird das Politische funktional gewendet: Politik gleicht mehr einer militärischen Strategie zur Gewinnung von Ressourcen in Form von Geld, Ländereien, Männer, Frauen und Ehre als einer logischen Anleitung zur Gerechtigkeit. Was der (erfolgreiche) Fürst macht, ist gerecht. Eine theologische Legitimation spielt hierbei keine Rolle mehr. Im Gegenteil: Durch die Abkoppelung der positiven

Bestimmungen zur politischen Macht von jeglicher theologischer Letztbegründung werden alle Entscheidungen für den jeweiligen Augenblick absolut, weil es um die stets gefährdete Existenz der handelnden Subjekte geht. Weder der Fürst noch das Volk haben hierbei eine dauerhaft sichere Grundlage. Allein der ewige Rhythmus in der Bewegung der Macht vermittelt hier eine Orientierung. Der politisch Handelnde muß sich stets fragen, wo er im Strom der Möglichkeiten und der Wirklichkeit steht und dann zielstrebig handeln, d.h., seine Aktionen mit Notwendigkeit betreiben. Der scholastische Ruf nach der guten Ordnung ist somit für Machiavelli keineswegs der elementare Bezugspunkt, denn für ihn erscheint die Ordnung als Gestaltung von menschlicher Wirklichkeit immer nur ein abgeleitetes Phänomen aus der natürlichen Beschaffenheit von Macht und Bewegung.

Den Ruf nach dem **Primat der Macht** hat man im Anschluß an diese Lehre nach ihrem Namensgeber als **Machiavellismus** bezeichnet. Machiavellistisch ist demnach alles, was die Funktionen von politischer Ordnung rein zweckfunktional an den Machtgedanken als den alleinigen Gestaltungspunkt ausrichtet. Die Idee des Staates im Sinne einer funktionalen Herrschaftseinheit, die mit größtmöglicher Macht über die Geschicke ihrer Mitglieder entscheidet, erfährt hier ihre erste Begründung. Auch wenn Machiavelli noch weit davon entfernt ist, mit *lo stato* den modernen Staat zu meinen, so haben doch verschiedene Autoren im Verlauf des 16. Jahrhunderts die machiavellistische Botschaft so verstanden und mit einer Zentralisierung der Macht verbunden. Die wesentliche Erweiterung und Zuspitzung erfährt diese Philosophie der Macht in der Theorie des Jean Bodin, der mit seinen *Six livres de la République* (1576) die monarchische Herrschaft endgültig zum rein innerweltlichen Maßstab von politischer Ordnung macht (vgl. grundsätzlich Quaritsch 1970 u. Denzer 2001). Auch wenn sich Bodin hierbei deutlich von Machiavelli distanziert, weil dieser eine »Verachtung der heiligen Naturgesetze« betrieben habe (Bodin: Über den Staat, Vorwort), so nimmt er dennoch das Plädoyer für einen absoluten Gestaltungsraum der politischen Macht grundsätzlich auf. Ausgehend von Augustinus' Kennzeichnung einer Räuberbande und eines Staates, qualifiziert der französische Jurist drei bestimmende Merkmale des Staates in Form der Existenz von »Familien«, der »Souveränität« und »gemeinsamer Dinge« (ebd., I, 1, S. 3). Die Räuberbande ist in dieser Hinsicht eine Art Gegengesellschaft: Sie verfügt nicht im christlichen Sinne über eine richtige Familie, sie besitzt keine Souveränität, und sie hat vor allem auch keine geregelte Praxis hinsichtlich der Gestaltung gemeinsamer Angelegenheiten. Was in der Räuberbande gemeinsam ist, basiert auf der reinen Willkür des Anführers. Der Nutzen der Bande dient im wesentlichen dem Nutzen des jeweiligen Anführers. Er profitiert am meisten von seiner Willkür.

Demgegenüber ist der Staat nach Bodin gekennzeichnet durch ein Regelwerk, in dem die Anwendung und Beachtung der Gesetze den Ausschlag geben. Der Nutzen des Staates, das »wahre Glück«, und der des Individuums sind vom Ideal her identisch (ebd., I, 1, S. 5). Wie aber erreicht man diese Übereinstimmung in der Praxis?

Bodin wendet sich hier der funktionalen Bestimmung des Staates zu. Elementar ist für eine jede politische Ordnung zunächst einmal die Befriedigung der Grundbedürfnisse der Menschen: »Schutz und Verteidigung der Untertanen, die Beschaffung der erforderlichen Lebensmittel« – und nicht zuletzt »die Pflege des Rechts« (ebd., I, 1, S. 9). Mit diesen essentiellen Bedingungen hat die praktische Politik mit Notwendigkeit zu tun. Hierbei spielt die Unterscheidung zwischen dem, was öffentlich ist, und dem, was privat ist, eine zentrale Rolle. Gegen Platon wendet Bodin ein, daß es in dem Moment nichts Öffentliches mehr gebe, »wenn es kein Eigentum gibt« (ebd., I, 2, S. 15). Die römisch-rechtliche Auffassung von politischer Ordnung als einer öffentlichen Angelegenheit, der eine Sphäre nicht-öffentlicher Bedürfnisse gegenüber steht, wird von dem französischen Juristen als konstitutiv für den Begriff des Politischen angesehen: Ohne Privatheit gibt es keine Öffentlichkeit, denn das »Öffentliche kann nur in bezug auf das Private gedacht werden« (ebd.). **Das »Öffentliche« ist in diesem Fall das Allgemeine**, eben das, was jenseits der privaten Bedürfnisse und Interessen als ein gemeinsames Interesse formuliert werden kann. »Die Gemeinsamkeit aller Dinge« jedoch »ist unvereinbar mit dem Recht der Familien« (ebd.).

Die Familien sind gerade deshalb Organe eigener Kraft, weil sie als biologischer Zusammenschluß immer nur spezifisch auf die Interessen *ihrer* Mitglieder ausgerichtet sind. Mit anderen Worten: Das Allgemeine (als das Öffentliche) fängt da an, wo die konkreten Bedürfnisse nicht nur in einer Familie vorkommen, sondern alle Familien angehen. An der Differenz zur Familie entsteht somit für Bodin die Notwendigkeit und Existenzberechtigung für den Staat. Würde man alles vermischen, »Familie und Bürgerschaft, privates und gemeinsames Eigentum [...], gibt es weder einen Staat noch eine Familie« (ebd.).

Die weiterführende Frage ist jedoch, wie man die normative wie funktionale Differenz zwischen dem Staat (*République*) und den Familienhaushaltungen gewährleisten kann. Bei der Beantwortung dieses Problems setzt Bodin ganz auf die Argumentationsrichtung, die Machiavelli vorgegeben hat: Es ist die **Zwangsgewalt**, mit der entschieden wird, was öffentlich ist und was privat. Die Grundlage aller Staaten ist von ihrem jeweiligen historischen Ursprung her, daß sie bereits »mit Gewalt gebildet worden sind« (ebd., I, 6, S. 69). Daraus folgt für Bodin, daß »die Definition des Bürgers als einen freien Untertanen« darin besteht, daß er »unter der souveränen Gewalt eines anderen steht« (ebd., I, 6, S. 70). Formal überträgt er hierbei das Modell des Pater Familias auf die Ebene der politischen Führung: So, wie der Hausherr in seinem Haushalt für Ordnung sorgt, so auch der Regent im Staat. Notwendigerweise kann bei dieser Analogie nur die Herrschaft des Einen als sinnvoll erscheinen. Denn wenn »alle Bürger König wären, gäbe es keinen König« (ebd., I, 2, S. 15).

Der Begriff der **Souveränität** zielt insofern auf die alleinige Kompetenz der Herrschergewalt. Macht und Herrschaft werden hier als deckungsgleiche Größen in der Person des einen Monarchen zentriert. »Souveränität bedeutet höchste Befehlsgewalt« (ebd., I, 8, S. 122): Damit ist gemeint die »absolute und dauernde Gewalt eines Staates«, verkörpert in der Person des Monarchen. Die Formel vom *legibus solutus*, vom alleinigen Gesetzgeber, zu dem der Herrscher bei Bodin gemacht wird, verdankt ihre Begründung der Gewaltkompetenz (vgl. Wyduckel 1979). Diese ist notwendig, um die unterschiedlichen Interessen der Haushalte und ihrer Familienväter im Forum des Öffentlichen zu einer Synthese zu führen. Damit diese Synthese auch zeitlich stabil bleibt, muß die Gewaltkompetenz von Dauer sein. Bereits Machiavelli hat sich bei seinen Überlegungen sehr stark von den zeitgenössischen Kriegswirren in Italien leiten lassen, ebenso nun auch Bodin, für den der Bürgerkrieg zwischen Hugenotten und Katholiken in Frankreich der Ausgangspunkt seiner Überlegungen ist. Wie stark muß die politische Herrschaft sein, um die konkurrierenden Gruppen zu einer gemeinsamen öffentlichen Ordnung zu vereinen? – Sie muß so stark sein, daß sie jede Feindschaft zwischen den einzelnen Gruppierungen im gleichen Raum befrieden kann. Das aber geht nur, wenn die Zwangsgewalt des Monarchen noch über den Gewaltmöglichkeiten der einzelnen gesellschaftlichen Gruppen steht. Der König als Alleinherrscher darf insofern auch keineswegs abhängig sein von den Bürgern: »Der Untertan würde dann seinem Fürsten befehlen, der Diener dem Herrn« (Bodin: Über den Staat, I, 8, S. 122). Folglich muß die Macht des Regenten von Dauer sein. Das monarchische Amt, selbst wenn der Monarch unter den Besten der Gemeinschaft gewählt worden wäre, ist insofern ewig. Die **Ewigkeit der Autorität des Am-**

tes verweist auf die Ewigkeit Gottes. Konsequenterweise ist damit bei Bodin *souverän* »nur derjenige, der allein Gott als größeren über sich anerkennt« (ebd., I, 8, S. 124). Der Begriff der Souveränität ist somit, wie Bodin ihn in die politische Philosophie als Zauberformel einführt, gebunden an den Aspekt der Autarkie, der möglichst vollständigen Unabhängigkeit von jeglichen menschlichen (sozialen) Verpflichtungen. Der Souverän setzt die Maßstäbe in eigener Sache aufgrund seiner absoluten Kompetenz. Bildlich gesprochen ist er so etwas wie der verkleinerte Gott auf Erden. Insofern analogisiert Bodin nicht nur das römisch-rechtliche Modell vom Pater Familias mit dem Souveränitätsgedanken, sondern ebenso auch den scholastischen Bezug zum Stellvertreter Gottes. Er sichert damit den unbedingten Leitungsanspruch für das weltliche Regiment sowohl positivistisch nach unten zur Basis als auch metaphysisch nach oben ab. Die natürliche Einheit der Familie wie die natürliche Existenz Gottes ermöglichen die Souveränität des Monarchen. Jenseits und über dieser unumschränkten Herrschaft ist nur noch Gott. Allerdings bleibt die Staatsgewalt dem »göttlichen Gebot und dem Naturrecht unterworfen« (ebd., I, 8, S. 129). In dieser – aber auch nur in dieser – metaphysischen Hinsicht ist der Souverän keineswegs frei: Gegenüber Gott und dessen ewigen Gesetzen bleibt der König Mensch unter seinesgleichen.

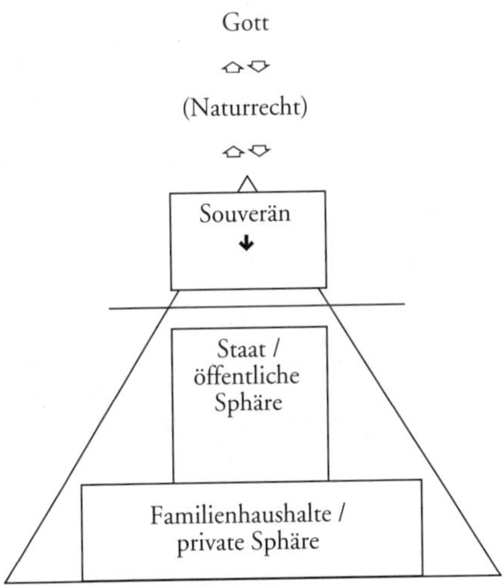

Abb. 3: Das Souveränitätsmodell bei Jean Bodin

In diesem streng hierarchisierten Herrschaftsmodell verdankt der König seine souveräne Position somit zugleich der Ambivalenz, die er als Mensch unter Menschen natürlicherweise hat. Nur dort kann Herrschaft wirklich funktionieren, wo die **Legitimation der Macht** unumstößlich für einen festgeschrieben ist. In dem Bodinschen Modell gilt dies aufgrund der metaphysischen Zuordnung an die Existenz Gottes. Mit dieser Zuordnung läßt sich zugleich rechtfertigen, daß der monarchische Souverän an die positiven Bestimmungen der Gesetze in der Menschenwelt nicht gebunden ist. Wer die Unabhängigkeit von allen anderen Mitmenschen besitzt, der muß sich auch nicht an die Gesetze halten, auch wenn der Regent sie selbst erlassen hat. »Ein Gesetz mag gut, gerecht und vernünftig sein«, konzediert Bodin, »niemals ist der Fürst ihm unterworfen« (ebd., I, 8, S. 152).

Keineswegs ist dies jedoch eine Ermächtigung zur tyrannischen Politik. Der *legibus solutus* ist durch die Beachtung des göttlichen Naturrechts immer noch in den Schranken einer höheren Ordnung. Seine Aufgabe ist es vielmehr, diese höhere Ordnung in ihrer ganzen Dignität für die Praxis der Menschen zur Anwendung zu bringen. Insofern kann sich der Monarch dem Prinzip der »natürlichen Gerechtigkeit« Gottes nicht versagen (ebd., I, 8, S. 153). Er muß sich um seiner eigenen Glaubwürdigkeit willen an die Verträge halten, die er mit seinen Mitmenschen eingeht. Doch die Gesetze sind keine Verträge. Sie sind selbstbezogene Willensakte des Souveräns. Doch dieses *Selbst* ist nicht machiavellistisch aufzufassen. Der Souverän arbeitet nicht in die eigene Tasche, sondern er ist da, um das *bonum commune* der Untertanen in ihren diversen Haushaltungen voranzutreiben. Eben dazu bedarf es der größtmöglichen Machtanreicherung. Denn im Zweifelsfall muß sich der Souverän immer mit Gewalt durchsetzen. Schließlich »muß daran erinnert werden«, sagt Bodin, »daß die Menschen primär zum Zweck des Schutzes und der Verteidigung Gemeinschaften gebildet haben« (ebd., V, 5, S. 756).

Solange die »Zahl der Narren, Schlechten und Dummen [...] tausendmal größer« ist als die der Ehrlichen, so lange muß der Mann an der Spitze um der funktionalen Durchsetzungsfähigkeit willen die Macht zentral bei sich versammelt haben (ebd., VI, 4, S. 949). Er macht dies dann nicht zuletzt um der heterogenen Bedürfnisstruktur der differenten Familienhaushalte wegen. Die **Sicherung der Existenzbedürfnisse** ist somit der positivistische Ausgangspunkt für die Legitimation der Souveränität. Anders als die metaphysische Orientierung an Gott ist dieser Ausgangspunkt in der Praxis stets überprüfbar: Die Menschen werden schon sehen können, ob ein Monarch ihnen bei ihren Bedürfnissen hilft oder nicht. Dieses Bedürfnismuster ist zunächst immer erst privat, denn nur durch das Wirken des Souveräns wird es zu einem öffentlichen Zweck. Wird dieser richtig geordnet, dann gelangen sowohl der Souverän wie auch seine Untertanen zur freiheitlichen Selbstbestimmung: Der Staat als Ganzes ist dann schließlich souverän, weil »er« sich selbst gehorcht und niemandem sonst.

6. Spiegelbilder: Utopische Kalkulationen

> »Der Zweck unserer Gründung ist die Erkenntnis der Ursachen und Bewegungen sowie der verborgenen Kräfte in der Natur und die Erweiterung der menschlichen Herrschaft bis an die Grenzen des überhaupt Möglichen.«
>
> (Francis Bacon: Nova Atlantis, IV, 3)

Die Ausrichtung auf die Macht des Regenten und die Loslösung von der theologischen Perspektive ist die eine Seite der politischen Philosophie am Übergang zur Neuzeit. Eine andere Seite manifestiert sich im Menschenbild selbst. Für Machiavelli ist unzweideutig allein der Mensch das Maß der Dinge. Folglich ist auch Politik eine reine Menschenangelegenheit. Hierfür bedarf es vor allem der vernünftigen Auslegung, was in einer konkreten Situation angemessen ist und was nicht. Wenn die Vernunft somit zum Maßstab wird für das, was politisch richtig ist, dann kann man natürlich andererseits auch feststellen, was alles nicht richtig ist. Möglicherweise ist dann die konkrete politische Praxis stets so defizitär, daß man Änderungen aller Art sich nicht nur wünschen würde, sondern auch konkret einfordern muß. An diesem Punkt setzen kognitiv die sogenannten **Utopien** an. Es sind jene Vorstellungen von Politik damit gemeint, in denen das Zusammenleben der Menschen nicht in irgendeiner Ordnung, sondern in der denkbar **besten Ordnung** vonstatten geht (vgl. grundsätzlich Neusüss ^{3}1986, Hölscher 1990).

Die beste Ordnung ist die gute Ordnung – und zwar diejenige, die so gut eingerichtet worden ist, daß sie dauerhaft stabil bleibt und den Bürgern ein Höchstmaß an sozialer Gerechtigkeit vermittelt. Schon Platon hat in seiner *Politeia* den systematischen Sinnzusammenhang der Gerechtigkeitsfrage mit der Ordnungsfrage dargelegt, doch der Begründer der utopischen Richtung in der politischen Philosophie ist (zumindest dem Namen nach) Thomas Morus (vgl. Skinner 1987, Nitschke 2000, S. 64-70).

6.1 Die Ordnung von Nirgendwo (Thomas Morus)

Der englische Humanist und spätere Lordkanzler am Hofe Heinrichs VIII. hat mit seiner fiktiven Erzählung *Utopia* (1516) nicht nur eine auch heutzutage noch erfrischend anschauliche Beschreibung einer Inselwelt dargestellt, sondern zugleich die Utopie als literarische wie philosophische Gattung begründet. Die Erzählung handelt von der **Insel Utopia**, einer Insel, die es in der Realität gar nicht gibt, deren Existenz aber in dem Dialog über Politik zwischen zwei Gesprächspartnern als Entdeckung einer bisher nicht bekannten Welt angezeigt wird.

Die Insel Utopia ist nach einem perfekten Plan geordnet, was bedeutet, daß das Leben ihrer Bewohner nicht einfach willkürlich abläuft, sondern in geordneten Bahnen nach den Regeln der Vernunft erfolgt. Vernunft ist der zentrale Indikator, nach dem Morus alle Aspekte der menschlichen Existenz in seiner fiktiven Welt ausrichtet. Ausgangspunkt ist hierfür die ernüchternde und wenig erfreuliche Feststellung, daß das reale politische System seiner Epoche alles andere als geordnet ist und vor allem überhaupt nicht den Kriterien der Vernunft entspricht. Die historisch eingespielte politische Ordnung Englands produziert somit für Thomas Morus mehr Unsinn und Willkür und stellt keine solide Basis für menschliches Zusammensein dar. Aus dem Unsinn der eben nicht nach den Kriterien der Vernunft strukturierten ›Ordnung‹ folgt in der Realität nicht nur deren Gegenteil, Unordnung, sondern schlimmer noch, eine strukturierte und damit dauerhafte **Ungerechtigkeit**.

Gerade das herrschende Establishment, der Adel und der Klerus, versagen insofern an ihrem normativen Ideal, das ihnen noch die klassische Interpretation der scholastischen Literatur hat zukommen lassen. Sie verhalten sich gegenüber den Bürgern als ihren Untertanen faktisch so schädigend, daß diese notgedrungen zu Kriminellen werden müssen. »Wenn ihr nämlich zulaßt«, rechnet Morus dem Establishment in Dialogform vor, »daß die Menschen grundschlecht erzogen und ihre Sitten von Kind auf allmählich verdorben werden, daß sie erst dann bestraft werden sollen, wenn sie als Männer die Schandtaten begehen, auf die sie von ihrer Kindheit an ständig hoffen ließen, was anders, so frage ich, als Diebe züchtet ihr, um sie dann zu hängen« (Morus: Utopia, I, 5, g)? – Der Kreislauf aus Armut, hervorgerufen durch die Herrschaftsstrukturen, und Kriminalität, die aus Armut folgt, führen zu einer Schieflage in der Gesellschaftsordnung, so daß von *Ordnung* im Sinne des Begriffes nicht mehr die Rede sein kann. Morus geht somit wie Machiavelli von der Realität der Dinge aus. Anders jedoch als der Autor des *Principe* stellt er der konkreten Herrschaftspraxis ein Anforderungsprofil aus der Ethik gegenüber. Hierfür ist unzweideutig das Platonische Modell das Leitbild. Wenn es eine Idee des Guten gibt, wenn zudem das christliche Weltbild zu einer normativ sinnvollen Existenz des Menschen auf Erden führen soll, dann bedarf die politische Praxis einer Reihe von Korrekturen. Und zwar nicht um der reinen Macht willen (wie bei Machiavelli dokumentiert), sondern um der Gerechtigkeit unter den Menschen wegen. Die entscheidende Frage für Morus aber ist: wo müssen die Korrekturen, wenn sie erfolgreich sein wollen, zuerst ansetzen, und wie umfassend müssen sie sein?

Kleinere Korrekturen reichen offensichtlich nicht aus, wenn das ganze System der Herrschaft degeneriert ist. Lediglich hier und dort etwas reformieren zu wollen, ist zum Scheitern verurteilt, solange die Vernunft nicht grundsätzlich obsiegt. Der Philosoph am Hof des Königs hat wenig Chancen auf eine Realisierung seiner wahrhaften Erkenntnisse. Von den Unzulänglichkeiten der Ordnung profitieren zumeist gerade diejenigen, die ohnehin an der Macht sind. Warum also sollte das politische Establishment die Koordinaten der Herrschaft ändern?

Im Gegenteil, man wird auf den Philosophen und seine Ratschläge nicht hören. Die platonische Forderung nach der **Philosophenherrschaft** beantwortet Morus somit recht skeptisch, indem er konstatiert, daß man keine Gelegenheit finden würde, bei der man etwas nützen könnte, »wenn man unter solche Amtsgenossen geraten ist, die ja eher den besten Mann verderben, als daß sie selbst gebessert werden« (ebd., I, 6, f): »Durch den verderblichen Umgang mit ihnen wird man entweder selbst verdorben, oder, wenn man selber lauter und anständig bleibt, deckt man ihre Bösartigkeit und Dummheit.«

Die resignative Note bei dieser Bewertung wird von Morus jedoch durch die Erzählung des Weltreisenden Raphael Hythlodeus in ein positives Gegenbild gesetzt. Platon könnte doch recht gehabt haben mit seiner Forderung nach Auflösung des Privatbesitzes. Denn es ist zweifellos die pleonexistische Gier nach materiellen Besitzständen, die in den realen zeitgenössischen politischen Systemen die Verwerfungen und damit auch die große soziale Ungerechtigkeit produziert. Die radikale Systemkritik dient zur pädagogischen Anleitung und Heranführung an das eigentliche Thema: die Formulierung einer besseren Welt auf Erden.

Die Erzählung von der fiktiven Insel Utopia, die der Weltreisende angeblich besucht haben will, ist im Grunde nichts anderes als ein überaus geistreiches **Gedankenspiel**. Morus konstruiert buchstäblich aus dem Geist heraus die Welt neu. Schon der Name zeigt dies an: *Utopia* ist die Zusammensetzung von griechisch ου (= nein, nicht) und *topos* (= Platz, Ort, Stelle). In dieser begrifflichen, bis dato nicht vorhandenen Konklusion, ergibt dies das »Nirgendwo«, den Unort, das Nichtseiende gegenüber dem Seienden. Die Sprachgewalt des gelehrten Humanisten aus England vermittelt mit diesem konstruierten Begriff aber auch noch einen weiteren, anders lautenden Hintersinn: Das ου kann im Englischen als »eu« ausgelegt werden. Das griechische ευ meint aber das Wohl-Seiende, ein Gut-Seiendes. Damit ist Utopia nicht einfach ein Nirgendwo, sondern zugleich auch (der Möglichkeit nach) der **Gute Ort**, der wohlbestellte Platz, an dem die Dinge *richtig* laufen.

So fiktiv Utopia auch ist, so stellt die Beschreibung der Sitten, der politischen und ökonomischen Strukturen seiner Bewohner eine systematische Gegenfolie für das zeitgenössische Herrschaftsmodell in England und Europa dar. Was in der realen Herrschaftspraxis mißraten ist, wird in Utopia positiv gewendet. Diese Umformung geschieht nach den Regeln der Logik. Wenn es z.B. schlecht ist, daß die Mehrzahl der Bürger in England hart arbeiten muß, um überhaupt existieren zu können, hingegen eine kleine Minderheit (nämlich Adel und Klerus) zum Wohlstand überhaupt nichts beiträgt, sondern, im Gegenteil, diesen hemmungslos konsumiert, dann ist die ökonomisch-soziale Struktur von Utopia dem diametral entgegengesetzt: Hier müssen alle arbeiten, Männer wie Frauen, und es gibt überhaupt keine privilegierte Schicht mehr.

Die **Gleichheit aller Menschen** ist das Grundprinzip, nach dem Morus seinen Gegenentwurf zur herrschenden politischen Praxis entfaltet. Die naturrechtliche Begründung aus der thomistischen Lehre, einer Gleichheit vor Gott, wird nunmehr zu einer Gleichheit der Fähigkeit zur Vernunft ausgelegt. Wenn der Mensch vernünftig ist, dann darf es keinen Hang zur Übervorteilung geben. Dann ist der Rhythmus der Arbeit für alle gleich und ebenso auch der Nutzen, der aus dieser Arbeit folgt. Die Prozesse einer arbeitsteiligen Gesellschaft werden in Utopia dahingehend optimiert, daß jeder einmal alles macht, um später auf *den* Platz in der Produktionskette gesetzt zu werden, an dem er mit seinen natürlichen Eigenschaften und Fähigkeiten bestmöglichst tätig sein kann. Selbst der Krüppel ist in diesem System von Nutzen, da auch er eine Funktion – und sei es die des Wächters auf dem Turm – bekommt. Die **Maximierung des allgemeinen Nutzens** ist somit für Morus das wesentliche Ziel. Die Glückseligkeit der Bürger wird erreicht, wenn alles und jeder dem Gemeinwohl untergeordnet wird. Hierfür hat die Gesellschaft Utopias klare und einfache Regeln, denen sich alle unterzuordnen haben. Selbst die Städte sind fein austariert, nach geometrischen Gesichtspunkten geordnet und alle in der gleichen Weise angelegt: »Wer eine von ihren Städten kennt, kennt alle« (ebd., II, 2).

So einstudiert die Arbeitsverteilung, die Existenzsicherung, die Anleitung zum guten Tun auch ist, dieses Modell eines Wohlfahrtsstaates, das Morus hier aufstellt, beschreibt eine statische Gesellschaftsform. Änderungen oder weitreichende Reformen verbieten sich hier von der Logik des Systems. Es ist bereits bestmöglich organisiert – gemessen an den miserablen Erscheinungsformen der zeitgenössischen Herrschaftssysteme. Jeglicher Konkurrenzkampf und ein Ringen um materielle Güter sind den Bewohnern Utopias fremd: Eigentum als privates Eigentum existiert nicht. Die ganze Insel ist »gleichsam eine einzige Familie« (ebd., II, 12):

Der Staat und seine Ordnung sind nicht das Ergebnis von Individualinteressen, sondern entsprechen den Bedürfnissen von Gruppenkonstellationen, die aus den diversen Haus-, Straßen- und Stadtteilgemeinschaften hervorgehen. Hier herrscht das patriarchalische Prinzip. Trotz der starken Anlehnung an Platon bleibt somit auch bei Morus die Politikfähigkeit nur den Männern zugeordnet. Immerhin aber kann hier jeder Mann an der politischen Gestaltung seiner Stadt teilhaben. Morus entwirft für Utopia ein gestuftes Repräsentationssystem, bei dem die Direktwahl wie auch die Abordnung in einer Balance gehalten werden. Die politische Ordnung Utopias ist demnach eine Republik – auch hierin spiegelbildlich genau das Gegenteil dessen, was herrschaftliche Wirklichkeit in Europa ist. Die Absage an das monarchische Programm ist systematisch und konsequent: Wenn alle Utopier im Prinzip gleich sind, dann geht es bei der Wahl zum Staatsoberhaupt um die **Wahl des Besten.** Einmal vom Volk gewählt, ist das Amt des Präsidenten von Utopia lebenslänglich, »sofern nicht der Verdacht, sein Inhaber strebe nach Gewaltherrschaft, aufkommt« (ebd., II, 4).

Das Ziel des utopischen Staates ist die Wohlstandssicherung und die Anleitung zur Glückseligkeit. Die Glückseligkeit des einzelnen entspricht hier (wie bereits in der Lehre des Aquinaten) der Glückseligkeit der ganzen Gemeinschaft. Für Morus ist es die Natur selbst, welche die Menschen zur Tugend führt. Die natürliche Religion, die auf Utopia praktiziert wird, ist insofern eine vernunftbezogene Religion. Der Gottesgedanke, der sich hier vermittelt, wird dominiert vom Gnadenakt, nämlich »durch Gottes Gnade in dieses glücklichste aller Gemeinwesen hineingeboren« zu sein (ebd., II, 30, g). Mit diesem Sinnbezug vermittelt der englische Humanist ein vollständig geschlossenes System. Utopia, als virtuelle Kopfgeburt, ist ein hermetisches Gebilde, das seine Vitalität und Ausstrahlungskraft dadurch gewinnt, weil es eine Spiegelfunktion zur bestehenden Wirklichkeit darstellt. Wenn doch die Dinge so sein könnten, mag eine unmittelbare Assoziation des geneigten Lesers sein! – Doch ist selbst Morus skeptisch hinsichtlich der Realisierung eines derartigen Herrschaftssystems. Auch sind die konkreten Inhalte für ihn nicht in allen Punkten unproblematisch, obgleich er abschließend bei seiner Erzählung gern gesteht, »daß es im Staate der Utopier sehr vieles gibt, was ich unseren Staaten eher wünschen möchte als erhoffen kann« (ebd., II, 33).

6.2 Die Beste aller Welten (Gottfried Wilhelm Leibniz)

Die Fiktion des Thomas Morus ist viel kopiert worden, sowohl inhaltlich wie auch vom Stil her (vgl. grundsätzlich Braungart 1989, Saage 1991). Auch wenn Platon sicherlich mit der *Politeia* die Grundmatrix formuliert hat, verbindet sich die Suche nach dem besten Staat seit Morus mit dem Begriff der Utopie.

Die Utopie ist aber mitnichten das Nirgendwo, das Wolkenkuckucksheim oder eine Insel der Seligen, wie manche meinen. In dem von Morus vorgegebenen Sinn ist die Utopie das **Gegenbild zur herrschenden Wirklichkeit** – und zwar ein Gegenbild, das systematisch die strukturellen Schwächen der realen politischen Ordnung austarieren will zu einem Modell, dessen Grundordnung so beschaffen ist, daß sich hieran eigentlich wenig verändern läßt. Verschiedene Autoren haben diesen Akzent aufgegriffen und in immer neuen Varianten formuliert. Meist, wenn auch nicht immer, ist der Ausgangspunkt hierbei die vollständige Abschaffung des Privatbesitzes. Die Orientierung am Eigentum begünstigt die Selbstsucht, wie Tommaso Campanella in seiner phantasievollen Abhandlung über die *Civitas Solis* (1623) schreibt (Campanella: Sonnenstaat, Kap. 4): »Wenn wir aber die Selbstsucht aufgeben, so bleibt noch die Liebe zur Gemeinschaft übrig.«

Die Liebe zur Gemeinschaft im Sinne einer harmonischen Ordnung kommt nicht von alleine. Wie schon bei Morus, so vermittelt auch die Herrschaftsstruktur im Sonnenstaat ein beträchtliches Maß an Sozialdisziplinierung. Jeder muß sich der gemeinsamen Herrschaft unterordnen. Ein Triumvirat, bestehend aus den drei höchsten Staatsämtern **Macht, Weisheit und Liebe**, sichert die Belange der Gemeinschaft. Der von Morus intendierte Gedanke eines fürsorglichen Wohlfahrtsstaates wird von Campanella aufgegriffen und erweitert: Die Behörden »achten streng darauf, daß keiner mehr erhält, als er verdient, jedoch auch keinem etwas Notwendiges vorenthalten wird« (ebd., Kap. 4). Die wechselseitige Normierung der Bürger des Sonnenstaates führt zu einem durch und durch funktionalistischen System. Alles, was gemacht wird, hat seine Funktion im Gesamtplan der Ordnung. Um diesen Plan richtig auszulegen und ständig zu beleben, ist die Erkenntnis der relevanten Dinge der zentrale Maßstab. So, wie schon bei Morus, so ist auch bei Campanella die utopische Gemeinschaft eine rationalisierte Gemeinschaft. Wer die Welt versteht, der versteht auch, was Politik ist. Machiavellis Lehre wird somit in diesem Punkt systematisch aufgegriffen – allerdings nunmehr unter dem Aspekt der **Gemeinnützigkeit**.

Die utopische Wissensgesellschaft versucht, das Optimum aus dem herauszuarbeiten, was überhaupt menschenmöglich ist. Diese Intention führt von ihrer Programmatik her zur Weltbeherrschung: Die Natur muß so ausgedeutet werden, daß sie dem Menschen in ihrer ganzen Fülle zur Verfügung steht. Francis Bacon macht in seiner Geschichte von *Nova Atlantis* (1627) dieses Prinzip zum Endzweck der menschlichen Existenz. Die Politik ist hier nebensächlich, die Ordnungsstruktur in seinem utopischen Staat ist derart optimiert, daß man nach einem Politikbegriff fast gar nicht mehr fragen muß. Allerdings bleibt auch hier, wie bei anderen Utopien auch, das Prinzip der Gegenfolie zur herrschenden Wirklichkeit bestehen. *Nova Atlantis* ist, wie auch die *Christianopolis* (1619) des Johann Valentin Andreae, ein Kontrastprogramm für die Defizite in der realen Welt. Allen diesen Variationen auf Utopia ist gemeinsam, daß sie ›im Kopf‹ ihrer Autoren angelegt sind und sich als besseres Gegenstück zum Ist-Zustand verstehen. Der Ausgangspunkt der Utopien ist somit mehr hermeneutischer denn tatsächlich praktischer Art. Sie zeigen eine Möglichkeit an, ohne mit dem Anspruch daher zu kommen, diese Möglichkeit auch unbedingt um jeden Preis realisieren zu wollen oder gar realisieren zu müssen! – Doch die Idee verändert die Praxis: So spekulativ vieles von dem auch ist, was in Utopia und ihren Nachfolgewelten vorgestellt wird, die Auswirkungen für die Politische Philosophie sind insgesamt eminent. Das Denken in Varianten, die Suche nach einer besseren Option, als sie im vorhandenen Diskurs angeboten wird, das Optimieren-Wollen als Selbstzweck verändern auch die Auffassungen von Politik und politischer

Ordnung. Sie ist keineswegs mehr allein statisch zu begreifen, sondern – was Machiavelli bereits unterschreibt – permanent veränderbar zugunsten der Wünsche und Zwecke der Menschen. Was aber sind die besten Zwecke für die menschlichen Ordnungssysteme? – In einer Welt, in der es mehrere Möglichkeiten für die Realisierung einer guten, einer weniger guten und einer schlechten Politik gibt, bleibt erst recht unter dem Antrieb des utopischen Potentials die Frage nach der richtigen Erkenntnis das entscheidende Kriterium.

Bei Gottfried Wilhelm Leibniz findet man zu diesem Komplex eine systematische Antwort (vgl. auch Schneiders 1977). Leibniz, der selbst zwar keine Utopie geschrieben hat, formuliert den utopischen Impetus als regelrechtes Arbeitsprogramm für das Individuum wie für die politische Ordnung als Ganzes um. Sein Konzept zur Einordnung der **Besten aller Welten** ist nunmehr wiederum ein metaphysisches Modell zum besseres Verständnis der Handlungschancen in der Welt. Dies reflektiert Leibniz in bezug auf den Stellenwert, den Gottes Existenz für die Regeln in der menschlichen Praxis hat. Seine groß angelegte *Theodizee* (1710) ist insofern mehr eine Erklärung des Menschen als eine Erklärung Gottes – wie es auch logischerweise nicht anders sein kann: Denn wer Gott erklärt, wäre selbst ein *Gott*.

Leibniz konstatiert zu den Handlungschancen des Menschen und der Frage, wie das Übel in die Welt kommt: Wären »wir imstande, die universale Harmonie zu verstehen, würden wir einsehen, daß das, was wir zu tadeln versucht sind, mit dem Plan zusammenhängt, der der Erwählung am würdigsten war; kurzum, wir würden sehen und nicht bloß glauben, daß das, was Gott gemacht hat, das Beste ist« (Leibniz: Theodizee, Abhandlung, S. 44).

Das bedeutet, Gott hatte bei der Schaffung der Welt keine Wahl, etwas anderes zu machen, als das, was er gemacht hat. Hätte er die Möglichkeit gehabt und sie gewollt, dann wäre die Welt eine andere geworden. Da dem aber nicht so ist und die Welt der Menschen mit strukturellen Defiziten behaftet ist, entsprechen diese Defizite zwar nicht dem Schöpfungsakt, aber sehr wohl der menschlichen Existenz. Demgegenüber steht die Existenz Gottes: ›Seine‹ Macht, ›seine‹ Vernunft und ›sein‹ Wille korrelieren mit dem Sein der Welt als Ganzem, der Wahrheit in den Dingen und dem Guten. Wenn es der Mensch ist, der offensichtlich unvollkommen existiert, dann erhebt sich die Frage, wie er sich mit seinen Möglichkeiten und Fähigkeiten auf die Relation von Vernunft und Wille in bezug auf die Existenz von Wahrem und Gutem einläßt.

Dies nun ist für Leibniz der **Auftrag an den Menschen**: zu erkennen, was man ist und wie man in der Welt steht. Diese ›Welt‹ ist für den Universalgelehrten aus Hannover mitnichten eine Ansammlung von Irrationalitäten, sie entspricht vielmehr (wenn auch auf einer sehr untergeordneten Ebene) der vollkommenen Existenz Gottes. Der Gedanke des Besten (*le meilleur*) ist in dieser Hinsicht zentral für das Leibnizsche Verständnis von Welt (ebd., I, 8): Denn »wenn es keine beste (*optimum*) unter allen möglichen Welten gäbe«, würde »Gott gar keine geschaffen« haben. Welt (*le monde*) ist für Leibniz »die ganze Folge und Ansammlung aller bestehenden Dinge, damit man nicht sage, daß verschiedene Welten zu verschiedenen Zeiten und an verschiedenen Orten bestehen konnten; denn diese müßten alle zusammen für eine Welt oder, wenn man will, für ein Universum gelten« (ebd.). Egal, wie viel verschiedene Zeiten, Orte und Handlungen man sich auch ausdenken mag, selbst bei einer Unendlichkeit an möglichen Welten, muß doch Gott die beste gewählt haben, »da er nichts tut, ohne der höchsten Vernunft gemäß zu handeln« (ebd.).

Das Dasein des Menschen auf Erden ist somit von der Logik Gottes her konditioniert. Die Frage, die sich Leibniz vorrangig stellt, ist, was der Mensch aus dieser logischen Konditionierung macht und ob er sie überhaupt richtig erkennt. Denn nur dann kann der Anspruch auf eine gute politische Ordnung wirklich eingelöst werden. Leibniz pocht hier auf eine »numerische Individualität« der Welt, die in ihrer Grundstruktur nicht geändert werden kann (ebd., I, 9): »Wenn also das geringste Übel, das in der Welt geschieht, in ihr fehlte, so würde sie nicht mehr diese Welt sein, die, alles in Rechnung gestellt, von dem Schöpfer, der sie erwählt hat, als die beste befunden worden ist.« Den Versuch, mit Hilfe utopischer Entwürfe von Welt, die Übel dieser Erde auszumerzen, sieht Leibniz als logische Reduktion der bestehenden Wirklichkeit an: Diese utopischen »Welten würden im übrigen der unseren bedeutend nachstehen« (ebd., I, 10). Die Dissonanz gehört somit zur Welt wie die Harmonie. Politische Ordnung muß sich hierbei um den angemessenen Ausgleich zwischen diesen beiden Daseinsprinzipien bemühen. Das ist sozusagen für Leibniz ein Schöpfungsauftrag. Damit ist zugleich aber auch ein unmittelbarer Wahrheitsanspruch verbunden. Aus dem Bewußtsein über die Übel dieser Welt erfolgt die Erkenntnis des Guten – und dies ist für den Barockdenker keineswegs nur eine kapriziöse Veranstaltung in der Geisteswelt. Aus der Erkenntnis des Guten im Sinne der Wahrheit Gottes erfolgt die **Pflicht und Notwendigkeit zur Verbesserung der Welt**. Die Mittel müssen mit dem Zweck übereinstimmen: Ein gutes Ziel bedarf auch guter Mittel. »Man wird es durchaus nicht billigen«, folgert Leibniz (ebd., I,

25), »daß eine Königin unter dem Vorwand, den Staat zu retten, ein Verbrechen begehe oder auch nur zulasse«. Die Existenz auf Erden verlangt vom Menschen im Hinblick auf die Vernunft Gottes ein permanentes Streben nach (mehr) Vernunft. Versagt man sich dem, beraubt man sich seiner Möglichkeiten. Dies gilt sowohl für das Individuum wie für Gesellschaften insgesamt. Erst recht gilt dies für eine jede politische Ordnung. Irrtum, Unwissenheit und Bosheit sind somit Beraubungen (*Privationen*) der menschlichen Existenz in bezug auf ihre Optimierungsmöglichkeiten (ebd., I, 32): »An einem gewissen Punkt bleiben oder nicht weitergehen, eine Bemerkung nicht beachten, das sind Privationen.«

Die Beste aller Welten ist somit nicht statisch, sondern eine äußerst dynamische Veranstaltung, in der der Mensch sich im Rahmen seiner numerischen Individualität ohne Ende bemühen sollte, um zur Unendlichkeit Gottes Stück für Stück vorzustoßen. Stillstand ist nicht nur kognitiver, sondern auch funktionaler Rückschritt, die Progression des Geistes und die Fortentwicklung der daraus folgenden technischen Möglichkeiten ist das Maß der Dinge. Die Beste aller Welten ist nur so lange die beste, wie nicht eine noch bessere Möglichkeit zur ihrer aktuellen Realisierung geführt hat. Der Wirklichkeitsanspruch wird demnach mit der Leibnizschen Theodizee auf eine geradezu fundamentale Weise progressiv: Es ist die Freiheit des Menschen, sich zu entscheiden, was das Beste ist. Dies ist jedoch beileibe kein willkürlicher Akt, der nur mit Macht behauptet werden kann (wie Machiavelli suggeriert). Der Staat Gottes (*la cité de Dieu*) zeigt an, wie es wäre, wenn es einen vollkommensten Staat (*le plus parfait état*) geben würde (ebd., II, 123). Daran hat sich der Mensch mit all seiner Vernunft und all seinem Wollen zu orientieren und immer wieder von neuem die Beste aller Welten zu optimieren. Die Gegenwart muß demnach permanent gestaltet werden, und sie wird gestaltet durch die Orientierung an den jeweils (noch) besseren Möglichkeiten. »Der Mensch ist [in dieser Hinsicht] also gleichsam ein kleiner Gott in seiner eigenen Welt oder seinem Mikrokosmos, den er nach seiner Weise regiert: er schafft zuweilen Wunderwerke darin, und oft ahmt seine Kunst die Natur nach« (ebd., II, 147).

6.3 Zurück zur Natur (Jean-Jacques Rousseau)

Mit der Beweisführung in der Leibnizschen *Theodizee* wird der Weg für ein explizites Freiheitsverständnis endgültig freigemacht. Die

Beste aller Welten ist nunmehr die **Kunst des Möglichen**. Utopia ist nicht im parallelen Raum unerreichbar, sondern hier und jetzt – spätestens in der Zukunft, wenn man denn ›will‹ und es richtig angeht. Die Utopie verliert nach diesem Verständnis ihre Zuordnung zum Irrationalen, sie ist Kontext zur Wirklichkeit, einer progressiven Wirklichkeit, in der eine neue Existenz, wenn nicht schon morgen, so doch übermorgen erreicht werden kann. Nicht umsonst ist Leibniz einer der Väter der Aufklärung: Das Können wird in ein Wollen umgesetzt. Das, was man kann, muß erkannt werden, und was erkannt wird, gehört in die Praxis umgesetzt. Die Utopien der Aufklärung setzen im 18. Jahrhundert daher nicht zufällig immer mehr auf den Progressionsaspekt (vgl. Neugebauer-Wölk/Saage 1996). Nicht mehr die geheimnisvolle Insel im zeitgleichen Raum ist das Vorbild für die Beste aller Welten, sondern die Zukunft selbst verheißt die gute Ordnung. Gesellschaftliche Zukunftsbeschreibungen, die man auf der Zeitachse festschreibt bis zu einem beliebigen Datum, suggerieren die Überprüfbarkeit. Von dieser Wendung der Raum- in die **Zeitutopie** hat noch George Orwell bei seiner düsteren Negativvariante einer Utopie systematisch Gebrauch gemacht: *1984* ist 1948, das Jahr der schriftlichen Abfassung. Der Schrecken oder die Hoffnung sind bei einem solchen Verfahren immer gleich groß. Wer weiß schon, was im Jahr 2025 sein wird? – Jeder Versuch, hier eine mehr oder weniger systematische Prognose zu machen, resultiert letztendlich aus dem rationalistischen Kalkül, mit dem die utopische Literatur seit dem 18. Jahrhundert noch stets operiert hat. Auch die *Science Fiction*, eine ihrer weiteren Kopfgeburten, ist voll von derartigen prospektiven Szenarienanalysen (vgl. Salewski 1986).

Mit dem Anspruch auf die Deutungsfähigkeit in der Zukunft wird zugleich die Zielsicherheit selbst zu einem unmittelbaren Praxisgebot. Wenn es richtig ist, was aus Paris im Jahre Soundso sein wird, warum nicht gleich damit anfangen? – Wenn es richtig ist, daß alle Menschen von Natur aus gleich sind und sich Morus und Co. politische Ordnungen in einer strukturellen Gleichheit dank ihrer Vernunft vorzustellen in der Lage sind, warum dann noch warten und nur darüber räsonieren? – Durch die Verschiebung der Utopie in die Zeitdimension verändert sich zugleich auch die Auftragslage: Die Utopie ist dann womöglich nicht einfach (nur) eine Idee im Kopf eines beliebigen Bürgers, der seine persönlichen Frustrationen auslebt, sondern sie ist ein gesellschaftliches Schauspiel, das der Verwirklichung harrt. Und wenn die etablierten Mächte der jeweiligen politischen Ordnung sich einer solchen Verwirklichung entgegenstellen, dann kann aus dem Programm im

Kopf auch eine richtige Revolution werden (vgl. grundsätzlich Kamlah 1969 u. Willms 1969). Noch ein Karl Marx hat davon, obwohl er sich nicht als Utopist deklariert sehen möchte, strukturell Gebrauch gemacht. Die Analyse der Wirklichkeit mit all ihren Schattenseiten führt zum großen Gegenentwurf, zum Kampf zwischen den Welten in Form der besitzenden und nichtbesitzenden Klassen. Ein solcher Kampf, der noch dazu mit einer ganz bestimmten Heilserwartung verbunden ist, hat allerdings mehr etwas mit einer Ideologie zu tun als mit politischer Philosophie (vgl. auch Mannheim [7]1985). Am wenigsten sicherlich mit der Utopie als vernünftige Konstruktion von Handlungsalternativen. Denn die Vernunft muß immer die Natur des Menschen durchleuchten, wenn sie das jeweils Bessere als Vorbild beweispflichtig aufstellen will. Hierfür muß man allerdings nicht unbedingt in die Zukunft schauen, man kann auch im Gegenteil den Blick zurück wagen, um eine Utopie zu formulieren.

Bei Jean-Jacques Rousseau findet sich erstmals eine solche rückwärtsgewandte Utopie. In seinem *Discours* über *den Ursprung und die Grundlagen der Ungleichheit unter den Menschen* (1755) skizziert der Genfer Autor das Idealbild einer menschlichen Natur, die an ihrem Ausgangspunkt vor Beginn jeglicher Zivilisation ohne Moral und damit auch ohne jede Politik ausgekommen ist. Der wilde Mensch (*homme sauvage*) ist das Spiegelbild zum zivilisierten Bürger (Rousseau: Abhandlung, S. 3). Dort, wo der Bürger im Staat den Bindungen der Gesetze und der Macht des Staates unterliegt, kann von wahrer Freiheit nicht mehr die Rede sein. **Freiheit** im umfassenden Sinne ist nur möglich (gewesen) im »reinen Naturzustand«, jenem Zustand, in dem es alles, was Herrschaft anbelangt, noch nicht gegeben hat (ebd.). In diesem Zustand haben die Menschen »nackt und ohne Waffen« ihr Leben verteidigt (ebd., S. 36). In diesem Zustand, so erbärmlich er aus der Sicht der materiellen Annehmlichkeiten der Zivilisation auch sei, bestand die völlige Autarkie des Individuums. Nur hier konnte der Mensch tatsächlich vollständig individuell sein. In der Natur existierte für den einzelnen Menschen völlige Handlungsfreiheit: Ein Mein und Dein gab es (noch) nicht. »Die einzigen Güter«, die der Wilde »auf der Welt kennt, sind die Nahrung, ein Weibchen und das Ausruhen«, sagt Rousseau (ebd., S. 47). Die zivilisatorische Tyrannei des Optimalismus gab es hier noch nicht. Simple Bedarfsbefriedung führt den Menschen instinktiv. Vernunft ist hier nicht nötig, es geht auch so (ebd., S. 59): »Der Mensch besaß im Instinkt allein schon alles, was er brauchte, um im Naturzustand zu leben; in einer ausgebildeten Vernunft besitzt er nur, was er braucht, um in Gesellschaft zu leben.«

Jede Form der Sozialität, etwa die Vereinigung zwischen den Geschlechtern, ist in diesem Zustand rein zufällig und hat nichts mit systematischer Konditionierung zu sozialem Handeln zu tun. **Gesellschaftlich** wird der Mensch erst durch die Begründung des Eigentums, hierdurch entwickelt sich soziale Differenz und damit auch hierarchische Abhängigkeit. »Der erste, der ein Stück Land eingezäunt hatte«, resümiert Rousseau (ebd., S. 74), »und auf den Gedanken kam zu sagen ›Dies ist mein‹ und der Leute fand, die einfältig genug waren, ihm zu glauben, war der wahre Begründer der zivilen Gesellschaft«. In einer solchen Konstellation kommt es dann auf die Zuordnung der Dinge an: »Jeder begann, die anderen zu achten und seinerseits geachtet werden zu wollen, und das öffentliche Ansehen erhielt einen Wert« (ebd., S. 81).

Der öffentliche Wert ist jedoch nicht mehr identisch mit der ursprünglichen Freiheit. Es ist ein geregelter Wert, der hinsichtlich seiner Normen stets kontrolliert und einstudiert werden muß. Der Bürger im Staat unterwirft sich damit einem tiefgreifenden Disziplinierungsvorgang, der so gründlich ist, daß man daraus nicht mehr heraus kann. Der **Akt der Vergesellschaftung** führt zum Status eines Sklaven, der den Bürger im Staat zu einem »schwachen, furchtsamen, kriecherischen« und insgesamt kraftlosen Lebewesen macht (ebd., 42), der mit dem Wilden aus dem Naturzustand nicht mehr viel gemeinsam hat. Zwar ist die Vernunft nun vorhanden, doch sie dient der **Nützlichkeit des öffentlichen Wertes**. Die politische Ordnung (*établissement politique*) garantiert nun das, was der Wilde im Naturzustand sich selbst unbewußt noch stets garantiert hat: Sicherheit und Existenz. Doch während der Wilde autark »in sich selbst« lebte, ist der gesellschaftliche Mensch »immer außerhalb seiner selbst und weiß nur in der Meinung der anderen zu leben« (ebd., S. 112): Er »bezieht sozusagen allein aus ihrem Urteil das Gefühl seiner eigenen Existenz«.

Mit dieser grandiosen Umdeutung der Schöpfungsgeschichte vermittelt Rousseau ein sehr kritisches Bild der **modernen Zivilisation**. Das Jahrhundert der Aufklärung ist für ihn das Zeitalter des Siegeszuges der Staatsgewalt. Dieser Prozeß ist unumkehrbar: Niemand kann in den reinen Naturzustand zurück. Der (edle) Wilde ist endgültig eine historische Größe. Das natürliche Gleichheitsprinzip, das im Naturzustand herrschte, ist weit entfernte Vergangenheit. Die Zivilisation schluckt mit ihren Herrschaftsmechanismen alles und jeden. Ein Versuch, sich dagegen aufzubäumen und mit einer Revolution etwa die Herrschaft als Herrschaft von Menschen über Menschen zu beseitigen, ist nutzlos, da es kein Vakuum für den reinen

Naturzustand mehr geben wird. Das Ende einer Herrschaft ist stets der Beginn einer neuen Herrschaftsform. Der **Prozeß der Zivilisation** ist als Ganzes in dieser Hinsicht irreversibel.

Trotzdem – oder gerade deswegen – ist der Mythos vom reinen Naturzustand, wie ihn Rousseau als Fiktion darlegt, so attraktiv. Nicht wenige Autoren haben sich im 19. und 20. Jahrhundert auf diese rückwärtsgewandte Utopie bezogen. Die politische Romantik ist hiervon ebenso geprägt worden wie die anarchistische Literatur (vgl. grundsätzlich Voßkamp 1985). Und noch die ökologischen Utopien aus der zweiten Hälfte des 20. Jahrhunderts haben hierin ihren hermeneutischen Bezugspunkt: Was wäre mit den Menschen, wenn es den Staat gar nicht gäbe?

7. Funktionale Logik: Vom Nutzen des Vertrages

»Das Naturrecht ist so unveränderlich, daß selbst Gott es nicht verändern kann.«

(Hugo Grotius: De Jure Belli ac Pacis, I, 1, x,5)

Die Debatte um die Optimierung der Welt und die Gegenentwürfe für eine bessere politische Ordnung verweisen auf die Bedeutung der Vernunft in einem systematischen Sinne. Politik ist demnach keineswegs eine vorgegebene Restgröße der göttlichen Immanenz, auch kein unkalkulierbares Geschäft, das von abstrusen Handlungen gekennzeichnet wäre, sondern ein Handlungs- und Entscheidungsfeld des Menschen, in dem es auf seine Logik im allgemeinen, und vor allem auf die im sozialen Bereich, ankommt. Machiavellis Plädoyer für machtvolles Handeln und die utopischen Entwürfe als konstruierte Ordnungen haben insofern gemeinsam den Appell an die Vernunft. Es geht um die Steuerbarkeit der Politik und hierbei nicht zuletzt auch um die Begründung einer rationalen Ordnung, die so vernünftig ist, daß sie zu allen Zeiten von jedermann eingesehen werden könnte. Eine derart legitimierte Politik kann nur mit den Ausgangsbedingungen des Mensch-Seins begründet werden. Das ist eine Frage des **Naturrechts**, also die Frage, was den Menschen als natürlichen Wesen zu eigen ist, und zwar unabhängig von der Art und Weise, wie sie in Gesellschaft ihr Dasein politisch gestalten (vgl. grundsätzlich Trigg 2000).

Die Denker des christlichen Abendlandes haben seit dem Mittelalter stets darauf verwiesen, daß die natürliche Gleichheit der Menschen aus der Existenz Gottes herrührt: Vor dem Schöpfer sind alle Menschen gleich, egal ob König oder Bauer, alle werden sterben und stehen eines Tages vor dem Jüngsten Gericht. Der Tod ist nicht nur biologisch der große Gleichmacher, sondern (nach diesem theologischen Verständnis) auch politisch. Wenn Gott dereinst Gericht hält, spielt es keine Rolle, wer was von seinem Status her war. Es zählt allein, ob man sich auch richtig verhalten hat im Rahmen der Offenbarungsgeschichte. Das bedeutet, die christliche Naturrechtsinterpretation hat eine wichtige Funktion für die praktische Politikgestaltung: Wenn im Prinzip alle Menschen gleich sind, dann muß politische Führung sich an den naturrechtlichen Prämissen orientieren und danach handeln. Nicht nur das Mittelalter hat von diesem Grundsatz gelebt, auch die Autoren zur Neuzeit hin halten hieran fest. Hugo Grotius, der Begründer des Völkerrechts in seiner modernen Variante, sieht unmißverständlich die Vernunft aus der Existenz Gottes resultieren und daraus wiederum das Naturrecht. Neben der Vernunft ist der Wille das entscheidende Kriterium für die natürlichen Rechte des Menschen. Was der Mensch will, muß er mit Vernunft wollen, das ist sein **natürliches Recht**. Die Vernunft braucht ein jeder um so mehr, wenn das, was er konkret will, von anderen ganz anders gewollt werden kann. Nirgendwo zeigt sich die Schwierigkeit einer angemessenen Zusammenführung von Vernunft und Wille deutlicher als bei der Frage des Eigentums. Denn es ist der Wille des Menschen, der »das Eigentum, wie es jetzt besteht, eingeführt« hat, konstatiert Grotius (Grotius: De Jure Belli a Pacis, I, 1, x, 4). Die Eigentumsfrage als eine Willensangelegenheit ist somit zentral für die Auslegung des Naturrechts und damit auch zentral für die Begründung einer legitimen politischen Ordnung (vgl. auch Tuck 1993). Dort, wo sich Grotius und seine Vorgänger aus der christlichen Metaphysik mit dem historischen Ständemodell Alteuropas zufrieden geben, wenn es um die Begründung des Eigentums geht, formuliert der Engländer Thomas Hobbes ein radikaleres Argumentationsmodell für das Naturrecht und damit auch ein neues Politikbild.

7.1 Die Flucht aus dem Naturzustand (Thomas Hobbes)

Hobbes verwirft das theologische Begründungsszenario für die Legitimation politischer Ordnung gründlich – und zwar nicht einfach vom Machtwillen her (wie Machiavelli), sondern aus der Logik des Naturrechts heraus (vgl. grundsätzlich Weiß 1980, Hegmann 1994, Kersting 1994). Was von Gott in die Welt gesetzt worden ist, hat seine eigene Logik. Insofern geht es im Naturrecht um die Binnenlogik des Menschen, quasi um ›seine‹ natürlichen Betriebsfunktionen. Diese legt Hobbes streng nach der Empirie der menschlichen Existenz aus. In seiner Abhandlung *Vom Menschen* (1658) wird die physische Konstitution wie bei der Beschreibung einer Maschine dargestellt: Man funktioniert, weil die Natur es so eingerichtet hat. So, wie das Blut und das Herz und alle übrigen Organe Funktionen zum Ablauf und zur Aufrechterhaltung des lebendigen Körpers haben und damit zur Stabilisierung des Lebens beitragen, so ist auch der Mensch als **sozialer Körper** ein funktionierendes Teilchen in einem größeren Körper, einem größeren System, das wir (modern) Staat nennen.

Jedoch vollzieht sich dieses Funktionieren nicht ohne das Medium der Sprache. Sie ist für das Mensch-Sein als sozialer Körper unter anderen sozialen Körpern schlichtweg eine Voraussetzung. Ohne diese Voraussetzung kann der Mensch als Gattungswesen nicht existieren. Er könnte so etwas wie ›Volk‹ nicht bilden, geschweige denn eine politische Ordnung. Da es aber immer gerade um diese Existenz jenseits der individuellen Existenz geht, ist Sprache somit eine essentielle Notwendigkeit, um überhaupt als politisches Wesen existieren zu können. Damit aber Sprache als **Sprache** verstanden werden kann, bedarf es der Vernünftigkeit des Anwenders selbst (vgl. Lemke 1996, Ludwig 1998). Das ist für Hobbes der Punkt, an dem sich Mensch und Tier unterscheiden. Tiere empfangen nur Signale, die Menschen hingegen transferieren ›ihre‹ Vorstellungen, die sie gerade mittels Sprache auch permanent verändern können.

Die Sprache fördert somit kognitiv wie funktional den **Akt der Vergesellschaftung**. Und dieser Akt ist ein Dauerakt, sofern die Notwendigkeit der Vergesellschaftung von allen Beteiligten eingesehen wird. Was aber bringt den Menschen als Individuum dazu, diese Notwendigkeit einzusehen? Für Hobbes ist dies das Moment der Vernunft. Der Staat ist in seiner Interpretation ein Akt der Übereinkunft, die aus den Mechanismen und Möglichkeiten von Sprache resultieren. Was aber treibt die Menschen dazu, diese Übereinkunft als gegebene, als eine richtige Übereinkunft anzusehen?

Hierzu verweist Hobbes auf die anthropologische Ausgangssituation, die der Mensch im Naturzustand hat. Der Mensch ist im Zustand der Natur eigentlich schlimmer als ein Tier: Denn dort, wo das Tier nur im Affekt aufgrund seiner Triebstruktur handelt, ist der Mensch in der Lage, »raublustiger und grausamer als Wölfe« zu sein (Hobbes: Vom Menschen, S. 17). Er kann sich z.B. den künftigen Hunger vorstellen und entsprechend schon auf diese Zukunftsbeschaffenheit hin handeln. Der Mensch kann sich daher in seinen aktuellen Handlungen von zukünftigen Erwartungen leiten lassen – eine Argumentation, die auch die Autoren der Scholastik beim göttlichen Endzweck formuliert haben. Bei Hobbes jedoch wird hieraus ein Argument für die funktionalen Bedürfnisse der körperlichen Existenz. Wer morgen Hunger hat, wird heute töten können, damit er auch morgen existiert.

Und wenn er auch nicht töten wird, so kann er doch seine wahren Absichten (für morgen) mittels der Sprache verschleiern. Der

Mensch kann daher, »wenn es ihm beliebt – belieben wird es ihm aber, sooft er meint, daß es für seine Absichten vorteilhaft ist – vorsätzlich Falsches lehren, d.h. lügen, und die Mitmenschen den Bedingungen von Gemeinschaft und Frieden abgeneigt machen« (ebd.). Der Mensch ist somit politisch gesehen aufgrund seiner Sprache ein viel gefährlicheres Tier: Im Gegensatz zum natürlichen Tier, das »sich nicht selbst täuschen kann, wird der Mensch durch die Sprache nicht besser, sondern nur mächtiger« (ebd.).

Die für Hobbes entscheidende Frage ist, wie sich der Mensch mit diesem gefährlichen, weil selbstzerstörerischen Potential, das Leben gestaltet. Was ist hier das erste zentrale Gut? – Die Antwort lautet (ebd., S. 24): »Das erste Gut ist für jeden die Selbsterhaltung.«

Indem er den Akt der **Selbsterhaltung als existentielle Grundbedingung** ansetzt, wird die Frage nach der politischen Ordnung gleichsam zu einer ebenso existentiellen Kategorie (ebd.): »Macht ist, wenn sie bedeutend ist, ein Gut, weil sie uns Mittel zu unserem Schutz gewährt; auf dem Schutz beruht aber unsere Sicherheit.«

Schutz und Schirm, jene klassischen Kategorien aus dem mittelalterlichen Herrschaftsverständnis, werden somit auch bei Hobbes zum Indikator für die Bemessung der Legitimation des Politischen. Doch anders als im Mittelalter wird dies nun als funktionale Interpretation ausgelegt. Hierfür dient wiederum der Naturzustand als Ausgangspunkt.

Im Naturzustand ist der Mensch ein affektives Lebewesen. Er folgt ganz den Leidenschaften, mit denen er jeweils individuell ausgestattet ist. Solange es keine Autorität und keine Macht gibt, welche die Menschen als Individuen zu einer Gemeinschaft vereint, so lange herrscht gegenseitiges Mißtrauen: Jeder versucht »mit Gewalt oder List nach Kräften jedermann zu unterwerfen«, bilanziert Hobbes in seinem berühmt-berüchtigten *Leviathan* (1651), »und zwar so lange, bis er keine andere Macht mehr sieht, die groß genug wäre, ihn zu gefährden« (Hobbes: Leviathan, I, 13). In dieser natürlichen Konstellation verhält sich der **Mensch wie ein Raubtier** unter Seinesgleichen: »*Der Mensch ist ein Wolf für den Menschen*«, konstatiert der englische Denker in der Schrift *De Cive* (1642) und wendet mit dieser Interpretation das Bild vom Menschen radikal (Hobbes: Vom Bürger, S. 59).

Während ein Thomas von Aquin im Rahmen der christlichen Ethik davon ausgegangen ist, daß der Grundsatz *homo homini amicus est* gelten sollte, daß der Mensch dem Menschen ein Freund ist, lautet die pessimistische anthropologische Variante nun *homo homini lupus est*.

Mit dieser Wendung um 180 Grad gerät die politische Philosophie in ein düsteres Szenario für den Naturzustand: Wenn jeder dem anderen gegenüber ein Wolf sein kann, dann befinden sich die Individuen, solange keine Macht vorhanden ist, die sie alle im Zaum hält, in einem **Kriegszustand eines jeden gegen jeden** (Hobbes: Leviathan, I, 13). Mit dieser spektakulären Formel vom *bellum omnium contra omnes* wird der Naturzustand so ziemlich zur schlechtesten Befindlichkeit, den Menschen überhaupt haben können: In einem solchen Zustand herrschen »keine Künste, keine Literatur, keine gesellschaftlichen Beziehungen und es herrscht«, so spitzt Hobbes es noch zu (ebd.), »was das Schlimmste von allen ist, beständige Furcht und Gefahr eines gewaltsamen Todes – das menschliche Leben ist einsam, armselig, ekelhaft, tierisch und kurz«. Jeglicher Anspruch auf Privatbesitz ist in diesem Zustand unmöglich, weil er nicht von Dauer sein kann, da jeder mit jedem wegen der materiellen Bedürfnisse im Krieg lebt.

In diesem erbärmlichen Zustand gibt es für den Menschen zwei Grundregeln, nach denen er sein Leben gestalten kann: Das eine ist das *jus naturale*, das natürliche Recht, das andere das Gesetz der Natur (*lex naturalis*). Mit dem *jus naturale* meint Hobbes »die Freiheit eines jeden, seine eigene Macht nach seinem Willen zur Erhaltung seiner eigenen Natur, das heißt seines eigenen Lebens, einzusetzen« (ebd., I, 14). Nach diesem natürlichen Grundrecht kann jeder Mensch all das machen, »was er nach seinem eigenen Urteil und eigener Vernunft als das zu diesem Zweck geeignetste Mittel ansieht« (ebd.). Der Freiheitsgedanke verbindet sich für Hobbes mit diesem Recht notwendigerweise. Allein für sich genommen reicht diese Freiheit im Naturzustand jedoch bei weitem nicht aus, denn im Krieg eines jeden gegen jeden nimmt sich jeder das Recht auf alles. Insofern plädiert Hobbes für die Beachtung einer *lex naturalis*, die für ihn eine »von der Vernunft ermittelte Vorschrift oder allgemeine Regel« darstellt (ebd.), »nach der es einem Menschen verboten ist, das zu tun, was sein Leben vernichten oder ihn der Mittel zu seiner Erhaltung berauben kann«. Damit vollzieht sich bereits für den Naturzustand die Beachtung der Logik des menschlichen Zusammenseins, denn das natürliche Recht auf alles und das Gesetz der Natur verhalten sich wie **Freiheit und Verpflichtung** zueinander (ebd.). Natürlich könnte der einzelne alles haben wollen, aber wohin sollte dies führen, wenn alle so denken und handeln? – Wenn man es radikal denkt, landet die Menschheit bei einem Krieg *omnium contra omnes* in der Apokalypse. Niemand würde mehr übrig bleiben – oder zumindest wäre es nicht sicher, *wer* übrig bleibt. Die Inanspruchnahme völliger Autarkie führt somit zur Schädigung gerade desjenigen, der autark sein möchte. Daran erinnert Hobbes mit dem Hinweis auf eine *lex naturalis*, die an die Vernunft der handelnden Akteure appelliert. Der reine Naturzustand führt in eine Aporie, in eine auswegslose Situation, die sich gerade deshalb einstellt, weil die Grundbedingungen einen systematischen Widerspruch erzeugen, sobald man die individuellen Aktionen im Gesamtmaßstab betrachtet.

Aus dieser verqueren Situation, die ein systematisches Dilemma darstellt, gelangt man nur heraus, wenn sich die Menschen im Rahmen der Vernunft um die Einsicht bemühen, daß der Naturzustand für jeden einzelnen kein adäquater Platz ist. Das ist die Stunde der Übereinkunft und der **Kern des Vertragsgedankens**: Die Individuen schließen miteinander wechselseitig einen Vertrag, um die Gewalt untereinander in die Schranken zu verweisen. Mit diesem Vertrag verlassen sie den Naturzustand. Denn es ist nicht nur ein Sozialkontrakt, den sie eingehen, sondern zugleich, aufgrund der Festlegung der Gewaltbefugnisse, ist ihre Übereinkunft ein **Herrschaftsvertrag**.

Die Beteiligten übertragen mit ihrer Übereinkunft ihre gesamte Macht und Stärke auf einen Menschen oder eine Versammlung von Menschen; sie reduzieren gleichsam ihre Einzelwillen »durch Stimmenmehrheit auf einen Willen« (ebd., II, 17). Um im Bild zu bleiben, das Hobbes mit dem Kriegszustand gewählt hat, wird bei diesem Akt der Übertragung der natürlichen Rechte das **Gewaltpotential** in Form der Waffen abgegeben an die eine Instanz der politischen Herrschaft. Diese ist nun die einzige und »wirkliche Einheit aller in ein und derselben Person« (ebd.). Damit ist nun die Erzeugung jenes großen **Leviathan** geschehen, »jenes sterblichen Gottes, dem wir unter dem unsterblichen Gott unseren Frieden und Schutz verdanken« (ebd.).

Der Herrscher als Souverän sammelt alle Waffen ein und verfügt damit in der Summe über mehr Macht als jeder einzelne im Naturzustand. Wenn die Schutzfunktion die existentielle Grundbedingung ist, um überhaupt überleben zu können, dann garantiert nur ein Staat dieses elementare Bedürfnis mit Notwendigkeit. Egal, ob der Staat von einem Parlament oder von einem Monarchen regiert wird, durch die Form der Vertragslogik wird er zu einem wirklichen Souverän, der auf dem Willen der Mehrheit der beteiligten Individuen basiert. Haben die Menschen sich einmal zu einem Vertrag bereit gefunden und den Naturzustand verlassen, dann sind sie als wechselseitige Vertragspartner zugleich Teile des Ganzen – des *politischen Körpers* (vgl. auch Buchheim 1993, Schröder 2000).

Der politische Körper funktioniert in der Vertragslehre des Thomas Hobbes wie eine Maschine. Er ist ein ins Große gebauter

Mensch, der sich aus lauter kleinen Einzelwesen zusammensetzt. Insofern ist der Leviathan zwar körperlich umfassend und in seiner Gewalt gegenüber all seinen Teilen absolut, doch andererseits auch sterblich: Der Staat, der den Naturzustand beseitigt, regiert nicht ewig. Ist er z.B. in seinem elementarsten Bezugs- und Aufgabenpunkt nicht erfolgreich, kann er den Schutz der Vertragsteilnehmer untereinander nicht garantieren und aufrechterhalten, dann fallen die Individuen aus ihrem Bürgerzustand zurück in den Naturzustand des *bellum omnium contra omnes*. Da aber auch dies nicht von Dauer sein kann, wird das Bedürfnis und die Notwendigkeit für einen neuen Leviathan gegeben sein. Wie man es auch wendet, der Naturzustand zwingt die Menschen in den Staat. Der Staat ist somit auch bei Hobbes eine ontologisch aufgegebene Größe, denn ohne ihn kommt keine Ordnung in die Dinge der Menschenwelt, geschweige denn das von ›Welt‹ die Rede sein kann.

7.2 Das Recht auf Eigentum (John Locke)

Die Notwendigkeit des Staates führt in der Hobbesschen Vertragslehre zu einer allumfassenden Kompetenz des Staates – zumindest, solange er den Naturzustand von den Bürgern abwenden kann. Insofern ist die Legitimation, die dem Leviathan aus dem Vertrag erwächst, eine größtmögliche Legitimation. Sie autorisiert den Souverän als Regierung zu allen Handlungen, die nach ›seiner‹ Auslegung zur Einhaltung des Vertrages zweckmäßig sind. Folglich ist es nicht »die Freiheit von Einzelmenschen, sondern die Freiheit von Staaten«, die sich aus dem Vertrag heraus ergibt (ebd., II, 21).

Der Zweck des Staates ist die Schutzfunktion, und daraus ergibt sich für Hobbes die Freiheit des Staates zu allen Handlungen, die der Staat hierfür als notwendig erachtet. Die Bürger haben in dieser Lehre kein Recht auf Widerstand, denn damit würden sie die Bestimmungen und die Logik des Vertrags verletzen. Ein Anspruch auf Widerstand »beraubt den Souverän der Mittel zu unserem Schutz und zerstört deshalb das eigentliche Wesen der Regierung«, bilanziert Hobbes (ebd.).

Diese Interpretation führt die Vertragslehre in einen absolutistischen Kontext, der ebensogut auch eine Diktatur wie eine Demokratie begründen könnte. Wenn die Vertragspartner sich darauf einigen würden, könnte auch ein Tyrann per Vertrag gewählt werden, und es wäre dann illegitim, gegen den gewählten Souverän Widerstand zu leisten. Jeder, der dies versuchen würde, wäre dann entweder ein übler Krimineller oder ein Staatsfeind. Mit dieser Möglichkeit der Vertragslehre bei Hobbes hat sich die Politische Philosophie logischerweise nicht zufrieden geben können, und die Antwort läßt auch nicht lange auf sich warten (vgl. grundsätzlich Nonnenmacher 1989 u. Brocker 1992). Noch in der zweiten Hälfte des 17. Jahrhunderts formuliert ebenfalls ein Engländer, John Locke, die sinnvolle Ergänzung und Änderung zur Hobbesschen Vertragslehre. In seinem *Second Treatise of Government* (1689) verändert Locke konsequenterweise bereits den Ausgangspunkt – nämlich den Naturzustand – in den Prämissen: Der Naturzustand ist hier keineswegs der gefährliche Kampfplatz einer animalischen Wolfsexistenz, wie es Hobbes dargelegt hat, sondern er wird zu einem Ort und Zustand, in dem bereits die Liebesfähigkeit unter den Menschen gegeben ist. Wenn »es seine eigene Selbsterhaltung nicht gefährdet«, dann sollte der Mensch »nach Möglichkeit auch die übrige Menschheit erhalten« (Locke: Über die Regierung, II, 6). Allerdings neigt der Mensch im Naturzustand dazu, sich selbst zu bevorteilen. Damit ist er stets Richter in eigener Sache und urteilt nur zum eigenen Vorteil. Aufgrund dieser strukturellen Möglichkeit einer wechselseitigen Schädigung der Menschen untereinander ist der Naturzustand (wie schon bei Hobbes) auch für Locke keineswegs der Zustand, in dem menschliches Zusammensein gedeihen kann. Das aristotelische *zoon politikon* obsiegt auch hier: Der Mensch braucht um seiner selbst willen den **Nachbarn als Mitmenschen** – als Bürger. Jedoch ist für Locke dies kein Akt der Vernunft allein, der aus dem Nutzenkalkül eines funktionalen Mehrwerts resultiert (wie bei Hobbes), sondern dies ist bereits in der Natur des Menschen gegeben: Der Mensch ist von »Natur her geneigt, Gemeinschaft und die Gesellschaft anderer zu suchen« (ebd., II, 15). In dieser Hinsicht sind **Wahrheit und Treue** Eigenschaften, über die der Mensch bereits im Naturzustand verfügt, sie gebühren »dem Menschen als Menschen und nicht als Glied der Gesellschaft« (ebd., II, 14). Das heißt, der Mensch ist als natürliches Wesen bei all seiner Freiheit dennoch verpflichtet, den Maximen der Natur zu folgen. Dazu gehört unter anderem eben auch die Tatsache, daß niemand »mehr Gewalt verleihen« kann, »als er selbst besitzt« (ebd., IV, 23). Der Herrschaftsvertrag, wie ihn Hobbes darlegt, wäre demzufolge eine Fortschreibung des Naturzustands im Sinne eines fortgesetzten Kriegszustandes »zwischen einem rechtmäßigen Eroberer und einem Gefangenen« (ebd., IV, 24). Das käme einem Akt der Sklaverei gleich.

Für Locke ist somit der Naturzustand bereits ein Zustand, in dem der Mensch durch **soziale Anerkennung** untereinander agiert. Das Problem liegt jedoch darin begründet, daß das soziale Potential nur willkürlich zutage tritt und nicht von Dauer ist. Das erweist sich insbesondere an der Frage des Eigentums: Im Naturzustand ist die Erde »und alle niederen Lebewesen« allen Menschen gemeinsam zu eigen (ebd., V, 27). Privatbesitz herrscht hier nur in Form eines natürlichen Rechts auf Eigentum an seiner eigenen Person (ebd.). Was aber ist mit den Arbeitsleistungen des Menschen? – Sofern seine unterschiedlichen Tätigkeiten wie Holz hacken, Beeren sammeln und Tiere jagen zu Eigentumsansprüchen führen, ist die Notwendigkeit für die Regelung eines Streites um das Holz, die Beeren und die Tiere stets unmittelbar gegeben. Da sich jeder im Naturzustand zum Richter der eigenen Ansprüche aufschwingt, führt dies zu nichts – außer zu einem beständigen Streit um die materiellen Güter der Erde. Aus der potentiell strittigen Eigentumsfrage resultiert somit die grundsätzliche Berechtigung für einen unparteiischen Richter. Einen solchen, über den Konfliktpartnern stehenden Richter kann man mit einem Vertrag am besten legitimieren.

Der Vertrag entsteht somit in der Lehre Lockes aus dem Bedürfnis nach einer wechselseitigen Übereinkunft über die individuelle Arbeit an den Ressourcen der Erde. Der Vertrag legt fest, was Gemeingut ist und was Privateigentum. Der im Prinzip »wilde Gemeinbesitz der Natur« wird hierdurch sozialisiert (ebd., V, 48): Die arbeitstätigen Individuen unterziehen sich einem selbstgewählten Regelsystem, das auch bei Locke der Staat ist. Der Staat (*commonwealth*) unterscheidet sich von den familiaren Haushaltungen gerade durch den Kontrakt: Denn die aus dem Staat resultierende Gesetz- und Strafgebung ist von den Vertragsteilnehmern autorisiert. Im Haushalt, wo der Pater Familias residiert, gibt es hingegen keinen Vertrag, und die Spielregeln hier sind mehr oder weniger willkürlich. Wo Hobbes den Souverän (noch) außerhalb der Gesetze begreift, damit dieser wirklich frei entscheiden könne, da ortet Locke auch die Regierung in den Bindungskontext der **bürgerlichen Gesetze** (ebd., VII, 94): »Niemand kann in einer bürgerlichen Gesellschaft von deren Gesetzen befreit werden.« Solange eine Regierung das Eigentum ihrer Bürger schützt, so lange ist man zur Beachtung und Anwendung der Gesetze verpflichtet. Mittels der Gesetze und der Erziehung zum Gehorsam konditioniert der Staat seine Bürger. Doch dies ist bei Locke keine Einbahnstraße. Auch der Staat muß seiner Pflicht des Eigentumsschutzes unbedingt nachkommen. Der Lockesche Staat ist nicht der allmächtige Leviathan wie bei Hobbes:

Das Ganze ist hier keineswegs mehr als die Summe seiner Teile. Da die Menschen sich bereits im Naturzustand Eigentum erarbeitet haben, kann und darf der Staat ihnen dies nicht nehmen. Im Gegenteil: »Leben«, »Freiheit« und »Besitz« sind **Individualrechte**, die der Mensch auch als Bürger nicht aufgibt (ebd., XI, 135). Der Sinn der staatlichen Gewalt besteht gerade darin, diese natürlichen Rechte mit Nachdruck zu schützen. Leben, Freiheit und Besitz sind daher auch für die staatliche Macht nicht hintergehbar, egal welche Einschränkungen die Gesetze für den Bürger bringen. Das Eigentum am eigenen Körper und Geist, an der eigenen Arbeit ist somit die Voraussetzung für den Herrschaftskontrakt selbst. Deshalb existiert bei Locke auch keine absolute Gewaltkompetenz des Staates mehr: Eigentum (*property*) begründet die Schranke für eine jede Politik, die sich auf einen Kontrakt beruft. Die Regierung ist dann eigentlich nicht mehr und nicht weniger eine Gewalt, »die treuhänderisch zu bestimmten Zwecken handelt«, wofür sie das Volk berufen hat (ebd., XIII, 149). Auf der Grundlage der römisch-rechtlichen Unterscheidung zwischen Öffentlichkeit und Privatheit gründet somit für Locke die Tätigkeit der Exekutive als einer funktionalen Kontrollinstanz auf den Spielregeln (Gesetze) des Vertrags, welchen das Volk bei der Konstitution seiner selbst geschaffen hat (vgl. Abb. 4).

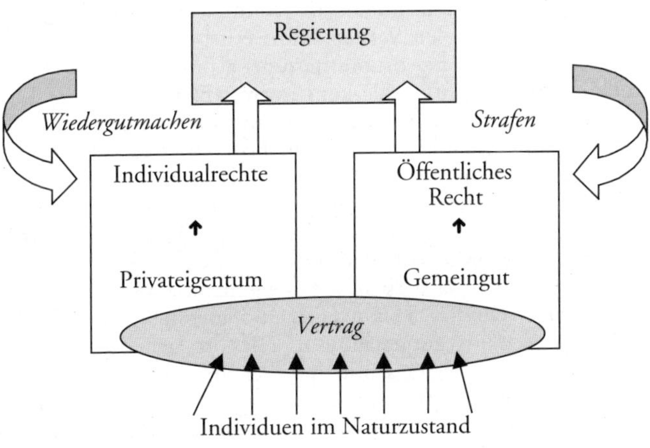

Abb. 4: Das Vertragsmodell bei John Locke

Aus dem Gemeingut resultiert auf der einen Seite das **öffentliche Recht**, auf der anderen Seite demgegenüber das Privateigentum mit den **Individualrechten** für jedermann. Für beide Seiten ist die Regierung als Hüterin des Vertrages verantwortlich. Sie muß Schädigungen sowohl im öffentlichen wie im privaten Bereich abstrafen bzw. wiedergutmachen. Die Regierung ist damit das Pendant zum Vertrag, und zwar im Sinne eines Zieles wie einer Funktion zugleich.

Mit dem systematischen Hinweis auf die **nicht hintergehbaren Grundrechte**, die bereits im Naturzustand vorliegen, bindet Locke den Staat mitsamt der Regierung an den Ausgangspunkt für den Vertrag. Regierungshandeln ist somit nicht beliebig, sondern den Grundrechten der Bürger verpflichtet. Damit ist in dieser Lehre nicht nur das Kriterium für die logische Existenz der Menschenrechte erfüllt, sondern zugleich wird der Staat mehr oder weniger im Sinne eines *demokratisch* legitimierten Gemeinwesens definiert.

7.3 Das Gebot der Gerechtigkeit (John Rawls)

So vorbildlich das Lockesche Vertragsmodell für die Legitimationsbedürfnisse der demokratischen Ordnung auch ist, so stellt sich hierbei doch ein nicht unerhebliches Problem ein: Wenn die Perspektive auf Eigentumsansprüche im Naturzustand der Grund ist, der die Menschen in den Vertrag führt, erhebt sich die Frage nach der Berechtigung des Eigentumkriteriums als maßgebliches Prinzip. Warum nur das Eigentum als konstitutives Element für die Logik des Vertrags, warum nicht auch etwas anderes? – Diese Hinterfragung ist um so wichtiger, wenn man bedenkt, daß bei Locke im Prinzip nur die Familienväter als Grundbesitzer für den Vertrag tauglich sind und damit überhaupt den Status als Bürger im eigentlichen Sinne erlangen können. Das heißt, auch bei Locke ist der Politikbegriff beschränkt auf den Grund und Boden besitzenden Mann. Im geradezu klassischen, aristotelischen Sinne sind hier nach wie vor Frauen (Kinder), Handwerker und angestellte Dienstleistende vom Bürgerstatus ausgeschlossen. Dies ist sicherlich einer der Gründe, warum die Vertragslehre, bei aller theoretischen Brillanz, in der Politischen Philosophie zunächst keine entscheidende Rolle gespielt hat. Sowohl der Hobbessche Ansatz mit dem Naturzustand als Furchtszenario einer wechselseitigen Liquidierung von Existenzen als auch Lockes Modell einer an Eigentumsinteressen orientierten

Übereinkunft sind als zu abstrakte Konstruktionen aufgenommen worden. Die Relevanz von politischer Wirklichkeit ist damit nicht deckungsgleich zu bringen. Dennoch – oder gerade deswegen – hat die Vertragslehre mit ihrem hohen Abstraktionsgrad langfristig eine nicht zu unterschätzende kognitive Wirkung entfaltet. Analog zur Utopie kann sie als eine Art Konstruktionsfolie zur herrschenden Wirklichkeit begriffen werden, mit deren Hilfe man wie in einem Sandkastenspiel rein logisch die Grundlagen menschlicher Existenz als Gesamtsystem begreifen und studieren kann. Nicht zuletzt die **Menschenrechte** verdanken diesem konstruktivistischen Politikansatz sehr viel.

Das erweist sich spätestens mit der fulminanten Neuauflage zur Vertragslehre, die der Harvard-Professor John Rawls unlängst formuliert hat. In seiner *Theory of Justice* (1971) begründet Rawls den Anspruch auf einen Interessensausgleich, der sich jenseits der bitterbösen Beschreibung bei Hobbes oder der materialistischen Auffassung bei Locke als klassische Gerechtigkeitsfrage dechiffrieren läßt (vgl. hierzu Koller 1990, Kymlicka 1997, Kauffmann 2000). Mit Locke teilt der amerikanische Rechtsphilosoph die Auffassung, daß sich bereits für den Naturzustand soziale Grundnormen ergeben. Andernfalls könnte man gar nicht in einen rationalen Vertrag einsteigen. Die maßgebliche Norm ist hierbei das **Gebot der Gerechtigkeit**. Sie ist die »erste Tugend sozialer Institutionen« überhaupt (Rawls: Theorie der Gerechtigkeit, S. 19). Das heißt, wer die Gerechtigkeitsfrage in Abrede stellt, kann den Naturzustand als Urzustand nicht richtig begreifen. Folglich wäre auch jeder Vertrag, der diesen Grundgedanken sozialer Existenz nicht in Rechnung stellt, sozial wie politisch unzureichend.

Wenn es zudem um die »Koordination«, die »Effizienz« und die »Stabilität« der menschlichen Ordnung als Sozialordnung geht, kommt man gar nicht ohne den Gerechtigkeitsgedanken aus (ebd., S. 22). Wenn man sich ferner vorstellen kann, wie eine »vollkommen gerechte Gesellschaft« aussehen könnte (ebd., S. 25), dann ist allein eine solche Projektion konstitutiv für die Suche nach der richtigen Ordnung. Rawls versteht dies jedoch nicht als utopisches Projekt, sondern als ein rationales Konzept der Wirklichkeitshinterfragung. Insofern betreffen seine Überlegungen »diejenigen Grundsätze, die freie und vernünftige Menschen in ihrem eigenen Interesse in einer anfänglichen Situation der Gleichheit zur Bestimmung der Grundverhältnisse ihrer Verbindung annehmen würden« (ebd., S. 28).

Wenn die Situation im Urzustand zunächst für alle gleich ist, muß man sich fragen, worin diese **Gleichheit** besteht. Für den Denker aus Harvard ist dies mitnichten die anthropologische Furcht vor der Existenzauslöschung, auch nicht das Recht auf Eigentum, sondern die Vorstellung einer individuellen Gerechtigkeit, die aber formal betrachtet für alle gleich ist. Wenn jeder sich vorstellen kann, in einer gerechten Sozialordnung zu leben, dann ist es nur allzu fair, dies auch den jeweils anderen zu unterstellen. »Gerechtigkeit als Fairneß« ist somit für Rawls ein Gebot der Vernunft, damit sich Individuen im Urzustand überhaupt als möglicherweise gleichberechtigte Partner für einen Kontrakt anerkennen können (ebd., S. 29). Trotz physischer oder geistiger Differenz ist somit der Gedanke an Gerechtigkeit für den einzelnen im Verbund mit allen konstitutiv für den Vertrag. Fair müssen die potentiellen Kontraktpartner allein deshalb schon miteinander sein, da niemand von ihnen wirklich eine genaue Kenntnis davon hat, was denn nun die konkrete Gerechtigkeit ausmacht, die sie alle im Vertrag vereinen wird. Solange sie im Urzustand sind, unterliegen die potentiellen Kontraktpartner einem individuellen Schleier des Nichtwissens (*veil of ignorance*). Sie sind nicht in der Lage, ihre subjektive Gerechtigkeitsauffassung für das soziale Gesamtsystem auszugeben. Eine solche Entscheidung und Zuordnung ermöglicht ihnen erst der Vertrag. Hier erst werden durch die Wahl der Verfassungspunkte die allgemeinen Prinzipien, nach denen die Gesellschaft geordnet werden soll, festgelegt. Auch hierfür benötigt man formal das Gebot der Gerechtigkeit als Fairneß: Denn aus der gleichen Freiheit im Urzustand folgt für die »durch die Verfassung festgelegten politischen Vorgänge [... der] Grundsatz der (gleichen) Teilnahme« (ebd., S. 251). **Kognitive Freiheit** als Gleichheit im Urzustand und **praktische Teilnahme** als Gleichheit im Politischen sind somit formal betrachtet spiegelbildliche Zuordnungen für die Gerechtigkeitsfrage.

Aus beiden Prinzipien folgt in der Vertragslehre bei Rawls das Gebot für den Rechtsstaat als Garant der Freiheit und der Chancen des einzelnen sowie des Sozialstaats, der für Gerechtigkeit im Sinne einer materiellen Verteilung von Gütern zuständig ist. **Chancenfreiheit und Verteilungsgerechtigkeit** verweisen dabei erneut auf das Grundprinzip der Gerechtigkeit als Fairneß. Damit ist das alte Argumentationsmodell der Menschenrechte, wie es Locke formuliert hat, um den Aspekt der wohlfahrtsstaatlichen Ausgleichsgerechtigkeit erweitert. Niemand darf durch den Vertrag in seiner Gerechtigkeitsauffassung benachteiligt werden. Selbst wenn die Mehrheitsverhältnisse, wie es in einer parlamentarischen Demokratie stets der Fall ist, den Ausschlag geben, so muß die **Minderheitenposition** in angemessener Weise berücksichtigt werden. Was jeweils konkret angemessen ist und was nicht, vermag Rawls zwar nicht zu sagen, dafür ist seine Argumentation zu idealisierend, doch ergibt sich aus dem Gebot der Gerechtigkeit als Fairneß ein eindringliches Plädoyer für die Vernunft, die Rawls hier als Tugendmaxime im Gebrauch der öffentlichen Güter eingesetzt sehen möchte. In seinen Vorlesungen zum *Political Liberalism* (1993) hat er seine Theorie auf zwei Grundsätze nochmals hin spezifiziert (Rawls: Politischer Liberalismus, S. 69/70):

1. Es muß für jede Person der **gleiche Anspruch** »auf ein völlig adäquates System gleicher Grundrechte und Freiheiten« gegeben sein. Nur hierdurch kann für alle Kontraktpartner die Vereinbarung verbindlich sein, und dies funktioniert auch nur dann, wenn »der faire Wert der gleichen politischen (und nur der politischen) Freiheiten« vom System garantiert wird.
2. Die Differenz der Personen untereinander hinsichtlich ihrer sozialen und ökonomischen Ungleichheiten ist nur dann für die Kontraktpartner ertragbar und legitim, wenn zwei Prämissen stets erfüllt werden – a) der Zugang zu Ämtern und Positionen des öffentlichen Bereichs muß **für alle offen** stehen, b) »die am wenigsten begünstigten Gesellschaftsmitglieder« müssen den **größtmöglichen Vorteil** hieraus ziehen können.

Daß die politische Wirklichkeit in bezug auf die Argumentation von Punkt (2) und hier insbesondere der Variante (b) selbst in den demokratischen Systemen der Gegenwart anders aussieht, muß nicht betont werden. Doch die Politische Philosophie der Gegenwart hat von diesen Kernsätzen aus dem neuesten Entwurf einer Vertragslehre Leitlinien für eine global geführte Diskussion um die Legitimation politischer Ordnung gewonnen, die insgesamt in ihrer formalen Logik und der Berechtigung ihrer Überlegungen nicht von der Hand zu weisen sind. Auch wenn vieles dabei idealistisch wirkt, profitiert hiervon nicht zuletzt die Frage einer Universalisierung der Menschenrechte qualitativ.

8. Selbstbindungen: Gesetze und Gewalten

»Die reine Freiheit ist eher ein philosophischer als ein bürgerlicher Zustand. Was nichts daran ändert, daß es gute und schlechte Regierungen gibt und sogar, daß eine Verfassung nicht in dem Maße weniger vollkommen ist, in dem sie sich von unserer philosophischen Idee von Freiheit entfernt.«

(Montesquieu: Meine Gedanken, 943)

Die Vertragslehre orientiert sich an dem Grundsatz, den schon Cicero mit seiner republikanischen Tugend formuliert hat – nämlich der Selbstverpflichtung der Individuen aufgrund ihrer Einsicht in die Vorteile der Zusammenarbeit. Dergleichen muß man aber nicht notwendigerweise über einen Vertrag legitimieren, obwohl dies im Rahmen der Logik eine äußerst attraktive Variante ist. Die Bindung zwischen dem Staat auf der einen Seite und den Bürgern als Individuen auf der anderen kann man auch mit weit weniger konstruktivistischem Aufwand betreiben. Es genügt im Prinzip das Vorhandensein eines eingespielten Regelwerks von Gesetzen, die in ihrer Autorität nicht zur Debatte stehen und von denen aus der Sinn der politischen Ordnung jeweils konkret ermittelbar ist. Das Problem ist allerdings auch hierbei, daß die Frage, wer denn die Gesetze autorisiert, im Sinne einer legitimierten Entscheidungsgewalt beantwortet werden muß. Daß der Staat kein Selbstzweck sein darf, versteht sich. Wer aber die Staatlichkeit auf welche Weise herstellt, bleibt auch jenseits der Kontraktlehre die entscheidende Frage. Das machiavellistische Modell des politischen Helden, der kam, sah und siegte, ist auch in den Diskursen jenseits der Vertragstheorie stets umstritten geblieben, obwohl Machiavelli mit dem Verweis auf die Geschichtlichkeit aller politischen Entscheidungen zweifellos einen äußerst wichtigen Hinweis gegeben hat (vgl. grundsätzlich Skinner 1994/2000). Vor allem die Debatten in England im 17. Jahrhundert haben unter der Rückorientierung auf die sogenannte *ancient constitution* sich stets darum bemüht, deutlich zu machen, daß die jeweils konkrete politische Ordnung Ausdruck der historischen Tradition auf der Insel ist und von daher keineswegs beliebig verändert werden kann (vgl. maßgeblich Pocock 1990 sowie Ottow 2001). Die **Gesetze einer Gemeinschaft** sind insofern willkürlich nach Zeit und Raum. Sie sind Ausdruck einer jeweils konkreten historischen Erscheinungsform und keineswegs im Sinne einer Universalität überall in gleicher Weise anwendbar.

8.1 Die föderale Ordnung (Johannes Althusius)

Dennoch hat es logischerweise immer wieder Versuche gegeben, zumindest in einer Art von Grundmodell eine zutreffende Beschreibung und Bestandsaufnahme der Indikatoren und Faktoren vorzunehmen, mit denen sich eine politische Ordnung möglichst auf Dauer begründen läßt. Jenseits der großen Utopien und auch jenseits der Vertragslehren setzen dabei die Denker mit einem **historisch-anthropologischen Ansatz** auf die geschichtlich immanenten (und im Prinzip wiederkehrenden) Erscheinungsfaktoren sozialer Ordnungen. Ein erstes, sehr systematisches Modell liefert hierfür zu Beginn des 17. Jahrhunderts Johannes Althusius. In seiner groß angelegten, über tausend Seiten umfassenden Abhandlung *Politica Methodicè digesta* (1603) formuliert der Jurist und Theologe aus Emden eine Bestimmung des Politischen, die dem Grundproblem einer Einheit in der Vielheit gerecht wird (vgl. Dahm/Krawietz/Wyduckel 1988, Winters ³1995). Politik erscheint hier als »Kunst einer Vergemeinschaftung von Menschen zum Zweck der Begründung, der Kultivierung und Bewahrung des sozialen Lebens untereinander« (Althusius: Politica, I, 1).

Mit einer solchen Formulierung schließt Althusius an die beiden antiken Klassiker Platon und Aristoteles nahtlos an. Damit erneuert er zugleich den Anspruch, daß Politik sich vorrangig um die **soziale Kategorie** menschlichen Beisammenseins zu kümmern habe. Die Ordnungsfrage wird hiermit – auch in einem ganz christlichen Sinne, wie es mittelalterliche Denker formuliert haben, als Frage nach der angemessenen Konzeption von Recht und Gesetz reformuliert. *Was* und *wer* stellt eine richtige Ordnung für das Zusammensein der Menschen her? – Ein solches Zusammensein im Sinne einer Gemeinschaft (*consociatio*) ist für Althusius eine Art symbiotischer Akt, quasi eine »ausdrückliche oder stillschweigende Vereinbarung« zur wechselseitigen Teilhabe (ebd., I, 2). Die soziale Teilhabe untereinander (*communicatio*) ist notwendig, weil man sonst gar nicht existieren könnte. Hinsichtlich ihrer Gemeinschaftsfähigkeit sind die Menschen als Bürger untereinander Helfende (*symbiotici*). Doch anders als in der Vertragslehre von Hobbes beruht diese symbiotische Verbindung nicht definitiv auf einem ausgehandelten Kontrakt, sondern bezieht sich mehr auf ein assoziatives Moment in den Formen der konkreten Übereinstimmung. Kein Vertrag begründet in der Lehre des Althusius das Volk als politische Gemeinschaft. Vielmehr ist hier das Volk ein biologisches System, das sich aus den natürlichen und historischen Erscheinungsformen konkreter Gruppenkonstellationen heraus ergeben hat und ständig neu ergibt. Durch die permanente Kommunikation untereinander bringen die jeweils aktuellen Gruppenmitglieder ihre je spezifischen »Besitztümer« ein und tauschen sich aus zum wechselseitigen oder auch je singulärem Vorteil (ebd., I, 8). Der entscheidende Unterschied zur Vertragslehre besteht in der Festlegung der Symbiotici. Bei Althusius ist nicht das einzelne Individuum der Bezugspunkt, sondern, organologisch betrachtet, jeweils das Oberhaupt einer **Gruppe**. Die Gruppen entstehen aus dem natürlichen Zusammensein von Familien. Die Familie ist hier (wie schon bei Bodin) das Grundmodell für alle weiteren sozialen Erscheinungsformen. Im Gegensatz aber zu dem französischen Verfechter und Begründer einer Souveränitätslehre des Staates besteht Althusius darauf, daß der Status der Familie so *natürlich* ist, daß alles weitere – nämlich die *politischen* Gruppenbildungen – Formationen neuen Typs darstellen. Die Trennung zwischen Öffentlichkeit und Privatheit erfolgt erst an der Schnittstelle der nächsten sozialen Gruppenformation, den Zünften und Berufsgenossenschaften. Auch diese sind zunächst, intern betrachtet, (noch) privater Natur. Sie werden aber aufgrund der Bedürfnisse untereinander (Austausch von Erzeugnissen, Waren, Dienstleistungen etc.) bei ihrer wechselseitigen Kommunikation zu Akteuren in einem öffentlichen Feld. Hier – aber auch erst hier – entsteht für Althusius der Bedarf des Politischen.

An dieser Schnittstelle zwischen den diversen Berufsgruppierungen setzt denn auch die Notwendigkeit des Staates als einer konkreten Gestaltungsmacht für Ordnungsfragen ein. Die **Vergemeinschaftung** hat zur Folge, daß im Staat über die Arten der Bürger (*species*) als arbeitsteilige Funktions- und Statuseinheiten die entsprechenden Klassifikationen gemacht werden müssen (ebd., VI). Zunächst ist da einmal die nächst größere Gruppeneinheit, die Stadt, die von Althusius als *politeuma* bezeichnet wird. Die Verbindung der Städte untereinander erfolgt in einer jeweiligen Provinz und diese wiederum in einer Landschaft (*politia*). Aus der Summe der Landschaften und dem Gesamt aller übrigen Gemeinschaftsformen heraus ergibt sich dann erst das Gebilde, das für Althusius den Stellenwert eines Volkes einnehmen darf: Volk in einem Körper zu sein (*populus in corpus unum*). Dieses Modell ist zweifellos organologisch gedacht, es ist ebenso aber auch föderal strukturiert (vgl. Abb. 5).

Das wesentliche Strukturmoment ist hierbei das **Subsidiaritätsprinzip**: Was eine jeweilige Statuseinheit für sich selbst organisieren kann, das soll und darf sie auch zu recht für sich selbst entscheiden. So, wie die Familie sich intern um die Entscheidungen ihres Familienoberhauptes hin gruppiert und organisiert, so auch die übrigen Sozialeinheiten. Der wesentliche Unterschied gegenüber der Familie besteht jedoch darin, daß es sich hierbei um Kollegien handelt, Gruppierungen von statusgleichen Bürgern, die sich auf jeweils konkrete Interessen untereinander beziehen.

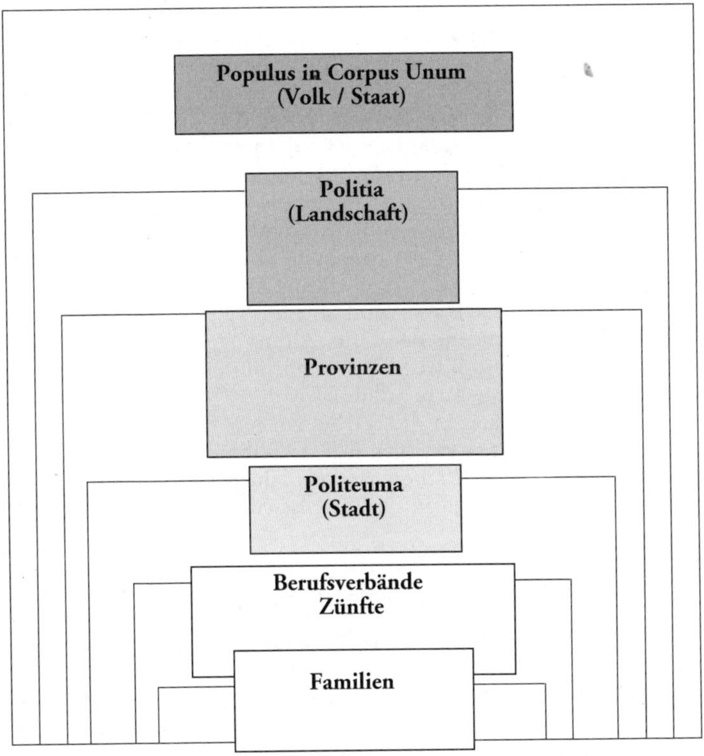

Abb. 5: Die föderale Gruppenordnung nach Althusius

Manches an diesem föderalen Einteilungsschema mutet mittelalterlich an (vgl. auch Nitschke 1997 u. Hueglin 1999). Der Akteursbegriff des Johannes Althusius ist zweifellos prämodern. Nicht die Individuen sind die handelnden Akteure, sondern Kollegialorgane, Statusgruppen, sowohl in räumlicher wie auch sozialer Differenz. Streng genommen verhandeln hier stets nur die Obrigkeiten von Körperschaften über den Bestand der *communicatio*. Dennoch ist das Ordnungsmodell in anderer Hinsicht ausgesprochen innovativ. Es sieht für die Mitglieder der unterschiedlichen Statusgruppen jeweils originäre Rechte vor, die auch von den höher strukturierten Einheiten nicht einfach hintergangen werden können. Nur das, »was alle betrifft, muß auch von allen gebilligt werden« (ebd., IV, 20). Ansonsten sieht Althusius modern gesprochen so etwas wie *Opting-out-Klauseln* vor: Wenn eine Statuseinheit (wie etwa eine Stadt X) mit einer Entscheidung einer nächst höheren Einheit nicht einverstanden ist, muß sie sich hieran nicht beteiligen. Gesetze sind in dieser Hinsicht zwar wie Spielregeln, an die man sich halten sollte, die jedoch einen internen Konsens unter den diversen beteiligten Statusgruppen voraussetzen. Der Staat des Johannes Althusius ist somit weniger ein Maßnahmenstaat als vielmehr ein **Koordinationsstaat**. Koordination setzt in diesem Fall die richtige Kommunikation voraus. Alle Statusgruppen, von den Familien bis zur Landschaft, unterliegen somit einem permanenten Druck zur wechselseitigen Kommunikation. Die Selbstverpflichtung hierzu ergibt sich aus dem gegenseitigen Nutzen. Dieser wird als Endzweck im Sinne des Gottesgedankens verstanden, denn für Althusius ist die »wahre und rechte Gottesverehrung« weder privat noch öffentlich (ebd., VII, 7): Sie ist (systematisch gedacht) allumfassend.

Die Gesetze dienen in diesem System nur dazu, die Symbiotici daran zu erinnern, was sie eigentlich im Rahmen ihres Glaubensbezugs zu Gott stets auch schon verinnerlicht haben müßten – nämlich ein »gerechtes Leben in der Gesellschaft« zu führen (ebd., VII, 8).

8.2 Der Geist der Gesetze (Montesquieu)

So konziliant die Lehre des Johannes Althusius auch ist, so offenbart sie mit dem strengen Verweis auf den Gottesgedanken doch einen problematischen Punkt: Was können Atheisten oder etwa Muslime hiermit anfangen? – Althusius setzt schlicht voraus, daß alle Mitglieder des *populus in corpus unum* zu ein und derselben Konfession gehören. Wie also soll man dann die jeweils anderen Konfessionen im Staat behandeln? – Politisch gesehen sind sie zu neutralisieren: Juden, Katholiken sind für Althusius in diesem Sinne nicht gesellschaftsfähig, d.h., sie sind zur politischen Partizipation in einem protestantischen Gemeinwesen nicht zugelassen! – Diese (im übrigen z.B. in den Niederlanden des 17. Jahrhunderts vollzogene) Praxis hat zur Konsequenz, daß religiöse Streitigkeiten hierdurch keineswegs entschärft, sondern geradezu verschärft werden. Wenn die Lösung nicht eine vollständige Vertreibung der nicht-herrschaftsfähigen Konfession oder Religion sein soll, dann muß man nach einer anderen Option für die Substanz der Gesetze Ausschau halten.

Die Hobbessche Lösung hat insofern einen substantiellen Vorteil: Der **Herrschaftsvertrag als Sozialkontrakt** basiert nicht auf der Grundlage einer allseits gleichen Konfession. Herrschaft – und damit die Ordnung der Gesetze – besteht jeweils nur in den Grenzen eines bestimmten Territoriums. Eine föderale *universitas*, wie sie sich Althusius vorstellt, in der im Prinzip alle Menschen inkorporiert werden könnten (wenn sie denn den richtigen Glauben annehmen würden), scheidet bei der Vertragslösung aus. Insofern ist es konsequent, wenn die Vertragsdenker (wie auch Locke) den Selbstbindungscharakter für die Anwendung der Gesetze propagieren. Gesetze sind demnach Regeln, die aus einer sozialen Übereinkunft resultieren, die nach Möglichkeit vernünftig sein soll. Der Nutzen der konkreten Mehrheit entscheidet dann darüber, was vernünftig ist und was nicht. Da die Mehrheit von den Gesetzen stets einen Nutzen hat, denn sonst wären die Gesetze unsinnig – oder schlimmer noch, *tyrannisch* – ist die Selbstverpflichtung der Bürger als Individuen gegenüber der Ordnung strukturell gegeben. Der Vergleich des Augustinus mit der Räuberbande greift gerade bei diesem Kriterium: Die Selbstverpflichtung in die Notwendigkeit und den Sinn der Gesetze ist das Gebot der bürgerlichen Existenz. Der einzelne wird materiell wie ideell gerade dadurch in seiner persönlichen Existenz erhalten, weil die Gesetze ihm überhaupt erst Verläßlichkeit zum Leben gewährleisten.

Grundsätzlich sind damit Gesetze die Basis und die Voraussetzung für das menschliche Zusammensein: **Ohne Gesetze keine politische Ordnung**.

Wie unterschiedlich aber dieser Sinnzusammenhang ausgelegt werden kann und muß, hat das Werk von Montesquieu gezeigt. In seiner äußerst umfangreichen Analyse und vergleichenden Dokumentation (1748) über den »Geist der Gesetze« (*De l 'Esprit des Lois*) hat der französische Adlige eine immense Materialfülle in der ersten Hälfte des 18. Jahrhunderts bearbeitet, um darzulegen, daß die jeweiligen Gesetze eines politischen Systems im wesentlichen davon abhängen, welche spezifische Kultur vorherrscht (vgl. hierzu Kondylis 1996, Weinacht 1999, Böhlke 1999).

Gesetze sind für Montesquieu in ihrer weitesten Bedeutung »die notwendigen Bezüge, wie sie sich aus der Natur der Dinge ergeben« (Montesquieu: Geist der Gesetze, I, 1). Das beinhaltet ein sehr umfassendes Verständnis von der **Natur der Gesetze**: Dieses schließt nicht nur die Natur des Menschen als soziales Wesen mit in die Betrachtung ein, sondern ebenso die biologische Natur, die Mechanismen des Lebens auf der Erde und schließlich den Appell an die Natur Gottes als Schöpfer des Universums selbst. *Politik* und damit die Regeln des Politischen in Form von Gesetzen ist somit für Montesquieu nur dann verständlich, wenn man das Wesen dieser drei Naturdimensionen möglichst ganzheitlich erfaßt. Weit davon entfernt eine Gotteserklärung zu liefern, versucht sich der Aufklärer Montesquieu an einer systematischen Erfassung der Natur des Menschen als Gestalter von politischen Ordnungen. Gesetze kann man im ganzheitlichen Sinne erst dann verstehen, wenn man sie nicht nur auf den zeitbedingten Nutzen hin untersucht, sondern auf das Ursache-Wirkungsverhältnis, welches stets aus einem größeren Zeitzusammenhang resultiert. Was die Gesetze einer spezifischen Bevölkerung eines Landes ausmacht, ist folglich das Ergebnis der **konkreten Sitten, Gebräuche und Traditionen**, die in diesem Raum vorherrschen. Für Montesquieu existiert ein Volk damit nicht per Kontrakt, der zu irgendeiner Zeit (auf welche Weise auch vernünftig) erhoben wurde, sondern politische Ordnung – und damit auch Gemeinschaft – sind stets das Produkt einer langen Kette von Entscheidungen, die in demselben Raum im Laufe der Zeit gemacht worden sind.

Die Entscheidungen, die jeweils in Raum und Zeit gemacht werden, sind dabei keineswegs willkürlich: Die handelnden politischen Akteure folgen hierbei mehr oder weniger stringent dem Code ihrer jeweiligen **Kultur**. Letztlich gibt es demnach Regeln bzw. Prinzipien, nach denen Gesetze zustande kommen. Diese richten sich nach den spezifischen Bedürfnissen und auch nach den klimatischen und topographischen Bedingungen des Raumes, in dem die Menschen leben. Ein Volk von Bauern in den Bergen hat andere Bedürfnisse als ein nomadisches Steppenvolk, eine Händlergesellschaft basiert auf anderen Grundlagen als eine Feudalgesellschaft. Menschen, die am

Meer wohnen, orientieren sich notwendigerweise an Herausforderungen, die man in den Bergen oder in Waldgebieten nicht kennt. Die klimatischen Unterschiede bedingen ganz verschiedene Produkte und auch Produktionsprozesse.

Mit diesem systematischen Hinweis reformuliert Montesquieu einen Grundsatz, den man bereits in den Debatten aus der griechischen Polis kennt: Unterschiedliche politische Ordnungen bedingen unterschiedliche soziale Normen. Hinzu kommt nun aber der Verweis auf die topographischen und klimatischen Faktoren. Damit wird ein **geopolitischer Zugang** für die Politische Philosophie eröffnet. Die Sitten und Gesetze eines Volkes entsprechen der »physischen Beschaffenheit« eines Landes (ebd., I, 3).

Für alle Völker, so unterschiedlich ihre geopolitischen Gegebenheiten auch sein mögen, gilt der Grundsatz, daß sie eine gerechte Ordnung anstreben. Denn bevor »Gesetze verfertigt wurden, waren die Bezüge der Gerechtigkeit als mögliche« immer schon gegeben, konstatiert Montesquieu (ebd., I, 1). Es gibt insgesamt vier Möglichkeiten, sich dem Gerechtigkeitspostulat auf angemessene Weise zu nähern:

a) mit der ursprünglichen Vernunft, die jedem Menschen zu eigen ist,
b) mit den Geboten Gottes, die man in der Bibel findet,
c) mit den Gesetzen der Natur, die sich aus der Beobachtung derselben ergeben und schließlich
d) mit den **positiven Gesetzen**, die sich der Mensch selbst macht.

Im Hinblick auf die vierte Dimension gibt es nun wiederum drei verschiedene Ebenen, in denen und mit deren Hilfe der Mensch den Zusammenhalt unter seinesgleichen organisiert: 1) das Völkerrecht, 2) das Staatsrecht und 3) das Privatrecht.

Das, was Montesquieu im wesentlichen in seiner Abhandlung interessiert, ist das **Staatsrecht**: Zu welchen unterschiedlichen und auch übereinstimmenden Effekten kommt es bei Staaten, die in ihrer politischen Verfaßtheit völlig different ausfallen? – Das klassische Schema von Monarchie, Aristokratie und Demokratie wird hier um den Widerpart der **Despotie**, einer Neuauflage der antiken Tyrannisdiskussion, ergänzt. Vor allem interessiert Montesquieu hierbei, wie eine demokratische Ordnung ihre Gesetze erfolgreich, d.h. auf Dauer organisieren kann – ohne andererseits der schieren Gewalt der Despotie zu erliegen. Die Antwort ist im Prinzip einfach – obgleich schwer für die praktische Umsetzung: Es ist, so Montesquieu (ebd., V, 4), die »Liebe zur Gleichheit«, welche die Selbstgenügsamkeit ergibt, die für die Existenz einer Demokratie eine unverzichtbare Voraussetzung darstellt. **Gleichheit und Selbstgenügsamkeit** bedingen die Ausgewogenheit der Gesetze in der Republik. Die Gleichheit ist jedoch nur eine formale Rechtsgleichheit, die natürliche Ungleichheit zwischen den Individuen bleibt logischerweise bestehen. Allerdings muß jegliche Ungleichheit »in der Demokratie aus der Natur der Demokratie und dem Prinzip der Gleichheit selbst abgeleitet werden« (ebd., V, 5). Auch wenn es daher zu einer wirklichen Gleichheit nicht kommen kann, so ist doch unter dem Kriterium der Genügsamkeit eine Angleichung der Besitzverhältnisse, im weitesten Sinne eine »Gleichheit der Vermögen«, anzustreben (ebd., V, 6).

Hierzu ist neben den Gesetzen die **Gewaltenfrage** das zentrale Kriterium: Wer gebietet über die Gewalt im Staate? – Die Hobbessche Antwort, daß der Souverän alles machen dürfe, ist für Montesquieu als Denker der Aufklärung inakzeptabel. Hier folgt er Locke und den Vertretern einer gemischten Verfassungsagenda, die das Modell des Polybios gerade für die Erneuerung des Republikgedankens in der Neuzeit reformulieren: So, wie das antike Rom und das Venedig der Renaissance oder England seit der *glorious revolution*, soll die republikanische Ordnung auf einer gemischten Verfassung basieren. Aus diesem Ideal folgt, daß die Gewalt im Staate ebenfalls gemischt werden muß. Sie bedarf einer Trennung – nicht nur in eine Legislative und Exekutive (wie es Locke vorsieht), sondern auch in eine **Judikative**. Was Richter *urteilen*, muß getrennt von dem sein, was Polizei und Militär als Exekutivorgane des Staates machen. Erst recht muß es von dem getrennt sein, was die Vertretung des Volkes in einem Parlament oder mehreren Kammern an Gesetzen herausgibt.

So modern sich dieser Gedanke anhört, so bleibt er doch in seiner Zuordnung bei Montesquieu zunächst noch in traditionellen Bahnen. Auch seine Vorstellung von republikanischer Mischverfassung ist (bei aller Trennung von Gewalten) zunächst noch das Plädoyer für eine gemäßigte Monarchie. Die zentrale Botschaft, die von seiner umfangreichen Lehre ausgeht, ist daher gar nicht so sehr das Votum für die Gewaltenteilung, sondern mehr noch die Botschaft von der Suche nach den spezifischen Bedingungen für die Gesetze in Zeit und Raum jeweils konkret vor Ort. Diese müssen nützlich und vernünftig sein – im Hinblick auf die je aktuelle Realisierung der Gerechtigkeitsfrage. Und sie müssen vor allem als Prinzipien dauerhaft angewandt werden.

8.3 Die Kontrolle der Gewalten (Federalists)

Montesquieus systematische Darlegungen sind bereits im 18. Jahrhundert weithin beachtet worden. Die profilierteste Aufnahme und Weiterentwicklung haben seine Ideen jedoch nicht in Europa, sondern in der Neuen Welt erfahren (vgl. White 1978, Schmidt [3]2000). In der berühmten Diskussion um die Resolution für die neue amerikanische Verfassung, wie sie sich in den *Federalist Papers* (1788) manifestiert, spielen die Gedanken des französischen Adligen (neben der Argumentation von Locke) eine zentrale Rolle. Die *Federalist Papers* stellen eine Ansammlung von Artikeln dar, die von den Autoren Alexander Hamilton, James Madison und John Jay in verschiedenen New Yorker Tageszeitungen publiziert wurden, um auf die Verfassungsdiskussion einzuwirken (vgl. Allen/Cloonan 2000, Gebhardt 2001). In den insgesamt 85 anonym abgefaßten Beiträgen beschäftigen sich die drei Autoren mit der Rolle der Nation, der Frage, auf welcher Basis die neue Verfassung gegenüber Alteuropa bestehen kann und wie die leidige Problematik der Mehrheit und der jeweiligen Minderheit gerecht (sowohl unter religiösen, territorialen wie auch ökonomischen und nicht zuletzt politischen Gesichtspunkten) gelöst werden kann.

Zentral für die Frage der Gewalten sind hierbei die Artikel 47 bis 51, in denen nicht nur das Modell der Gewaltenteilung als Mischverfassung von Montesquieu übernommen wird, sondern zugleich auch eine bemerkenswerte Grundformel für das menschliche Zusammenleben aufgestellt wird. Das Modell der Gewaltenteilung betrachten die drei amerikanischen Autoren nämlich zu recht nicht nur als eine machttechnische Gestaltungsfrage, sondern ebenso auch als ein anthropologisches Problem. Denn die Gewalten müssen nicht nur geteilt sein, sie müssen andererseits auch wiederum ineinander verschränkt werden, um überhaupt richtig funktionieren zu können. »Wie läßt sich aber bei der unumgänglichen Verschränkung der Gewalten verhindern, daß die Verschränkung durch Kompetenzanmaßung zur Verschmelzung mutiert?«, fragen sich die drei Federalist-Autoren (Hamilton u.a.: Federalist Papers, 47, S. 301). Die angemessene Verbindung der drei Gewalten ist nur dann möglich, wenn sie zugleich unter eine Kontrolle gebracht werden. Denn niemand »wird bestreiten, daß die Macht ihrer Natur nach zum Ausufern neigt und daß sie daher wirkungsvoll daran gehindert werden sollte, die ihr zugewiesenen Grenzen zu überschreiten« (ebd., 48, S. 307/308). Das alte Problem einer Pleonexie der Macht, das schon Platon so eindringlich beschäftigt hat, ist nur lösbar, sofern es eine politische Grenze der **Kontrolle der Macht** gibt. Wo und wie aber soll man diese Kontrolle ansetzen? – Die schiere Menge der Kontrollorgane oder der Kontrollpersonen ist sicherlich nicht der Indikator für eine erfolgreiche Strategie. Die Autoren der *Federalist Papers* haben sich in der Geschichte systematisch bei früheren politischen Systemen seit der Antike kundig gemacht, und so kommen sie zu dem Schluß, daß nur bei einer wechselseitigen Balance zwischen den drei grundlegenden Gewalten eine ausreichende Hoffnung auf Kontrolle besteht (vgl. grundsätzlich Herz 1999). *Checks and Balances*, die **gegenseitige Kontrolle** zwischen Exekutive, Legislative und Judikative, ist ihr Lösungsvorschlag: Da sich »alle äußeren Vorkehrungen« für die Gewaltenkontrolle »als inadäquat erwiesen haben, muß der Mangel behoben werden, indem man den inneren Aufbau der Regierung so gestaltet, daß ihre verschiedenen Bestandteile aufgrund ihrer wechselseitigen Beziehungen selbst das Mittel bilden, um sich gegenseitig an dem ihnen zukommenden Platz zu halten« (Hamilton u.a.: Federalist Papers, 51, S. 319). Hierfür empfehlen die Federalist-Autoren drei Prinzipien, die in der Praxis unbedingt einbehalten werden sollten (ebd.):

1. Die **Wahl** – jeder Zweig der Regierung muß so eingerichtet sein, »daß seine Mitglieder bei der Ernennung der anderen Zweige so wenig beteiligt sind wie möglich«.
2. Die **Mittel** – die materiellen Ressourcen müssen für die einzelnen Zweige der Regierung möglichst unabhängig voneinander existieren.
3. Die **Kontrolle** – sie ist dauerhaft nur möglich, wenn das Volk selbst in die Kontrollfunktion über die Regierungszweige eingesetzt wird.

Schon bei Locke ist das dritte Prinzip als demokratische Grundformel zur Legitimation von Regierungshandeln formuliert. Doch erst in den *Federalist Papers* wird hieraus ein systematisches Modell für die wahre Republik, indem Hamilton und Co. auf die Relevanz der Prinzipien (1) und (2) verweisen (vgl. Abb. 6). Ohne die Trennung der Wahl und der Mittel bleibt die Möglichkeit zu einer informellen Auflösung der Gewaltenteilung bestehen, erst recht, wenn die Menschen den »ehrgeizgetriebenen Intrigen« ihrer jeweiligen Obrigkeit in der Exekutive ausgesetzt sind (ebd., 48, S. 308). Das ebenso einfache wie überzeugende Motiv für den Erfolg einer politischen Ordnungsgestaltung der Gewalten nach dem Modell von **checks and balances** basiert auf der Anrechnung der individuellen wie institutionellen Interessen: Wenn alle Beteiligten, Personen wie Institutionen, einem spezifischen Ehrgeiz unterliegen, sich besser darzustellen als alle anderen oder sich über diese hinwegzusetzen suchen, dann muß man »dafür sorgen, daß Ehrgeiz dem Ehrgeiz entgegenwirkt« (ebd., 51, S. 320).

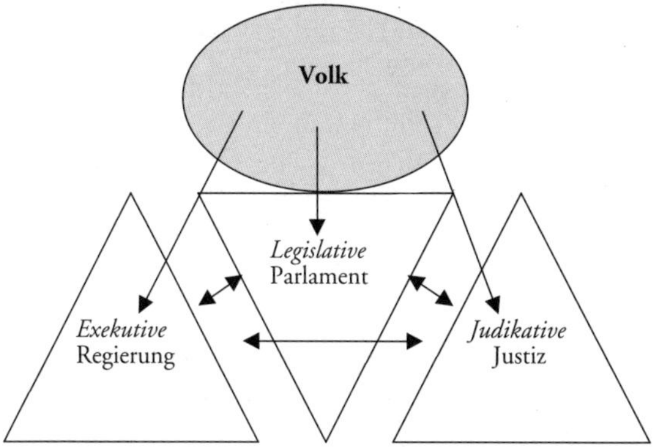

Abb. 6: Die Gewaltenteilung der Federalists.

Hinter dem Modell von checks and balances steht somit die anthropologische Grunderkenntnis von der **Verschiedenheit der Menschen und ihrer Interessen**. Die Interessen sind für die Autoren der *Federalist Papers* nichts Negatives, sondern schlichtweg eine anthropologische Konstante. Solange »Verstand« und »Eigenliebe« bei den Menschen vorherrschen, werden sich die »Meinungen« und »Leidenschaften« wechselseitig beeinflussen (ebd., 10, S. 95). Ein Narr oder ein Utopist wäre in ihren Augen derjenige, der hieran vorbeiginge. Insofern kann auch eine jede Regierung nur so gut sein, wie es die **Leidenschaften der Mehrheit** ihres Staatsvolkes erlauben. Das Volk wiederum benötigt das Regiment einer Exekutive, um seine Interessen und Leidenschaften halbwegs auf einen mehrheitsfähigen Nenner bringen zu können. Insofern ist die Tatsache, daß es zu allen Zeiten bei den menschlichen Angelegenheiten im Politischen um Regierung (*government*) geht, der simple und »deutlichste Ausdruck des Mangels der menschlichen Natur« (ebd., 51, S. 320).

»Wenn die Menschen Engel wären, wäre keine Regierung notwendig«, folgern Hamilton und Co. treffend (ebd.): »Wenn Engel die Menschen regierten, wären weder äußere noch innere Kontrollen der Regierung notwendig.« Da dem aber nicht so ist, bedarf es des Prinzips der wechselseitigen Kontrolle, durch die man »dem Mangel an besseren Motiven durch entgegengesetzte und miteinander rivalisierende Interessen« abhilft (ebd.).

Das Plädoyer für die strikte Gewaltenteilung mittels gegenseitiger Kontrolle resultiert somit aus dem Unvermögen des Menschen, als Einzelwesen wirklich gut handeln zu können (vgl. Heideking 1995). Niemand ist vollkommen, wenn aber alle Menschen in ihren Wünschen und Leidenschaften defizitär bleiben, so resultiert dennoch aus der Zusammenballung und wechselseitigen Kontrolle dieser Leidenschaften und Interessen eine Ordnung, die a) von der Mehrheit der Beteiligten (sofern es eine Demokratie ist) als gerecht empfunden werden kann und die b) von größtmöglicher Dauer sein wird. Nicht zuletzt darum geht es den drei Autoren: um die **Sicherheit des Ganzen**, die »auch im Interesse des Ganzen liegt« (ebd., 4, S. 66).

Indem sie geschickt die privaten Interessen und Leidenschaften mit den Fragen des öffentlichen Interesses verbinden, weil sie hier von vornherein auf eine systemische Zuordnung setzen, die aus der Natur des Menschen als Individuum wie Gattungswesen resultiert, wird die seit der Antike insbesondere von den platonisch argumentierenden Autoren gegeißelte Pleonexie des Selbstbezugs positiv gewendet. Individuelle Interessen oder Gruppeninteressen sind an sich nicht schädlich, man muß sie nur richtig aufeinander abstellen. Dies ist die zentrale Aufgabe der Politik, vorrangig der Regierung. Hierzu sind die Gesetze das »oberste Regulativ« für jedwedes Verhalten (ebd. 33, S. 210). Die Freiheit des Bürgers wird nur durch die Kontinuität der Gesetze und ihrer mehrheitsfähigen Interessenszuordnung ermöglicht, und jede Regierung tut gut daran, in der Konstanz und Prägnanz ihrer Gesetze nicht allzu wankelmütig zu werden. »Regieren beinhaltet die Macht, Gesetze zu erlassen«, bilanzieren Hamilton und seine beiden Koautoren (ebd., 15, S. 123). Es müssen aber die richtigen Gesetze sein: Nur dann kann das »Gemeinwohl« und der »Wille des Volkes« getroffen werden (ebd., 31, S. 201): Die Autoren der *Federalist Papers* folgen hierbei der funktionalen Argumentation Machiavellis: Die Suche nach dem individuellen oder gar dem größten Glück für das Ganze des Staates, der *pursuit of happiness*, ist eine Frage des angemessenen Arrangements der Mittel zum Zweck. Die politische Macht der Regierung kann ihre Zwecke der Bedienung von Interessen im Volk nur dann sinnvoll erfüllen, wenn sie tatsächlich weiß, *was* die Interessen sind – jedenfalls die maßgeblichen. Eben deshalb bedarf die Republik der aktiven Partizipation *ihrer* Bürger. Selbst wenn parteiliche Leidenschaften die politische Ordnung oft bis an die Grenze des Erträglichen in Frage stellen, indem »sinistre Absichten von Minderheiten« ihre ganz speziellen Interessen in den Vordergrund schieben (ebd., 10, S. 96), so geht es für die demokratische Ordnung nicht ohne die Existenz von Parteien: Sie sind für den Bestand einer Republik quasi systembestimmend, insofern gehört der »Umgang mit Parteien und Parteiungen« zu den »normalen Erfordernissen« einer demokratischen Regierungstätigkeit (ebd., 10, S. 95).

9. Inneneinsichten: Individuum und Gesellschaft

»Unter den Pflichten aller gegen alle, die mit Rücksicht auf das gemeinsame Leben in der Gesellschaft zu erfüllen sind, steht an dritter Stelle: Jeder muß den Vorteil des anderen fördern, soweit er es ohne eigene Einbuße kann.«

(Pufendorf: Über die Pflicht des Menschen und des Bürgers, 8, § 1)

Die Agenda der wechselseitigen Selbstkontrolle, wie sie Hamilton und Co. in den *Federalist Papers* dargelegt haben, ist nur in dem Punkt neu, wo es um die institutionelle Einordnung der Regierung zugunsten des Volkes als Hauptkontrolleur geht. In der anthropologischen Prämisse, daß menschliche Affekte im Prinzip nichts Negatives darstellen, es vielmehr um ihre richtige Justierung im Gesamtzusammenhang geht, gibt es bereits zu Beginn des 18. Jahrhunderts bei dem englischen Arzt Bernard de Mandeville einen systematischen Entwurf: In seiner *Bienenfabel* (1714) liefert er auf ebenso humorvolle wie groteske Weise eine anschauliche Parabel dafür, daß menschliches Handeln, so konträr es aufgrund der diversen Affekte auch sein mag, in der Summe eben doch einen Sinn ergibt. Der Trieb zur Selbsterhaltung, der für Hobbes konstitutiv ist für den Vertrag (und damit für die Ordnung), erscheint bei Mandeville als simple **Selbstliebe**. Diese Selbstliebe produziert zwar für die jeweils anderen fortwährend Ungerechtigkeiten, in der Summe aber trifft dies jeden Bürger. Insofern ist das soziale System durch die Heterogenität der beliebig vielen Selbstbezüge letztlich stabil – auch wenn es im Prinzip dabei nicht notwendigerweise gerecht zugeht.

Eine systemisch erzeugte Ungerechtigkeit, die als System betrachtet *gerecht* sein soll, bleibt aber unbefriedigend für die Politische Philosophie (vgl. Pocock 1993). Philosophisch anspruchsvoller und weitaus interessanter als Mandevilles Fabel ist daher die Herleitung der Affektstruktur des Menschen in der Lehre von Baruch de Spinoza. Denn hier zeigt sich erstmals signifikant das Ausmaß dessen, worauf die Autoren der *Federalist Papers* so präzise requiriert haben.

9.1 Freiheit durch Selbstverpflichtung (Baruch de Spinoza)

Für den jüdischen Gelehrten aus Amsterdam ist das Grundproblem für die menschliche Ordnungsfrage die naturrechtliche Dimension seiner Existenz. Hängt diese vom Glauben ab oder nicht? – Und wenn sie vom Glauben abhängt, wie muß der Glaube gelebt werden, damit der Mensch seine Ordnung richtig gestalten kann?

In seinem *Tractatus Theologico-Politicus* von 1670 formuliert Spinoza gleich in der Vorrede den zentralen Punkt seiner Argumentation: Naturrechtlich gesehen ist niemand verpflichtet, »nach dem Sinne eines anderen zu leben«, sondern jeder ist der »Beschützer seiner Freiheit« selbst (Spinoza: Theologisch-Politischer Traktat, 11).

Natürlich reicht dieser **Selbstschutz der Freiheit** nicht aus, das zeigt gerade Hobbes mit seiner Konstruktion des Naturzustandes. Andererseits kann und darf der Staat bei Spinoza nicht alles machen, denn die Untertanen behalten »manches gleichsam nach dem Recht der Natur«, was ihnen entweder vom Staat »stillschweigend zugestanden« werden muß oder explizit vereinbart wird (ebd.). Die Frage ist allerdings, auf welcher Grundlage diese Vereinbarung beruht. Spinoza hält die Argumentation, wie Hobbes sie entwickelt hat, für nicht schlüssig. Die rein zweckbezogene Funktionssetzung zugunsten der staatlichen Macht muß gar nicht vernünftig sein, sie kann auch auf falscher Einsicht basieren oder schlicht bestimmten Begierden (etwa nach Reichtum) folgen. Darüber hinaus mag es auch Menschen geben, denen es an jeder Einsicht in die sozialen Zusammenhänge ermangelt, die sich bereits im Naturzustand für so mächtig halten und keineswegs einen Austritt aus diesem Zustand wünschen.

Es muß also noch etwas anderes geben, was den sozialen Zusammenhalt sichert. Für den jüdischen Gelehrten ist dies das »natürliche göttliche Gesetz« (ebd., IV, 69): Es ist so **allgemeingültig,** »d.h. allen Menschen gemeinsam«, daß alle ihre individuelle Existenz aus dieser »allgemeinen Menschennatur« ableiten können. Aus diesem paradigmatischen Prinzip folgt die generelle Fähigkeit, sowohl in bezug auf die eigene Person als auch hinsichtlich der Gesellschaft selbst die notwendigen Maßstäbe für das Zusammenleben erkennen zu können. **Gott und sein Gesetz ist in der Natur** allgemein und schließlich auch konkret in der Natur des Menschen beheimatet. Gott oder die Natur (*deus sive natura*) stehen bei Spinoza in einem reziproken Bedingungsverhältnis: Sie können und müssen als Einheit gedacht werden. Auch wenn Gott selbst letztendlich unerkennbar bleibt, so kann der Mensch doch in der Natur das Göttliche als ihm selbst zuteil werdendes Dasein erschließen. Der Mensch wird hiermit zum **kleinen Gott**. Durch seine Erkenntnis über die Natur der Dinge gelangt er systematisch zur Selbsterkenntnis: Je »besser wir die Sitten und Verhältnisse der Menschen beobachten und kennen, die wir am besten aus ihren Handlungen kennenlernen können, um so vorsichtiger können wir unter ihnen leben und um so besser unsere Handlungen und unser Leben, soweit die Vernunft es rät, ihrem Charakter anpassen« (ebd., IV, S. 70).

Der Mensch ist somit aufgefordert, um seiner selbst willen zur permanenten **Selbstbeobachtung** zu schreiten. Dies sowohl in bezug auf die Gattung wie auf das konkrete Subjekt. Am Menschen erkennt man *die Menschen*. Das Singuläre wie das Allgemeine verdanken sich als Prinzip der göttlichen Existenz. Durch die Auslegung *dieser* Existenz in der Natur der Erscheinungsformen werden die Gesetze des Lebens sichtbar. Das Gesetz Gottes besteht darin, daß **Gott im Menschen gesetzt ist**, der Mensch als Individuum sich dieser Gesetztheit bewußt wird und darum Gott liebt. Aus dieser Liebe zu Gott folgt notwendigerweise auch die Liebe zum Menschen. Fast könnte man es als eine Neuauflage der thomistischen Lehre bezeichnen, was Spinoza für den Gottesbezug formuliert, doch mit der rein naturalistischen Interpretation vom In-der-Welt-Sein (Gottes) vollzieht sich hier eine fundamentale Positivierung der menschlichen Existenz. Sie wird zum Subjekt ihrer Selbst. Das gilt vor allem auch für die **Triebstruktur**.

So reicht auch die Vernunft nicht aus, um die Sozialität des Menschen zu erklären – geschweige denn seine Fähigkeit zur Politik (und deren Notwendigkeit) zu erläutern. »Ihren Nutzen suchen zwar alle, aber keineswegs nach der Vorschrift der gesunden Vernunft«, konstatiert Spinoza, »sondern meist von der Begierde und den Gemütsaffekten beherrscht (die die Rücksicht auf die Zukunft und andere Rücksichten nicht kennen), streben sie nach den Dingen und halten sie für nützlich« (ebd., V, S. 84). Da die Interessen so verschieden sind, wie die menschlichen Begierden individuell nur ausfallen können, bedarf es einer Gewalt, die alle überhaupt erst zusammenbringt und in ihren Begierden stabilisiert. Insofern kann für den jüdischen Denker »keine Gesellschaft bestehen« ohne **Regierung und Gewalt**: Die Gesetze, die erlassen werden, haben zur Aufgabe, »die Begierden der Menschen und ihren zügellosen Ungestüm« zu disziplinieren (ebd.).

Begierde und Kontrolle der Begierde durch politische Macht bedingen somit in der Lehre Spinozas eine starke Ausrichtung auf den

Staat als **Disziplinierungsanstalt**. Die Gewalt des Staates ist in ihrem Kern eine Zwangsgewalt. Die Menschen werden im wesentlichen »durch die Furcht vor der härtesten Bestrafung, die alle gleichmäßig fürchten«, zusammengehalten (ebd., XVI, S. 237). Das Plädoyer für den Zwangscharakter der politischen Ordnung beinhaltet bei Spinoza jedoch keine Despotie, denn es geht ihm in der Ableitung von der göttlichen Immanenz in den Dingen um die Verwirklichung der Freiheit des einzelnen im »besten Staat« (ebd., XVI, S. 232). Nicht irgendein Staat, der lediglich stabil sein soll, wie Hobbes es anstrebt, ist sein Ziel, sondern ein Staat, der den »wahren Nutzen der Menschen« qualitativ und quantitativ erfüllt (ebd., XVI, S. 234). Diesen Nutzen sieht Spinoza nur in einer **demokratischen Ordnung** gegeben. Eine solche Ordnung ist dann erreicht, wenn es »eine allgemeine Vereinigung von Menschen« gibt, »die in ihrer Gesamtheit das höchste Recht zu allem hat, was sie vermag« (ebd., XVI, S. 237/238).

Wenn sich die allgemeine Vereinigung zu ihrem natürlichen Nutzen in ein Zwangsverhältnis setzt, dann ist die Herrschaft im Prinzip eine **Selbstherrschaft**: Die höchste Gewalt kann im eigentlichen Sinne keine unsinnigen Gesetze herausgeben, sie wird mit Notwendigkeit »für das Gemeinwohl sorgen und alles nach dem Gebot der Vernunft leiten« (ebd., S. 238). Was die höchste Gewalt für Recht erklärt, das werden die Bürger als *Untertanen* befolgen müssen (ebd., S. 239). Der Untertanenstatus ist für Spinoza mitnichten ein Sklavenstatus, sondern beinhaltet das Freiheitsmoment selbst, weil der Mensch hierdurch in seiner Triebstruktur in die Schranken verwiesen wird. **Keine Freiheit ohne Staat** ist die Formel – durchaus nicht unähnlich der Hobbesschen Prämisse. Anders aber als bei der Vertragslogik besteht Spinoza auf dem nicht hintergehbaren Akt der Vernunft, der im Gottesbezug sich erst seiner *natürlichen* Gegebenheiten bewußt wird. Der *Staat der Hebräer* ist ihm in dieser Hinsicht der Idealtypus für eine politische Ordnung, die von **Vernunft und Religion** gleichermaßen regiert wird (vgl. Strauss 1996). Die Herrschaft der Regierung beschränkt sich hierbei auf die positiven Gesetze – die Gedanken und der Glaube bleiben frei. Sie sind sogar das notwendige und unverzichtbare Korrelat, dem sich eine jede Regierung zu stellen hat, wenn sie denn ihre Amtsgeschäfte im Interesse der Individuen tatsächlich wahrnehmen will. Denn der »letzte Zweck des Staates« ist es keineswegs »zu herrschen noch die Menschen in Furcht zu halten oder sie fremder Gewalt zu unterwerfen«, folgert Spinoza (Spinoza: Theologisch-Politischer Traktat, XX, S. 301): Vielmehr besteht das Ziel darin, »den einzelnen von der Furcht zu befreien, damit er so sicher als möglich leben und sein natürliches Recht zu sein und zu wirken ohne Schaden für sich und andere vollkommen behaupten kann«.

Ein demokratischer Staat muß sich daher darum bemühen, die Herrschaft der Gesetze so einzurichten, daß nicht der Zwang vorrangig regiert, sondern die **Selbstverpflichtung der Bürger untereinander**. »Wer alles durch Gesetze bestimmen will, wird eher zu Lastern reizen als Laster bessern« (ebd., S. 304). Die Besserung der Triebstrukturen, aus denen die Individuen grundsätzlich nicht entfliehen können, kann daher nur über den permanent zu pflegenden Diskurs der Individuen geschehen. Als *kleine Götter* sind sie sich selbst, aber stets auch dem *großen* Gott verpflichtet. In ihrer Summe sind alle Individuen Untertanen der Natur (Gottes). Affekte und Vernunft resultieren beide zugleich aus dieser Untertanenschaft. Darauf hat sich auch der Staat einzustellen: Wie Spinoza in seiner unvollendeten Abhandlung *Tractatus Politicus* weiter ausführt, ist der Staat so zu gestalten, daß er weitgehend frei von den Affekten seiner Bürger bleibt. Zugleich muß er aber den Bürgern eine größtmögliche Entscheidungsfreiheit in bezug auf deren Affekte gewähren. Das ist zweifellos der grundsätzliche Spagat für jedes demokratische Gemeinwesen.

9.2 Das Gefühl zur Gerechtigkeit (David Hume)

Spinozas Beweisführung setzt durch die Bindung der Bürger an den Vernunftakt unter ihresgleichen jenseits der Vertragslehre neue Maßstäbe, weil er darauf verweist, daß den Individuen um der Bewältigung ihrer eigenen Affekte willen die Vernunft mitsamt der Religion als selbst zu verantwortende Bestimmung aufgegeben ist. Die Religion taucht hier im Gewand einer **Zivilreligion** auf, d.h., sie wird rationalisiert um der Ethik willen (vgl. Walther 1996). Politik ist und bleibt damit ein ethisches Geschäft, allerdings sind die Normen, um die es geht, im Diskurs der Interessen vernünftig zu bestimmen.

Dieser Appell ist von der Philosophie der Aufklärung als ein zentrales Credo übernommen worden (vgl. grundsätzlich Cassirer ^{3}1973). Sowohl Rousseau wie auch andere Autoren des 18. Jahrhunderts haben hierzu wichtige Argumente geliefert, doch zweifellos eine der interessantesten Profilierungen auf diesem Gebiet stellt die Philosophie des Schotten David Hume dar (vgl. Haakonssen 1996, Deleuze 1997).

Hume hat mit seinem *Enquiry concerning the Principles of Morals* (1751) die Debatte um die richtige Beziehung zwischen individueller Moral und der (politischen) Moral der Gesellschaft noch um einen anderen Aspekt bereichert, der bis dato nicht betrachtet worden ist: Neben den Affekten und der Vernunft gehören auch die **Gefühle** unmittelbar zur menschlichen Existenz. Hume plädiert dafür, daß man gerade die Gefühle (*sentiments*) als handlungsleitend für die Maßstäbe der Vernunft ansehen sollte. »Über Wahrheit läßt sich streiten, über Geschmack nicht«, konstatiert er (Hume: Prinzipien der Moral, S. 89): »Was in der Natur der Dinge existiert, ist der Maßstab für unser Urteilen; was jeder Mensch in sich fühlt, ist der Maßstab für das Gefühl.«

Alle moralischen Überlegungen, die ein Individuum anstellt, haben zum Zweck, den Zusammenhang zwischen dem einzelnen und der Gesamtheit darzulegen. Hierfür ist das Gefühl der entscheidende Katalysator, denn *es* zeigt an, wie und ob die individuelle Moral mit der öffentlichen übereinstimmt oder nicht. Bei rein rationalen Konstruktionen, wie Hobbes sie vornimmt (oder vorzunehmen meint), wird von einem bekannten Sachverhalt auf einen neuen Sachverhalt oder ein unbekanntes Ziel hin kalkulatorisch geschlossen. Nicht anders formuliert Machiavelli sein Politikverständnis: Es ist eine klare Zweck-Mittel-Beziehung, die sich durch die Reduktion auf ein Ursache-Wirkungsverhältnis her ergibt oder zu ergeben scheint.

Hume hält Ansichten dieser Art über den Sinn menschlicher Handlungen für verkehrt, denn niemals wird ein Individuum in die Situation kommen, alles zu wissen, was es für die Analyse der Zweck-Mittel-Relation und des Ursache-Wirkungsverhältnisses benötigt. Selbst wenn »jede Einzelheit und jede Beziehung bekannt ist, dann hat der Verstand keinen Wirkungsbereich und auch kein Objekt mehr, an dem er sich betätigen könnte« (ebd., Anhang I, S. 221): Die jeweilige Zustimmung oder Mißbilligung, die dann erfolgt, »kann nicht das Werk der Urteilskraft, sondern nur das des Herzens sein«. Hume bezeichnet dies als »ein aktives Gefühl oder Empfinden« (ebd.).

Gefühle machen somit im wesentlichen moralische Feststellungen aus. Politik ist demnach ein Geschäft, bei dem es um die **Gefühlslagen von Gesellschaften** geht. Als kulturelle Erscheinungsform, in der sich moderne Gesellschaften politisch formieren, sieht der schottische Aufklärer die Nation. Selbst bei einer oberflächlichen Betrachtung ist offensichtlich, »daß der Charakter einer Nation stark von moralischen Ursachen abhängig sein wird«, konstatiert

Hume sein Verständnis von Nationen (Hume: Essays, T.I, S. 155). Damit verwendet er sein Sentiment-Argument auch politisch: Das Volk ist nicht nur Entscheider und Empfänger von Gesetzen, die es sich selbst auferlegt hat, sondern die Auswahl der Gesetze hängt allein schon davon ab, in welcher Form von **kollektiver Gefühlswelt** eine jeweilige Nation sich und ihre Interessen formuliert und gruppiert. Was z.B. *Verbrechen* sind, ist nicht einfach eine Sache der juristischen Auslegung im Sinne einer Objektivierung und Formalisierung des Verstandes, sondern beruht ausschließlich auf dem Gefühl der Mißbilligung, »das wir aufgrund der Beschaffenheit der menschlichen Natur unvermeidlich bei der Wahrnehmung von Barbarei oder Verrat empfinden« (Hume: Prinzipien der Moral, Anhang I, S. 224). Ein Rechtsbrecher ist deshalb ein Verbrecher, weil er den sozialen Code der stillschweigenden Übereinkunft im Gefühlshaushalt einer Gemeinschaft pervertiert hat. Gesetze sind dann lediglich die formale Festlegung dessen, was ohnehin in der stillschweigenden Übereinstimmung zwischen den Individuen gemeinhin anerkannt ist und was nicht anerkannt wird. Dort, wo sich die gemeinschaftlichen Übereinstimmungsmuster unterscheiden, formieren sich die Nationen als politische Gesellschaftsgebilde in ihrer ganzen Differenz.

Indem Hume auf die **Beschaffenheit der menschlichen Natur** verweist, ist der Appell an die Menschenrechte als Naturrecht unmittelbar. Jedoch legt hierbei nicht der Verstand fest, was »die letzten Ziele menschlichen Handelns« sind, sondern dies bleibt den Gefühlshaushalten der Menschen überlassen (ebd.). Da dies individuell verschieden ausfällt, läßt sich eine vollständige Wahrheit in den moralischen Angelegenheiten nicht ermitteln. Die Wahrheitsfrage bleibt für den einzelnen stets ein Gebot des Augenblicks, ohne hierbei je vollständig zu einer rationalen Erklärung gelangen zu können. Dies gilt erst recht für die politische Ordnung insgesamt.

Die Skepsis, die Hume gegenüber allgemeinen Wahrheitsfragen an den Tag legt, bedeutet jedoch keineswegs, daß er Werte als wahrhaft anzustrebende Güter ausschließt. Im Gegenteil: Es gibt Dinge im Leben der Menschen, »deren bloße Nennung schon zur Anerkennung ihres Wertes zwingt« und »denen auch der entschiedenste Skeptizismus keinen Augenblick den Tribut des Lobes und des Beifalls verweigern kann« (ebd., S. 168). Dazu gehören Dinge wie »Mäßigkeit, Geduld, Beständigkeit, Ausdauer, Rücksichtnahme, Ordnung, Anstand und Geistesgegenwart« (ebd.). Da der Mensch von der Selbstliebe ausgeht, wird er sich diejenigen Prinzipien *moralisch* zu eigen machen, von denen er erfahren hat oder von denen er annimmt, daß sie ihm zum Vorteil gereichen werden. In diesem **Streben nach Verbesserung** sieht Hume einen übereinstimmenden Code für menschliches Verhalten – und zwar sowohl individuell wie gruppenbezogen. »Alle Menschen ähneln insoweit dem guten Prinzip, als dort, wo nicht Interesse, Rachsucht oder Neid unsere Disposition ins Gegenteil verkehren, wir immer aufgrund unserer natürlichen Menschenliebe geneigt sind, dem Glück der Gesellschaft und folglich der Tugend vor ihrem Gegenteil den Vorzug zu geben« (ebd., S. 150).

Die Aufstellung von Tugenden und deren prinzipieller Beachtung für individuelles Handeln erfolgt durch die Zusammenführung von Vernunft, Affekten und Gefühlen. Dies ist ein (zunächst) individueller Vorgang, den jeder einzelne für sich selbst machen muß und auch verantwortet. »Das persönliche Interesse jedes Menschen ist eine ihm eigentümliche Angelegenheit, und man kann nicht annehmen, daß die daraus resultierenden Abneigungen und Wünsche andere in einem gleichen Maß berühren«, bilanziert Hume (ebd., S. 151/152).

Wie kommt es also dann zu einer Übereinstimmung mit anderen Menschen, gar zur Herausbildung einer Nation? – Es ist die Sprache, die hierzu die Grundlage bildet. Denn der einzelne muß sich notwendigerweise mit seinen Interessen artikulieren, um sich mit seinen Vorstellungen überhaupt durchsetzen zu können. Das funktioniert jedoch nur dann erfolgreich, wenn er halbwegs an dem **gemeinsamen Gebrauch der Sprache** partizipiert, die wiederum »auf der Basis gemeinsamer Ansichten gebildet« worden ist (ebd., S. 152). Aus diesem Grund verwirft Hume auch die Konstruktionen der Vertragslehre: Hobbes und Locke setzen etwas voraus, was sie nicht hinterfragt haben. Bereits in der Sprache muß der einzelne »die Bezeichnungen von Lob und Tadel in Übereinstimmung mit den Gefühlen festsetzen, die in den gemeinsamen Interessen der Gesellschaft wurzeln« (ebd.). Indem permanent die Gefühlslagen der Individuen im Gespräch untereinander ausgetauscht und angereichert werden, kommt es dazu, daß ein **allgemeines Gefühl** dafür entwickelt wird, was das Gemeinsame zwischen den Individuen ist. Hume bezeichnet dieses allgemeine Gefühl im Sinne einer stillschweigenden Übereinstimmung als *common sense.* Dieser wird im Diskurs der Interessen und Gefühlslagen entwickelt, demzufolge »wir einen allgemeinen, unveränderlichen Maßstab formen, nach welchem wir Charaktere und Sitten gutheißen und ablehnen können« (ebd.).

Der Maßstab, an dem der common sense gemessen werden kann, ist die Nützlichkeit für die Allgemeinheit. Diese schwankt jedoch, je nach den Interessen der Mehrheit. Damit schwanken auch die Maßstäbe für Laster und Tugend. Sie sind somit, wie andere Leitlinien auch, Referenzbegriffe für die Gesellschaft, die stets von neuem im *common sense* ermittelt werden müssen. Gesellschaftliches Handeln ist damit alles andere als statisch, doch ist es ebenfalls keineswegs relativ. So unterschiedlich die Interessen und privaten Moralvorstellungen der Individuen auch sein mögen, strategisch verfolgen sie alle ein hohes Gut – nämlich die **Gerechtigkeit für sich selbst**. Ein gesamtgesellschaftliches Handeln ist daher nur möglich, wenn man der individuellen Differenz in ihrer Gesamtmenge gerecht wird. Das zu leisten ist die konkrete Aufgabe der politischen Ordnung. Klassisch platonisch gedacht entsteht sie für den schottischen Aufklärer aus der Evidenz der Gerechtigkeitsfrage. Um zu beweisen, daß der »öffentliche Nutzen der *alleinige* Ursprung von Gerechtigkeit ist« (ebd., S. 101), konstruiert Hume drei Szenarien für die Gerechtigkeitsfrage:

Szenario (1) – was passiert in einer Gesellschaft, die von allem im Überfluß hat und in der es keinen Unterschied macht, ob dies *mein* oder *dein* ist, weil jeder ohnehin genug oder alles hat, was er sich nur wünschen mag? – In einer solch paradiesischen Gesellschaft, quasi einer *Insel der Seligen*, wäre ein Gerechtigkeitsbegriff »völlig nutzlos« (ebd., S.102), weil er in sich obsolet wäre. Es würde an einem materiellen Inhalt fehlen.

Szenario (2) – was passiert in einer Gesellschaft, die vollständig als Mängelsystem zu begreifen wäre, in dem die Armut und die Existenznot für jedermann spürbar wäre? – Hätte in einer solchen Gesellschaft ein Anspruch auf Gerechtigkeit überhaupt Aussicht auf Erfolg? – Wohl kaum, denn ein Überleben in einer solchen Gesellschaft wäre nur möglich, wenn man sich strukturell ungerecht verhielte. Damit wird der Begriff in sein Gegenteil verkehrt. Jede Vorstellung von Gerechtigkeit käme einer Perversion gleich.

So bleibt nur übrig das Szenario (3): eine Gesellschaft, in der es **weniger und mehr** gibt, Mängel und Überfluß gleichermaßen, aber eben nicht für alle gleich. Erst durch die Differenz in der sozialen Teilhabe an den Gütern der Gesellschaft ensteht somit für Hume die Notwendigkeit von *Gerechtigkeit.* Es ist gerade die Verschiedenheit der Individuen, die bei allen ein Gefühl für Gerechtigkeit aufkommen läßt, denn ansonsten könnten sie ihre soziale Teilhabe nicht nach einem *common sense* organisieren. Aus der individuellen Differenz und den unterschiedlichen Vorstellungen über Moral entsteht somit das Bedürfnis für soziale Regeln. Diese wiederum müssen, wenn sie denn verbindlich sein sollen, auch politischen Regeln entsprechen, d.h., sie müssen zu Gesetzen werden.

Die Voraussetzung für die Notwendigkeit der Anerkennung der Spielregeln der Gesellschaft im Sinne eines *common sense* liegt für Hume in der Tatsache des Eigentums begründet. Da jedes Individuum materiell Eigentum erwirbt oder bewirtschaftet, bedingt sich aus dem Anspruch auf Eigentumsrechte auch die Notwendigkeit für die Sozialität der Individuen. Ein quasi Hobbesscher Raubtierzustand wie in Szenario (2) scheidet aus, weil sich dann überhaupt niemand verwirklichen kann. Und die Insel der Seligen aus dem Szenario (1) ist tatsächlich eine naive Utopie, weil die Menschen in ihren Handlungen und Gefühlen verschieden und ohnehin die Ressourcen auf der Erde stets begrenzt sind. Somit gilt für Hume als Maxime, nicht zuletzt in der empirischen Beobachtung über Jahrtausende menschlichen Verhaltens hinweg, »daß alle Eigentumsfragen der Autorität bürgerlicher Gesetze unterliegen, die die Regeln der natürlichen Gerechtigkeit erweitern, einschränken, modifizieren und verändern, je nach dem besonderen *Bedürfnis* eines jeden Gemeinwesens« (ebd., S. 117). Staatliches Handeln ist somit durch die Suche nach Gerechtigkeit bedingt – egal wie man die Regierungsform in ihren differenten Ausgestaltungsmöglichkeiten auch nennen mag. Das Eigentum bleibt stets das »Objekt der Gerechtigkeit« (ebd., S. 122). Und dies ist das stärkste Band, welches die jeweilige Gesellschaft zusammenhält. Denn die »Notwendigkeit von Gerechtigkeit« ist zugleich die »alleinige Grundlage« ihrer Tugend, die von allen gefühlsmäßig angestrebt wird, weil sie ihnen Nutzen (und zwar individuellen) verspricht (ebd., S. 125). Wie in einer frühen Vorwegnahme der Argumentation von Rawls bilanziert daher Hume (ebd., S. 127): »Die menschliche Natur kann in keiner Weise ohne die Vereinigung der Individuen existieren; und diese Vereinigung könnte nie stattfinden, wenn nicht die Gesetze der Fairneß und Gerechtigkeit beachtet würden.«

9.3 Die Verpflichtung zur Vernunft (Immanuel Kant)

Die Beachtung des Gerechtigkeitsgebots ergibt sich aus dem Nutzen einer **Gewinnmaximierung für alle Beteiligten**: Es ist besser, halbwegs gerecht zu sein als ungerecht, weil ansonsten strukturell keine Verbesserung eintritt. Doch die Frage ist, ab wann man diesen Zusammenhang einsieht. Wenn man als einzelner die entsprechenden negativen Erfahrungen gemacht hat, oder muß gar der Staat mit seinen Zwangsmitteln die Individuen als Bürger dahin führen?

Immanuel Kant hat mit seiner berühmten Festlegung zugunsten des Vernunftprinzips die Maßstäbe für die weitere Debatte um diesen Sachverhalt geliefert (vgl. Nusser 1998, Ludwig 2000). In seinem kleinen Aufsatz von 1784 zum Wettbewerb über das Thema **Was ist Aufklärung** liefert er die paradigmatische These, daß Aufklärung »der Ausgang des Menschen aus seiner selbstverschuldeten Unmündigkeit« sei (Kant: Was ist Aufklärung, S. 9). *Selbstverschuldet* ist die Unmündigkeit des Menschen, wenn er sich nicht klar macht, in welchem Abhängigkeits- und Leistungsverhältnis das einzelne Individuum zu seinen Mitmenschen steht. Es sind vor allem »Faulheit« und »Feigheit« dafür verantwortlich, »warum ein so großer Teil der Menschen, nachdem sie die Natur längst von fremder Leitung freigesprochen« hat, »dennoch gerne zeitlebens unmündig bleiben« (ebd.). Platon steht Pate für den systematischen Appell an den Gebrauch der Vernunft: Jeder einzelne muß die **Vorurteile**, die ihn umgeben, enttarnen und sich von den Leitlinien befreien, die den »gedankenlosen großen Haufen« der Menschen in Knechtschaft fesseln (ebd., S. 11). Es geht Kant mitnichten hierbei nur um die Entwicklung einer Privatvernunft, sondern von der Vernunft ist individuell »in allen Stücken« ein öffentlicher Gebrauch zu machen (ebd.). D.h., die Wechselbeziehung zwischen dem, was das einzelne Subjekt erkennt und dem, was es für sich und seine Umwelt bedeutet, ist stets gegeben – und für das erkennende Individuum ein Gebot der Notwendigkeit. Davon hat nicht zuletzt auch das Staatsoberhaupt Gebrauch zu machen: Es muß seine Gesetzgebung so einrichten, daß es den Bürgern als *Untertanen* erlaubt ist, »von ihrer eigenen Vernunft *öffentlichen Gebrauch* zu machen und ihre Gedanken über eine bessere Abfassung derselben, sogar mit einer freimütigen Kritik der schon gegebenen [Gesetze], der Welt öffentlich vorzulegen« (ebd., S. 16).

Das Plädoyer für den **öffentlichen Gebrauch der Vernunft** erfolgt mit einer Entschiedenheit, die keinen Zweifel daran läßt, daß der einzelne nicht nur privatistisch seinen Interessen nachgehen darf, sondern ihm zugleich auch eine enorme Verantwortung für den Bereich des Allgemeinen – der Öffentlichkeit – zukommt. In verschiedenen Schriften hat Kant diesen Grundsatz seiner politischen Philosophie immer wieder erneuert und durch verschiedene Facetten bereichert. Das gilt vor allem für sein Praxisverständnis: Jede Praxis ist nur so gut, wie sie auch von einer Theorie formuliert und begründet werden kann. Umgekehrt bedeutet dies für die Theorie: Wenn sie *richtig* im Rahmen der Logik sein will, muß sie **praktisch** relevant sein. Das Leibnizsche Motiv einer *theoria cum praxi* schwingt hier wiederum mit.

Für die Praxis sieht Kant drei personale Gegebenheiten, in denen das Individuum als Vernunftwesen stets auch in einem sozialen Verpflichtungszusammenhang in Erscheinung tritt:

a) als Geschäftsmann, wobei die **Moral** entscheidend ist,
b) als Staatsmann, wodurch die Moral zur **Politik** wird,
c) als Weltmann, der stets Mitglied der Gattung (**Menschheit**) ist.

Nicht notwendigerweise ist der einzelne in allen drei Erscheinungsweisen gleichermaßen präsent, doch zweifellos ist das Individuum stets auch der Gattung selbst verpflichtet. Deshalb ist für Kant die dritte personale Erscheinungsweise das höchste Ziel: Denn weder existiert »die Moralität des Menschen für sich, noch die Glückseligkeit für sich allein, sondern das höchste in der Welt mögliche Gut, welches in der Vereinigung und Zusammenstimmung beider besteht«, ist »der einzige Zweck des Schöpfers« (Kant: Über den Gemeinspruch, Bd. VI, S. 132). Dieser teleologische Blick auf die wechselseitige Verpflichtung der Individuen manifestiert sich auch bei der kausalen Betrachtung: Wo kein Zweck ist, ist auch kein Wille (ebd.). Folgerichtig ist das Streben, als Teil des Endzwecks (des Schöpfers) zu agieren, nicht nur eigennützig für das jeweilige Individuum. Es ist quasi sein **gattungsspezifischer Auftrag**, so zu agieren. Die Maßstäbe der Vernunft sind demzufolge bei Kant so etwas wie die Neuauflage des *zoon politikon* des Aristoteles. Alle natürlichen Neigungen können der Freiheit des einzelnen nicht die Gesetze geben, die man zur Freiheit im Sinne eines Ausstiegs aus der Unmündigkeit benötigt. Dies ist erst möglich durch den Akt einer rationalen Setzung von Tugenden. Das Individuum weiß hinsichtlich ›seines‹ bürgerlichen Zustands, daß hierauf seine soziale wie politische Existenz basiert. Grundsätzlich sollte es sich dieses Bewußtseins zulegen können. Es ist dies wiederum ein dreifacher **Selbstverpflichtungspakt**, den das Individuum intern mit sich selbst eingeht: a) als Privatmann in Anerkennung der Moral, b) als politisches Wesen in Anerkennung der Notwendigkeit von Politik und schließlich c) als Gattungswesen überhaupt durch die Erkenntnis der Menschenrechte.

Diese drei Selbstverpflichtungsgrade korrelieren ständig miteinander. Folglich ist es Aufgabe der Vernunft, stets die richtige Entscheidung zum richtigen Zeitpunkt im Kontext dieser Verpflichtungen zu machen. Alle Rechtsansprüche, die von einem öffentlichen Recht im Staate ausgehen, sind für Kant niemals etwas anderes als bloß »äußeres Gesetz« (ebd., S. 144): positiv artikulierte Spielregeln und Formeln, die von den Bürgern um der Ordnung willen gesetzt (und gewollt) wurden – und deshalb von allen einzuhalten sind.

Das strikte Gebot zur Einhaltung ergibt sich jedoch erst aus dem inneren Selbstverpflichtungsgrund – und den kann nur die Vernunft für das Individuum begründen. Die **Freiheit des Bürgers** als Mensch bedingt unter der notwendigen Gewalt der Gesetze zugleich die **Gleichheit als Untertan**. Da der Bürger in seiner Tätigkeit selbständig bleibt, ist in der Philosophie von Kant die Rolle des **Bürgers als Mitgesetzgeber** der Möglichkeit nach gegeben. Allerdings resultiert auch bei diesem Aufklärungsdenker die politische Partizipationsfähigkeit aus androzentrischen Maßstäben, die vor allem vom römischen Privatrechtsdenken her massiv beeinflußt sind. So ist der *citoyen* (als Bürger) nach dem Ideal Kants stets ein Mann und »kein Kind« und »kein Weib«, zweitens sein eigener Herr und schließlich sollte er drittens über Eigentum verfügen (ebd., S. 151): »Der Hausbediente, der Ladendiener, der Taglöhner, selbst der Friseur sind bloß Operarii, nicht Artifices [...], und nicht Staatsglieder, mithin auch nicht Bürger zu sein qualifiziert«.

Die politische Mehrheit basiert hier auf einem originären, mitunter auch bloß fiktiv unterstellten Kontrakt zwischen den besitzenden, eigenverantwortlichen Hausherren. Kant geht dabei davon aus, daß der Gesetzgeber stets so handeln werde, wie es der fiktiven Kontraktmehrheit in seinem Herrschaftsraum entsprechen würde. Dies mag zwar nur eine »*bloße Idee* der Vernunft« sein, räumt der Philosoph aus Königsberg ein, doch diese Idee hat für ihn »ihre unbezweifelte (praktische) Realität: nämlich jeden Gesetzgeber zu verbinden, daß er seine Gesetze so gebe, als sie aus dem vereinigten Willen eines ganzen Volks entspringen *können*« (ebd., S. 153). Wenn der Gesetzgeber jeden Bürger so betrachtet, »als ob er zu einem solchen Willen mit zusammen gestimmet habe« (ebd.), dann kann die Anwendung der Gesetze nur legitim sein und es werden vor allem die Interessen der Bürger angemessen berücksichtigt.

Kant hat dieses Plädoyer für ein republikanisches Politikverständnis in seiner großen Schrift zur *Metaphysik der Sitten* (1797) systematisch strukturiert und um die Kernforderung des kategorischen Imperativs hin gruppiert. Der **kategorische Imperativ** sieht vor, daß die Selbstverpflichtung zum eigenen Tun zugleich mit der Verpflichtung für das Gesamt (der Menschheit) bedacht und umgesetzt wird (Kant: Metaphysik der Sitten, Bd. VIII, S. 519): *»handle so, daß die Maxime deiner Handlung ein allgemeines Gesetz werden könne«.*

Zentral für seine (politische) Moralphilosophie ist daher das Credo, daß es nicht nur Sitten gibt, über die der Diskurs der Tugenden für den Menschen (an sich) entscheidend ist, sondern zugleich auch aus diesen Tugenden **Pflichten** für das soziale Miteinander resultieren, die in den rechtlichen Regelungssystemen der jeweiligen politischen Ordnung abgehandelt werden. Das Individuum steht als handelndes Subjekt in diesem zweifachen Verpflichtungszusammenhang: Einerseits hat es durchaus seine individuellen Tugendmaximen, andererseits gelangen diese im öffentlichen Gebrauch nur dann zu einer erfolgreichen Anwendung, wenn sie nicht mit den Tugenden der übrigen Menschen im Konflikt stehen. Darüber zu entscheiden, ist Aufgabe der Vernunft – und zwar hier verstanden als einer **praktischen Vernunft**, die das folgerichtig anwendet, was die theoretische Vernunft für das je eigene Selbst als richtig erkannt hat. Während die **Ethik** in ihren allgemeinen Grundsätzen den weiteren Horizont zur Pflichterfüllung (an der Menschheit) vermittelt, ergibt sich aus den Bestimmungen des Gesetzes der jeweils konkrete Bezug zur Pflicht des einzelnen gegenüber seinen Mitmenschen, den Bürgern im Staate. Die Ethik ist dabei von vornherein (*apriori*) gegeben, da der Mensch stets – ob er sich dies bewußt macht oder nicht – ein **moralisches Wesen** ist.

In seinem perspektivisch äußerst weitreichenden Entwurf *Zum ewigen Frieden* (1795) hat Kant diesen Aspekt auch für den Staat unterstrichen (vgl. Brandt 1995 u. Höffe 1995): So, wie das Individuum *moralische Person* ist, so auch der Staat. Denn das Volk ist jenseits all der funktionalen Komponenten, die etwa Hobbes als zentral ansieht, für Kant in erster Linie auf die **moralische Integrität des Staates** angewiesen. Fehlt diese, dann nützen auch alle Funktionen nichts: Der Staat würde quasi in seinem Wesenskern – nämlich in der Verpflichtung zum guten Recht gegenüber seinen Bürgern – versagen. Deshalb stellt sich für Kant die Frage nach der Rechtsqualität des Staates mit ganzer Dringlichkeit. Sofern der Staat *gut* ist, d.h. gute Gesetze macht im Rahmen der Vernunft, wird er auch gute Bürger produzieren – unabhängig davon, ob diese individuell womöglich eine schlechte Moral haben. Die Vernunft des Staates fördert systemisch auch dann den **Gemeinspruch**, also das allgemeine Wohl, wenn die Affektstruktur der Individuen und ihre Uneinsichtigkeit in der Summe dem entgegen stehen würde. Diese Konstellation gilt theoretisch »selbst für ein Volk von Teufeln« (Kant: Zum ewigen Frieden, Bd.VI, S. 224).

Indem Kant auf die richtige Ordnung der staatlichen Strukturen abhebt, folgt er der Argumentation von Spinoza und dem platonischen Programm. Allerdings verwirft er das Prinzip der Philosophenherrschaft (ebd., S. 228): »Daß Könige philosophieren, oder Philosophen Könige würden, ist nicht zu erwarten, aber auch nicht zu wünschen; weil der Besitz der Gewalt das freie Urteil der Vernunft unvermeidlich verdirbt.« Der Philosoph kann, wenn überhaupt, nur Berater sein. Einen solchen sollte sich allerdings jeder König und Staatsmann zulegen. Denn die Frage nach der richtigen Relation von Philosophie und politischer Macht ist wie die Frage nach dem Stellenwert von **Moral** und **Politik**. Beides ist durch die Praxis der politischen Machtgestaltung getrennt und gehört (der Vernunft nach) doch zusammen. Kant bilanziert hierzu beinahe unerbittlich in seinem Appell an die Notwendigkeit der Vernunft (ebd., S. 228/229): »Die Moral ist schon an sich selbst eine Praxis in objektiver Bedeutung, als Inbegriff von unbedingt gebietenden Gesetzen, nach denen wir handeln *sollen*, und es ist offenbare Ungereimtheit, nachdem man diesen Pflichtbegriff seine Autorität zugestanden hat, noch sagen zu wollen, daß man es doch nicht könne.«

10. Legitimation: Die Volkssouveränität

> »Die Souveränität liegt von Rechts wegen nur in der Nation und nicht in einem einzelnen. Die Nation hat zu allen Zeiten ein inhärentes unverletzliches Recht, jede von ihr als unbrauchbar befundene Regierungsform abzuschaffen und eine solche einzuführen, die mit ihrem Vorteil, ihrer Neigung und ihrem Glück übereinstimmt.«
>
> (Thomas Paine: Die Rechte des Menschen, S. 243)

Das Prinzip der Selbstverantwortung für das soziale Gesamt, wie es Kant nachhaltig vermittelt hat, basiert auf der **Anerkennung der Gemeinsamkeiten** als Mensch unter seinesgleichen. Die Frage, die jedoch hierbei stets beantwortet werden muß, lautet: Wer gehört alles zu *seinesgleichen*? – Wo zieht man die Grenze, und wo beginnt man mit der Festlegung? Gemeinhin wird die Gruppe, die man politisch als zugehörig zu einer bestimmten Herrschaftsordnung auffaßt, als das ›Volk‹ bezeichnet. Wer oder was aber ist das **Volk**?

Ein Großteil der Politischen Philosophie hat seit den antiken Debatten um den Sinn von gerechter Ordnung das Volk stets nur als Objekt von Herrschaft begriffen. Wenn auch die Herrschaft im eigentlichen Sinne (mit Ausnahme der Tyrannis) immer für das Volk sein sollte, quasi zum Nutzen des Gemeinwohls agieren müßte, so bleibt doch bei dieser Auffassung die Legitimation der Herrschaft insofern transzendental, weil damit an ein systemisches Bedürfnis appelliert wird. Die gute Ordnung muß notwendigerweise das Gesamt, damit auch die Bedürfnisse des Volkes, beinhalten und umfassen. Doch ist der funktionale Nutzen keinesfalls ein Selbstzweck, sondern er verweist auf die höhere normative Integrität der natürlichen Ordnung oder Gottes Ordnung schlechthin. Dieses, spätestens seit dem Lehrgebäude des Aquinaten, sehr ausdifferenzierte Systemverständnis legt die Rolle des Volkes stets in einem Antwortverhältnis zur Gottesfrage aus. Nur wer Gottes Ordnung versteht, wird auch die Bedürfnisse des Volkes, überhaupt die **Konstitution** des

Volk-Seins begreifen können. Selbst die Souveränitätslehre des Jean Bodin hält an diesem Prinzip fest und steigert es sogar zur entscheidenden Verdichtung der politischen Macht. Doch bei Hobbes wird dieses Modell vom Kopf auf die Füße gestellt. Nicht mehr die Metaphysik der göttlichen Immanenz entscheidet über die Konstitution des Volkes, sondern das Volk selbst gruppiert sich als *Volk* über das vertragliche Arrangement der individuellen Interessen (vgl. Hampsher-Monk 1992 u. Waschkuhn 1998).

Damit wird eine Positivierung des Naturrechts beschritten, die das klassische Schema einer metaphysischen Politikauffassung konterkariert. Volk kann nur dann entstehen, wenn die individuellen Trieb-Präferenzen in einem möglichst vernünftigen Diskursverfahren zu einer sozialen Übereinstimmung gebracht werden. Ob dies mehr auf der Annahme von Gefühlen basiert, wie es David Hume darlegt, oder tatsächlich eine formelle Verpflichtung im Sinne der Kontraktlehre, ist dabei zunächst nebensächlich. Entscheidend ist vielmehr, daß das Volk nunmehr zum **Subjekt seiner Selbst** wird. Politik und die Legitimation politischer Ordnung müssen aus der Selbstreferenz des Volkes heraus entstehen. Nirgends zeigt sich dieser Sinnzusammenhang so eindringlich wie bei der Vertragstheorie, die Jean-Jacques Rousseau entwirft.

10.1 Der Allgemeine Wille (Jean-Jacques Rousseau)

Rousseau greift in seiner Lehre vom Gesellschaftsvertrag, dem *Contrat Social* (1762), die Argumentation der Vertragstheorie, wie sie Hobbes und Locke in unterschiedlicher Weise entwickelt haben, auf und formuliert hierzu noch eine dritte Variante. Erkenntnisleitend ist für ihn das **Prinzip der Souveränität**. Doch dieses Mal geht es nicht um die Souveränität der politischen Herrschaft, sondern um die des Volkes als konstituierendes Organ (vgl. grundsätzlich Reibstein 1972, Bartelson 1995).

Das Grundmuster der Kontraktlehre behält Rousseau bei: Der Naturzustand ist ein Zustand, der die Ungleichheit der Individuen, damit aber auch ihre grundsätzliche Freiheit, beinhaltet. Hier regieren die Instinkte, das unbedingte Wollen des eigenen Selbst. Demgegenüber wird der Mensch in und mit dem Vertragszustand zum Bürger, der durch das Recht eine formale Gleichheit zugestanden bekommt – und damit aber auch die Pflicht hat, die Selbstbindung zugunsten des Gesamten als richtig anzuerkennen. Dazu muß die individuelle Triebstruktur des Wollens mit Hilfe der Vernunft überwunden werden für die **Einsicht in die Notwendigkeit der Vergesellschaftung**. Der Verlust der »natürlichen Freiheit« bedeutet in seiner Lehre auch ein Kompensationsgeschäft zugunsten der »bürgerlichen Freiheit« und damit die Sicherung der Eigentumsrechte (Rousseau: Gesellschaftsvertrag, I.8). Wer sich nach dem Gesellschaftsvertrag noch den Gelüsten seiner Affektstruktur hingibt, liefert sich der Sklaverei aus. »Gehorsam dem Gesetz gegenüber, das man sich selber gegeben hat«, ist hingegen ein Akt der Freiheit (ebd.). Wie auch immer man hierbei das Herrschaftsverhältnis untereinander festlegt, »das Recht eines jeden einzelnen ist immer dem Recht untergeordnet, das die Gemeinschaft auf alles hat«: Andernfalls, so diagnostiziert Rousseau (ebd., I.9), »gäbe es nämlich keine Festigkeit in den sozialen Ordnungen, noch wirkliche Stärke in der Ausübung der Herrschaft (*Souveraineté*)«. Die Souveränität der politischen Ordnung als **Herrschaft** sorgt dafür, daß die von Natur aus physische Ungleichheit der Individuen in eine »moralische und gesetzmäßige Gleichheit« umgewandelt wird (ebd.).

Wenn es die Bürger sind, die als Volk (*peuple*) die Herrschaft ausmachen, dann obliegt es auch den Bürgern, souverän zu sein. Sie sind dies aber nicht als Einzelperson, sondern nur in der Summe all ihrer individuellen Existenzen. Das Kriterium, in dem sich diese Gesamtexistenz des Volkes äußert und manifestiert, ist der **Gemeinwille**, die *volonté générale*. Der Gemeinwille ist es, weshalb überhaupt der Staat als Herrschaft des Volkes in Erscheinung treten kann (vgl. Riley 2000). Sein Zweck ist die Förderung des Gemeinwohls. Solange Einzelinteressen im Sinne von individuellen Wünschen einer *volonté particulière* existieren, kann es keinen Staat geben, streng genommen gar keine Gesellschaft. Denn **Gesellschaft** ist überhaupt erst dann möglich, wenn die konkurrierenden Einzelinteressen in irgendeiner Weise zusammengeführt werden können. Solange es »keinen Punkt« gibt, »in dem alle Interessen übereinstimmten, so könnte keine Gesellschaft existieren« (Rousseau: Gesellschaftsvertrag, II.1).

Deshalb besteht für Rousseau die Substanz der Souveränität in dem »Vollzug des Gemeinwillens« (ebd.). Damit sie authentisch als Gemeinwille ist, kann die volonté générale weder vertreten noch geteilt werden. Denn entweder ist dieser Wille als **Wille des Volkes** »er selbst, oder er ist es nicht« (ebd., Anm.3). Jeder Versuch, hier zu einer Ausdifferenzierung zu gelangen, würde die Unmittelbarkeit des Gemeinwillens untergraben und damit der Legitimation der politischen Ordnung als einer Herrschaft des Volkes einen fatalen Dienst erweisen: Wenn die Souveränität geteilt wäre, würde das Volk seine innere Einheit verlieren und Einzelwillen im Sinne von Privatinteressen würden die staatlichen Institutionen okkupieren und ihrer gesamtgesellschaftlichen Integrität berauben. Die Entstehung von **Sondergesellschaften** mit ihren Partikularinteressen wären dann die üble Folge. Staat wie Gesellschaft wären dann fragmentiert, und das Volk wäre nur ein hohler Begriff ohne materielle Inhalte.

Wenn das Volk hingegen Substanz haben soll, was die Vertragsformel zwingend nahelegt, dann muß man sich auf die *volonté générale* beziehen. Das gilt verpflichtend für jeden einzelnen: Der Gemeinwille ist ein Gemein-Wille, weil jeder ihn auf sich selbst bezieht. Dies anzuerkennen ist ein Akt der bürgerlichen Vernunft. Da man den Vertrag selbst mit unterschrieben hat, hat der Gemeinwille »immer recht« (ebd., II.3). ›Er‹ mag sich inhaltlich irren können, formal gesehen ist der Beschluß des Volkes stets richtig. Da jeder den Gemeinwillen »auf sich selbst bezieht und an sich selber denkt, wenn er für alle stimmt«, kommt dem Kriterium der *volonté générale* eine Zuschreibung zu, die total wirkt (ebd., II.4): Zwischen dem politischen System des Volkes und *seiner* Herrschaft und der Existenz des Bürgers als Individuum gibt es ordnungspolitisch keine Differenz. Der Gemeinwille ist der größtmögliche Selbstbezug, der überhaupt nur denkbar ist. Das Individuum wird hierdurch zum großgeschalteten Gesamtsystem. »Wenn das ganze Volk über das ganze Volk beschließt«, so konstatiert Rousseau (ebd., II.6), so »sieht es nur sich selbst«. Jede Abweichung vom Gemeinwillen ist als Partikularwille nicht herrschaftsrelevant. Auch wenn es faktisch nie zu einer **totalen Übereinstimmung** bei der *volonté générale* kommen kann, weil numerisch stets variante Interessen übrig bleiben, so müssen sich alle – auch die Minderheitenpositionen – dem Gemeinwillen unterwerfen. Denn wer einmal dem Gesellschaftsvertrag als Urvertrag zugestimmt hat, der muß auch »mit den Mitteln einverstanden sein« (ebd., II.5). Insofern schuldet der Bürger »dem Staat alle Dienste, die er zu leisten vermag, sobald sie der Souverän verlangt« (ebd., II.4). Staatlichkeit ist in dieser Argumentation nur die Durchsetzung des Gemeinwillens. Mithin kommen den staatlichen Institutionen lediglich apparative Funktionen zu: Sie haben das zu verwalten und zu exekutieren, was das Volk in der jeweiligen *volonté générale* anzeigt.

Die systematische Abstellung auf das, was das Volk will, führt bei Rousseau dazu, daß staatliches Handeln im Namen des Volkes eine erhebliche und weitreichende sozialdisziplinierende Gestaltungskraft zugesprochen bekommt. Der Mensch als Bürger wird hier grundsätzlich *poliziiert*, d.h. in einem umfassenden Sinne auf die zivile

Selbstverpflichtung hin diszipliniert und in einem permanenten Sozialtraining konditioniert. Rousseau ist sich dieser zivilisatorischen Komponente seiner Vertragslehre weitaus bewußter als Hobbes oder Locke: »Wer es wagt, einem Volk eine Verfassung zu geben, muß auch wagen, sozusagen die menschliche Natur umzuwandeln«, konstatiert der französische Philosoph radikal (ebd., II.7). Platons Projekt steht Pate, wenn der einzelne als »Teil eines größeren Ganzen« umgeformt werden soll, von dem das Einzelwesen gewissermaßen Sein und Leben erhält (ebd.).

Der soziale und kulturelle Rahmen, in dem diese Umgestaltung zu vollziehen ist, wird durch die jeweilige Nation gekennzeichnet. Das Volk ist für Rousseau zur Mitte der Aufklärungsepoche hin bereits nur noch denkbar in nationalen Kriterien. Wenn also die Souveränität des Volkes gesichert werden soll, dann muß zuvor sein je authentischer nationaler Kern bestimmt sein (vgl. Estel 1994). Dieser ist nicht beliebig erweiterbar oder gar austauschbar. Russen unterscheiden sich hierin von Deutschen wie die Perser von den Griechen oder die Athener von den Römern. Der Religion kommt neben der Politik der wesentliche Part bei der Gestaltung des nationalen Selbst zu. Im eigentlichen Sinne schafft die Religion erst die Voraussetzungen, unter denen dann die Politik der *volonté générale* erfolgreich wirken kann. Denn der »Gesellschaftsgeist, der das Werk der Verfassung sein soll, müßte schon vor der Verfassung vorhanden sein« (Rousseau: Gesellschaftsvertrag, II.7): »Die Menschen müßten schon vor den Gesetzen das sein, was sie durch sie erst werden sollen«. Folglich ist es für Rousseau (erst) das Vorhandensein einer nationalen Substanz, vermittelt durch Sprache und Kultur, die die Mechanismen für den Gesellschaftsvertrag ermöglicht und damit die politische Herrschaft des Volkes herstellt. Nicht zuletzt ist hierfür auch noch der Raum entscheidend: Explizit folgt Rousseau hierbei den Argumenten von Montesquieu, indem er auf die Mechanismen und die Bedeutung einer territorialen Ausweitung sowie ihrer Begrenzung hinweist. »Wie die Natur dem Wuchs eines normalen Menschen Grenzen gesetzt hat, über die hinaus sie nur Riesen oder Zwerge hervorbringt, so steht es auch mit dem Optimum der Grenzen und Ausdehnung eines Staates, damit er nicht zu groß wird, um noch gut regiert, und nicht zu klein, um sich selbst erhalten zu können« (ebd., II.9).

Das Prinzip der politischen Mäßigung tritt somit für den Staat bei seiner **räumlichen Beschaffenheit** in Erscheinung: Stets existiert ein »*Maximum* an Kraft einer gegebenen Volksmenge« (ebd., II.10). Verläßt eine Nation ihr eigens Maximum, indem z.B. eine hemmungslose Eroberungspolitik betrieben wird, dann muß zwangsläufig der Staat wie die Nation gleichermaßen darunter leiden. »Machträuber« (*usurpateurs amenent*) führen stets in den Abgrund (ebd.). Gerade deshalb ist es so wichtig, daß sich das Volk seinen Urvertrag permanent vor Augen hält. Nur wer den Grund kennt, weshalb man überhaupt **ein Volk** wurde, wird sich auch darum bemühen, ein Volk zu bleiben. In Anlehnung an das Ideal der Römischen Republik votiert Rousseau deshalb für die Praxis von Referenden, in denen sich das Volk Rechenschaft darüber gibt, ob und wie die Bedingungen des Gesellschaftsvertrags eingehalten werden können. Im Prinzip kann dabei auch der Urvertrag selbst verändert oder durch einen neuen ersetzt werden. Denn schließlich ist es das natürliche Recht des Volkes, das zu tun, was ihm im Rahmen seiner *volonté générale* beliebt. So gibt es selbst »im Staat kein Grundgesetz [...], das nicht widerrufen werden kann, nicht einmal den Gesellschaftspakt« (ebd., III.18).

Da die Referenden einer festen Regel folgen und verbindlich sind, benötigt ein solches basisdemokratisches System ein Minimum an Gesetzen. Das Ideal sämtlicher Utopien seit Platon und Morus taucht hier wieder auf: Die Bürger mögen so vernünftig und einsichtig sein, daß sie im wesentlichen ohne Gesetze auskommen. Das verlangt andererseits jedoch eine Selbstkonditionierung, die rigoros ist. Der einzelne muß sich so weit polizieren, d.h. vergesellschaften, daß er potentiell immer mit der *volonté générale* in Übereinstimmung ist. Denn wenn man überstimmt wird, so beweist dies für den Aufklärer aus Genf nur, »daß ich mich geirrt habe, und das es nicht der Gemeinwille war, was ich dafür gehalten habe« (ebd., IV.2). Die **volonté générale als Akt der Freiheit** basiert auf der jeweiligen Mehrheit der abgegebenen Stimmen in einem Referendum. Wer dagegen ist, handelt potentiell unfrei, er wird aber durch das Votum der Mehrheit konkret auch frei, weil dies notwendigerweise auch ›sein‹ Gemeinwille ist, der sich da artikuliert. Rousseau räumt ein, daß der logische Widerspruch hierzu am besten aufgelöst werden könne, wenn das Referendum möglichst einstimmig zustande kommt. Deshalb empfiehlt er für die politische Praxis zwei Grundsätze (ebd.):

»1. Je wichtiger und bedeutsamer die Beschlüsse sind, um so mehr muß sich die allgemeine Meinung der Einstimmigkeit nähern;
2. je rascher die Angelegenheit erledigt werden muß, um so mehr muß man das vorgeschriebene Meinungsverhältnis einschränken. Bei Sofortbeschlüssen muß die Mehrheit einer einzigen Stimme schon genügen.«

Die von der Tendenz her auf eine möglichst umfassende Harmonie der Interessen angelegte **Basisdemokratie des** Jean-Jacques Rousseau hat zweifellos eine totalisierende Wirkung. Mit dem Kriterium der *volonté générale* wird ein höchst problematisches Konstruktionsprinzip politischer Ordnung formuliert. Darf die Mehrheit alles machen? – Und was passiert mit der Minderheit? – Nach Rousseau ist dies eine Frage der nationalen Diskurskultur, die insofern vernünftig gelöst werden kann, wenn sich die Menschen über den grundsätzlichen Sinn ihres Gesellschaftsvertrages einig sind. Es ist nicht zuletzt die Aufgabe des Staates selbst, seinen Bürgern die richtigen republikanischen Tugenden für das Zusammenleben beizubringen und auch permanent zu vermitteln. Wiederum klassisch platonisch gedacht ist somit die Rousseauistische Idealrepublik ein **Erziehungsstaat**, der die Aufgabe hat, den Menschen »bessere Meinungen« beizubringen, denn »dann reinigen sich ihre Sitten von selbst« (ebd., IV.7).

10.2 Die Tyrannei der Mehrheit (Alexis de Tocqueville)

Rousseaus Version einer idealen Volksrepublik formuliert systematisch die Bedingungen, unter denen moderne Staaten als **Demokratien** antreten. Die Herrschaft (*kratos*) des Volkes (*demos*) ist in der Tat nur möglich, wenn man die Souveränität beim **Volk als verfassungsgebende Gewalt** beläßt (vgl. grundsätzlich Kielmansegg 1977, Sartori 1992). Mit der Gleichsetzung von Volk, Nation und Staat bringt Rousseau zudem die Mechanismen der modernen Politik auf den Punkt: Die politische Ordnung formuliert sich in nationalstaatlichen Gebilden. Die Legitimation dazu kommt einzig und allein aus dem nationalen Volk. Das Problem ist jedoch das **Mehrheitsprinzip**: Indem Rousseau geradezu schonungslos die *volonté générale* an die Frage der Mehrheit bindet, erwächst hieraus eine fatale Option in bezug auf die Minderheiten oder die einzelnen Gegenstimmen. Die Mehrheit nimmt stets alles.

In der Französischen Revolution ist nicht zuletzt unter dem Eindruck der Rousseau-Lektüre von Robespierre vorexerziert worden, wohin der (gut gemeinte) Vernunftanspruch führen kann – nämlich in den systematischen Terror gegenüber Andersdenkenden. Insofern ist es nicht verwunderlich, sondern absolut notwendig, daß der Rousseauistische Anspruch auf die Verwirklichung einer Volkssouveränität kritische Überprüfungen erfährt. Eine der weitergehenden

Modifizierungen und Abänderungen stammt hier ebenfalls von einem französischen Autor, von Alexis de Tocqueville.

Tocqueville hat seine Erfahrungen aus einer Reise nach Amerika zu Beginn der 1830er Jahre im Anschluß systematisch unter dem Titel *De la démocratie en Amérique* (1835/40) zusammengefaßt. Es handelt sich dabei nicht einfach nur um eine historisch interessante Bestandsaufnahme der amerikanischen Verhältnisse in der ersten Hälfte des 19. Jahrhunderts, sondern weit darüber hinaus offeriert Tocqueville wichtige Reflexionen über das **Prinzip der Demokratie** selbst (vgl. auch Ballestrem 1988 sowie Göhler/Klein 1991).

Die demokratische Ordnung hat für den französischen Aristokraten so etwas wie eine göttliche Qualität. Sie aufhalten zu wollen, »erschiene dann als ein Kampf gegen Gott selbst« (Tocqueville: Demokratie in Amerika, S. 20). In dieser Wertschätzung der Demokratie liegt eine Art Zukunftsgewißheit, die einer Heilsbotschaft gleichkommt: Die Zukunft aller politischen Dinge liegt in der demokratischen Ordnung.

Mit dieser Ordnung verbindet sich für Tocqueville die Abkehr von der klassischen Politik: Klassisch insofern, weil sie traditionell ist und traditionell ist sie, wenn die Politik eben nicht auf der Legitimation durch das Volk beruht. Hierfür bedarf es dann notwendigerweise auch eines neuen Verständnisses, denn eine »durchaus neue Welt bedarf einer neuen politischen Wissenschaft« (ebd., S. 21). Die **politische Wissenschaft** hat zentral die Frage der Macht im Sinne der demokratischen Partizipation zu berücksichtigen. Und dafür wiederum ist zentral die Frage nach der Legitimität politischen Handelns. Denn nicht »der Gebrauch der Macht oder die Gewohnheit zu gehorchen erniedrigt den Menschen, sondern nur der Gebrauch einer Macht, die er für illegitim, und der Gehorsam gegenüber einer Macht, die er für angemaßt und tyrannisch hält« (ebd., S. 23). Das Plädoyer Montesquieus vom *Geist der Gesetze* läßt Tocqueville nur dann gelten, wenn die Gesetze in ihrer Dignität auch entsprechend von den Bürgern honoriert werden. Wenn die Autorität nur deshalb respektiert wird, weil man ihre Gewaltmittel fürchtet, dann ist dies zu wenig.

Angloamerika ist ihm das große Paradigma für die Möglichkeiten (aber auch die Schwierigkeiten), mit denen die Herrschaft des Volkes umgesetzt werden kann. Dieses Land ist von seinem Wesen her eine Demokratie, aber es wird tendenziell beherrscht von oligarchischen Prinzipien. Er »kenne kein Land«, so konstatiert Tocqueville, »in dem die Liebe zum Geld einen so großen Platz im Herzen der Menschen einnimmt« wie dort (ebd., S. 41). Angloamerika ist somit der Pleonexie des Gelderwerbs systematisch verfallen. Der *pursuit of happiness*, wie ihn die Autoren der *Federalist Papers* theoretisch unterstellen, ist für den Beobachter Tocqueville ein paar Jahrzehnte später bereits strukturelle Wirklichkeit. Das ist naturrechtlich betrachtet eine logische Folge aus den Möglichkeiten, die sich für das Mensch-Sein eröffnen. Denn auch für Tocqueville resultiert die »geistige Ungleichheit« unmittelbar aus der Existenz Gottes, »und der Mensch wird nicht verhindern können, daß sie sich immer wieder einstellt« (ebd., S. 43). Allerdings vermag ein demokratisches System, wie es in Angloamerika aufgebaut worden ist, dafür zu sorgen, »daß die geistigen Fähigkeiten, wenn auch ungleich, [...] gleiche Chancen vorfinden« (ebd.).

Die Chancengleichheit ist begründet durch das Prinzip der Volkssouveränität. Wenn anderswo auf Erden seit der Argumentation von Rousseau daraus ein Dogma gemacht wird, so ist für Tocqueville einzig und allein in den Vereinigten Staaten von Amerika die Umsetzung von »Selbstverwaltung« und »Selbstherrschaft« tatsächlich gegeben (ebd., S. 49). Nur hier beherrscht das Volk die **politische Welt** »wie Gott das Universum« (ebd.).

Das Volk regiert sich vor allem deshalb »wirklich selbst«, weil es die politische Verwaltung möglichst gering hält (ebd.). Selbst die Abgeordneten, die das Volk repräsentieren sollen, handeln unter einer »fast unmittelbaren Aufsicht« des Volkes (ebd., S. 48). In diesem Punkt zeigt sich der erste strukturelle Unterschied zum rousseauistischen Ansatz: Die amerikanische Demokratie ist keineswegs basisdemokratisch, sondern **repräsentativ** organisiert. Das bedeutet für das Konzept der *volonté générale* eine wichtige Änderung. Staat und Volk bilden hier keine identitäre Einheit mehr. Das, was allgemeines Interesse ist, muß anders definiert werden als über das Kriterium der homogenen Staatsnation. Bereits Hamilton und Co. haben sich sehr darum bemüht, den Gedanken einer Nation nicht zu sehr von dem einer kulturellen Identität aus zu formulieren. Die Verschiedenheit der einzelnen Bundesstaaten untereinander spricht gegen ein solches Vorgehen. Auch für Tocqueville sind es streng genommen bereits lauter »kleine unabhängige Nationen, deren Gesamtheit den großen Körper der Union bildet« (ebd., S. 50).

Was aber kennzeichnet dann die Gemeinsamkeit und letztendlich doch den Anspruch auf *eine* Nation? – Die Autoren der *Federalist Papers* haben hier rein funktional argumentiert, indem sie auf die Gemeinsamkeiten in der Freund-Feind-Beziehung hinweisen: Indianer und die alten Mächte in Europa sind die potentiellen Feinde für die Neue Welt. Bei Tocqueville fällt die Antwort differenzierter und demokratischer aus: Für ihn ist es die Gemeindeverfassung, die überall in den Bundesstaaten einen starken Part aufweist. Dies nicht zuletzt aufgrund der religiösen Ursprungsbedeutung (ebd., S. 51): »Königreiche und Republiken schafft der Mensch; die Gemeinde scheint unmittelbar aus Gottes Hand hervorzugehen.«

Mit diesem religiösen Bezug formuliert sich für den französischen Aristokraten der elementare Sinn von Freiheit: Nämlich das zu tun, was man jeweils vor Ort für richtig hält. Politisches Handeln ist damit von vornherein kein Akt einer individuellen Existenz, sondern wird stets von dem Sozialverhalten der anderen mitbestimmt. Deshalb ist die **Partizipationsfähigkeit an der Politik** der elementare Ausdruck der natürlichen Gegebenheiten menschlicher Existenz. Allerdings wird nur dort, wo die Volkssouveränität herrscht, dem auch tatsächlich Rechnung getragen: Nur hier »ist jeder Einzelne ein gleiches Glied der Herrschaft, und er nimmt in gleicher Weise an der Staatsregierung teil« (ebd., S. 56).

Den Vorteil der amerikanischen Verfassung zugunsten der Partizipation sieht Tocqueville im Konzept der *checks and balances*. Dies betrifft vor allem die föderale Struktur: Der Staat wird in seiner Verwaltung weitestgehend dezentralisiert, während gleichzeitig die oberste Administration bei der nationalen Regierung zentralisiert wird (vgl. Beer 1994). Dadurch hat man in Angloamerika genau jene fatale Konfliktsituation vermieden, die nach Tocquevilles Ansicht das Verhängnis der Französischen Revolution gewesen sei: Nämlich den Widerpart zwischen »Freiheit« auf der einen und »Despotismus« auf der anderen Seite (Tocqueville, S. 77). An diesem »Doppelwesen« ist letztendlich die Revolution in Frankreich gescheitert (ebd.). Allerdings ist auch das Mischgebilde der amerikanischen Verfassung keineswegs vor einer Pervertierung seiner Grundlagen gefeit. Dies betrifft vor allem die Frage nach der Rolle der Mehrheit und der Legitimation der politischen Repräsentation. Da alle Dienste für öffentliche Ämter besoldet werden, bewerben sich nicht unbedingt die Besten um diese Ämter. Im Gegenteil – Tocqueville konstatiert, daß große »Talente und große Leidenschaften [...] sich in der Regel von der Macht fern« halten, »um zu Reichtum zu kommen; und oft belädt man sich nur mit der Leitung der Staatsgeschäfte, wenn man sich unfähig fühlt, die eigenen zu bewältigen« (ebd., S. 123).

Dieses gewisse Maß an Inkompetenz führt dazu, daß die demokratische Ordnung die Affektstrukturen ihrer Bürger kaum kompensieren kann. Im Gegenteil: Hier werden die **Leidenschaften in Gesetzen** sogar festgehalten, weil dies der jeweiligen Mehrheit nützt.

An diesem Punkt zeigt sich die Problematik der Demokratie in ihrem ganzen Ausmaß (ebd., S. 130): »Das Volk, umgeben von Schmeichlern, überwindet sich selbst nicht leicht.« Die Neigung der Demokratie, »in der Politik mehr Gefühlen als Überlegungen zu gehorchen« (ebd., S. 137), wirkt sich strukturell zu Lasten der jeweiligen Minderheiten aus. Da es zum Wesen der Demokratie gehört, daß das Volk souverän ist, und diese Souveränität per Mehrheitsentscheid festgestellt wird, »kann sich außerhalb der Mehrheit nichts behaupten« (ebd., S. 139). Das Denken in Mehrheiten führt zu einem permanenten Streben nach der jeweils größeren Zahl. Die jeweiligen Minderheiten machen bei diesem Spiel nur so lange mit, wie sie aufgrund ihrer formalen Rechtsgleichheit tatsächlich auch anerkannt werden. Wenn ihre Partizipationschancen strukturell in Frage gestellt werden sollten, würde dies das Ende des demokratischen Konsenses bedeuten. Da dieses Eingeständnis einer systemischen Instabilität alle Interessen betrifft, verhalten sich alle Beteiligten so, daß die »Rechte der Mehrheit« anerkannt werden, da selbst die jeweilige Minderheit darauf hoffen kann, eines Tages zur Mehrheit zu werden (ebd., S. 142).

Allerdings führt dies auch zu einer gewissen »Unbeständigkeit in der Gesetzgebung« (ebd.), weil das politische Personal und die Parteien sowie die Interessen fluktuieren. Der Grundgedanke der Demokratie, nämlich den **Fortschritt der Gesellschaft** sowohl ökonomisch wie sozial repräsentieren zu können, führt systemisch zu nicht unbeträchtlichen Schwankungen. Da die Mehrheit ihren Leidenschaften auch in der Gesetzgebung nachgeht, diese aber keineswegs stabil bleiben, weil immer neue Präferenzen mehrheitsfähig werden können, sieht Tocqueville hier die Gefahr gegeben, daß das politische System der Demokratie sich selbst auch ein »neues Gefängnis« errichtet, das durchaus »an die Barbarei des Mittelalters« erinnert (ebd., S. 144).

Gemeint ist die »Tyrannei der Mehrheit«, die auch die Minderheiten zu etwas verpflichtet, was sie eigentlich nicht tun oder haben wollen (ebd., S. 145). Tocqueville appelliert statt dessen an **das natürliche Recht auf Gerechtigkeit**. Der Mensch ist als Individuum nicht einfach nur Mitglied eines bestimmten Volkes, sondern zugleich auch Mitglied der Gattung (Menschheit) selbst. Insofern gibt es nicht nur die Souveränität des Volkes, sondern auch die »Souveränität der Menschheit« (ebd.).

Wenn dieser Zusammenhang nicht beachtet wird (und zwar von der Mehrheit nicht), dann kann selbst das so schön austarierte System von *checks and balances* nicht verhindern, daß es zum »Despotismus der Mehrheit« kommt (ebd., S. 148). Die Mehrheit internalisiert *ihre* Auffassung von Gerechtigkeit in den Köpfen der Beteiligten. Ohne einen expliziten Minderheitenschutz oder ein Grundrecht auf Meinungsfreiheit kommt es zu einem ganz »legalen Despotismus des Gesetzgebers« (ebd., S. 149). Selbst die Grundrechte wirken da nicht unbedingt als Kontrolle, sondern können ins Leere gehen. »Erfährt in den Vereinigten Staaten ein Mensch oder eine Partei eine Ungerechtigkeit«, bilanziert Tocqueville schonungslos (ebd., S. 147), »an wen sollen sie sich wenden. An die öffentliche Meinung? Gerade sie bildet die Mehrheit. An die gesetzgebende Gewalt? Sie repräsentiert die Mehrheit und gehorcht ihr blind. An die ausführende Gewalt? Sie wird von der Mehrheit ernannt und ist deren gehorsames Werkzeug«.

10.3 Die Repräsentation der Interessen (John Stuart Mill)

Die Unterwerfung vor der Mehrheit ist die Entäußerung der individuellen Selbstverantwortung. Mit dieser Diagnose nimmt Tocqueville den rousseauistischen Ansatz zurück und führt die Frage des Volkes und seiner Souveränität auf die Ebene der wechselseitigen Kontrolle. Doch wer kontrolliert, wenn das **Volk selbst der Kontrolleur** ist? – Für Tocqueville sind die Juristen als Fachleute vielleicht die einzigen, die in der Lage sind, ein »Gegengewicht gegen die Demokratie« darzustellen (ebd., S. 169). Das führt zwangsläufig zu einer Expertokratie des Politischen, denn nur juristische Experten sind dann noch in der Lage, dem Volk darzulegen, was es eigentlich will. Damit verdichtet sich zugleich (auch für die Demokratie) eine Tendenz, die bereits in der absolutistischen Politikauslegung des Jean Bodin zu finden ist: nämlich die **Juridifizierung des Politischen**. Alles wird nur mehr mittels einer juristischen Perspektive und Auslegung zu einem politischen Vorgang. Vor diesem Hintergrund überrascht es auch nicht, daß sich konstitutionelle Fragen in der politischen Philosophie der Moderne immer mehr in den Vordergrund schieben (vgl. Mayer-Tasch 1991 sowie Dworkin 1994). Wie müssen die Wahlen etwa beschaffen sein? – Welche Zusammensetzung darf ein Parlament haben – und nicht zuletzt: Wie findet man die richtigen Abgeordneten?

Kritiker wie Edmund Burke haben bereits zur Zeit der Französischen Revolution sehr schnell deutlich gemacht, daß der Anspruch auf Volkssouveränität realiter nur über ein Delegationssystem von Repräsentanten erfolgen kann. Was sich Rousseau vielleicht vor dem Hintergrund seiner Heimatstadt Genf als Zusammenkunft auf einem begrenzten gemeinsamen Raum sehr gut vorstellen konnte, ist für den Bedarf von Massengesellschaften in großen Räumen undenkbar. Erst recht, wenn die materiellen Bedürfnisse der Individuen zunehmend verschiedener werden. So trägt die **Industrialisierung** der Gesellschaften des 19. Jahrhunderts dazu bei, daß die Komplexität der arbeitsteiligen Prozesse den Bedarf nach einer angemessenen Repräsentation der heterogenen Interessen erhöht. Neben Tocqueville ist es vor allem der Engländer John Stuart Mill, der dieser Entwicklung Rechnung trägt.

In seinen *Considerations on representative Government* (1861) wird das Plädoyer für die **repräsentative Demokratie** weiter vorangetragen. Ausdrücklich schließt sich Mill der Analyse von Tocqueville an, demzufolge die Tyrannei der Mehrheit die große Crux für die demokratische Ordnung ist. Das Volk sieht (mit Mehrheit) stets nur sich selbst. Andere »Gefühle« oder »Charaktere« werden hier nicht zugelassen (Mill: Betrachtungen über die repräsentative Demokratie, 1, S. 28). Es kann sogar der Fall auftreten, daß ein Volk kognitiv gar nicht mehr in der Lage ist, für sich »selbst die Bedingungen der formalen Aufrechterhaltung« seines Regierungssystems zu erfüllen (ebd., 1, S. 30). Fällt das Volk in eine unzivilisierte Verhaltensform zurück oder ist ihr noch gar nicht entwachsen, dann ergibt sich für eine jede Regierung die Notwendigkeit zur Despotie. Für Mill ist dies eine zivilisatorische Verpflichtung, gleichsam ein Postulat, das aus der **Notwendigkeit zum Fortschritt** heraus erfolgt.

Um zivilisatorisch fortschreiten zu können, bedarf es der Ordnung. Ordnung ist für Mill gleichbedeutend mit »Gehorsam« (ebd., 2, S. 41). Doch der Gehorsam ist kein Selbstzweck: Er dient dazu, die individuellen Grundeigenschaften der Bürger, wie »Fleiß, Rechtschaffenheit, Gerechtigkeit und Klugheit«, zur Steigerung der Wohlfahrt in der Gesellschaft anzutreiben und überhaupt zu gewährleisten, daß diese funktionieren (ebd., 2, S. 42). In dieser Hinsicht wirkt Mills Lehre zur repräsentativen Demokratie wie eine neue Version der aristotelischen *eudaimonia*. Ein jeder mäßige sich zum Glück seiner Selbst und aller anderen (vgl. auch Smith 1998). Damit bezieht er Stellung gegen allzu nützlichkeitsorientierte (*utilitaristische*) Stimmen wie die von Jeremy Bentham, die in dem **Glück der größtmöglichen Zahl** zugleich das Glück aller sehen wollen (vgl. Letwin 1998).

Der Nutzen der größten Zahl (der Mehrheit) ist nicht das Entscheidende, sondern die Einhaltung der Gesetze um der sozialen Gerechtigkeit willen. Darauf insistiert Mill und erinnert somit an die moralische Dimension der demokratischen Ordnung (Mill: Betrachtungen über die repräsentative Demokratie, 2, S. 47): »Wie effektiv vermögen Verfahrensregeln Gerechtigkeit zu gewähren, wenn der moralische Zustand des Volkes derart ist, daß die Zeugen in der Regel lügen, die Richter und Justizangestellten bestechlich sind?« Es reicht nicht aus, hier nur einfach auf *checks and balances* zu setzen und sich vielleicht in der Kantianischen Hoffnung zu gefallen, daß auch ein Volk von Teufeln noch eine gute Regierung haben könnte. »Wo in einem Volk die allgemeine Tendenz besteht, daß der einzelne nur seine egoistischen Interessen verfolgt und seinen Anteil am Gesamtinteresse weder der Beachtung noch der Mühe wert findet – da ist gute Regierung unmöglich« (ebd., 2, S. 47).

Ohne bürgerliche Tugenden ist daher kein *guter* Staat möglich. Dies gilt erst recht für die Demokratie. Insofern muß jede Regierung, die sich dem Votum des Volkes verdankt, die »Sittlichkeit und Einsicht des Volkes« heben (ebd., 2, S. 48). Dies ist quasi der Kern des demokratischen Verpflichtungszusammenhangs zwischen Regierung und Volk. Es ist keine direkte Selbstregierung, wie Rousseau meint, sondern eine reziproke Dimension, die sich aus dem Geben und Nehmen der moralischen Qualifikation aller Beteiligten ergibt. Hierfür sind **Öffentlichkeit, Erkenntnis und Kritik** die strukturellen Prinzipien, die die wechselseitige Diskursfähigkeit der Bürger aufrechterhalten und zum Besseren anleiten. Im »Idealfall«, so urteilt Mill, sind dann »in einem öffentlichen Amt die privaten Interessen des Beamten mit seinen Pflichten identisch« (ebd., 2, S. 50).

Da die privaten Interessen aber unterschiedlich ausfallen, gibt es auch unterschiedliche öffentliche Pflichten. Die **Repräsentation** des Volkes **durch die Delegation** bestimmter Mitglieder aus seinen Reihen folgt somit auch der Arbeitsteilung in der Sphäre des Öffentlichen. Politische Repräsentation ist ein Akt der Professionalisierung von jeweils bestimmten Interessen. Die Demokratie ist in einer modernen Massengesellschaft damit nichts anderes als der Versuch, jenseits von individuellen oder gruppenspezifischen Interessen den Anspruch auf eine Gemeinschaft im Staat aufrechtzuerhalten. Und zwar mit dem Kriterium der Legitimation durch eben die divergenten Interessen. Eine Homogenität, wie es das Rousseauische Modell der *volonté générale* formuliert, läßt sich bei den arbeitsteiligen Prozessen der industrialisierten Welt nicht aufrechterhalten. Die Demokratie tritt auf als **Umverteilungsordnung**. Ihr Maßstab dazu ist die Repräsentation der Interessen.

Die »wahre Demokratie«, wie Mill sie nennt (ebd., 7, S. 121ff.), kann nur funktionieren, wenn die Herrschaft aller zugleich mit den Fähigkeiten zur Gestaltung der Macht durch einige wenige verbunden wird. Die *instructed few* sind die Experten, die Mill im Gegensatz zu Tocqueville jedoch nicht nur bei den Juristen sucht, sondern überall dort, wo Wissen und Sachverstand, quasi die Umsetzung der Kardinaltugenden, zu finden sind. Das **Verhältniswahlrecht**, für das Mill plädiert, begünstigt insofern nicht nur Minderheiten, sondern erfordert den aufgeklärten Bürger als Abgeordneten. Die Souveränität des Volkes im Sinne einer repräsentativen Mandatsveranstaltung wird von ihm dabei so treuherzig als Aufklärungsakt des Volkes über sich selbst verstanden, daß Mill sogar bereit ist, auf geheime Wahlen zu verzichten. Der Anspruch Rousseaus ist eben doch auch für die repräsentative Form der Demokratie normativ leitend: Das Volk recherchiert seine Begehren selbst und geht dementsprechend auch *seine* Verpflichtungen ein (vgl. Abb. 7).

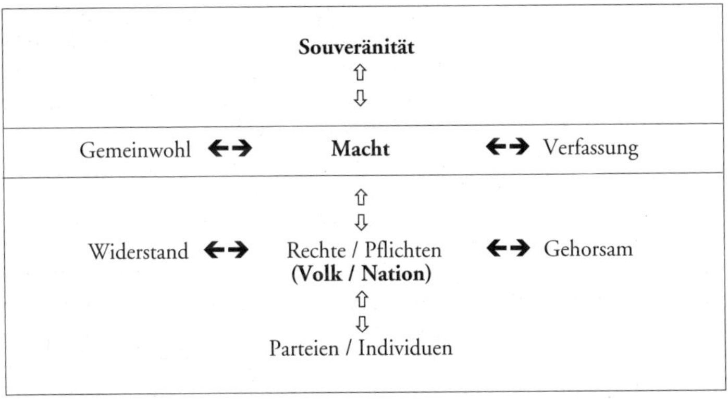

Abb. 7: Volkssouveränität als Klassifikationsschema

11. Herrschaftsgestaltung: Der Anstaltsbetrieb

»Ein *Staat ist* eine Gesellschaft von Familien, welche zur Beförderung ihrer gemeinsamen Glückseeligkeit unter einem Oberhaupte mit einander vereiniget leben.«

(Achenwall: Vorbereitung – Von der Statistik überhaupt, § 2)

Die Partizipationsfähigkeit des Volkes ist eines der großen Themen der Politischen Philosophie seit dem 18. Jahrhundert. Strukturell gelöst wird sie durch die Vorgabe von *one man, one vote*, wie sie die französische und amerikanische Verfassung einbringen. Auch wenn davon noch bis ins 20. Jahrhundert die Frauen ausgeklammert worden sind – und auch die demokratischen Debatten im Kontext sowohl der Vertragslehre als auch der historischen Argumentation der Demokratielehre zunächst noch sehr stark auf das besitzende Bürgertum abgestimmt sind –, erweitert sich der Bezug zur Vorstellung von der Souveränität des Volkes sukzessive für alle Individuen ab einem gewissen Alter.

Ein weiteres großes Thema beherrscht in diesem Kontext die Diskurse zur Politischen Philosophie in gleichem Maße. Denn mit der Idee von der Souveränität des Volkes muß zugleich geklärt werden, was denn das überhaupt für ein Staat sein soll, in dem das Volk mit seinen Interessen agiert? Hierbei zeigt sich, daß die **Idee des Staates** so wenig selbstverständlich ist wie die Idee des Volkes (vgl. grundsätzlich Finer 1997, Morris 1998, Reinhard 1999). Streng genommen haben alle politischen Philosophen seit der Antike vom Staat immer nur als einer guten Ordnung gesprochen. Herrschaft gehört zweifellos zur Ordnung, doch nicht jede politische Ordnung ist als **Herrschaft** eine Sache des Staates. Nomadisierende Stammesverbände zeichnen sich auch durch eine Form der Herrschaft aus, doch es ist nicht die des Staates. Ist z.B. die platonische Polis schon ein Staat? – Meint Thomas von Aquin, wenn er auf die Herrschaft des Fürsten verweist, die Herrschaft in einem Staat? – Was ist das überhaupt – Staat?

Die politischen Denker der Prämoderne haben seit Machiavellis schonungsloser Politikanalyse den Begriff der Macht mehr und mehr an der Dimension des Staates festgemacht. Zu dieser Dimension gehören einige strukturelle Bestandteile, die als Formen von Herrschaft auch in anderen Varianten auftauchen können (z.B. bei der Familie oder einem Unternehmerverband), die aber in ihrer Beziehung untereinander und ihrer Summe eine ausschließliche Qualität für den Staat ergeben.

Die Frage der Gewalten und ihrer apparativen Trennung gehört hier ebenso dazu wie die Konzentration der politischen Macht in ein spezifisches Entscheidungszentrum. Seit der Herausbildung einer kameralistischen Schule in Deutschland, wo Fragen der Verwaltung des Territoriums und seiner jeweiligen Ressourcennutzung im Vordergrund stehen, hat sich insbesondere im 18. Jahrhundert die Quantifizierung und Qualifizierung dessen, was Staat ist oder sein soll, enorm erweitert und verdichtet. Unter dem Kriterium einer sogenannten *Policeywissenschaft* werden hierbei alle Fragen nach einer guten Ordnung materiell wie ideell erfaßt und analytisch optimiert (vgl. Maier [2]1980). Insofern ist es nicht verwunderlich, daß es hinsichtlich des modernen Staatsverständnisses gerade deutsche Autoren sind, die hierzu systematische Abhandlungen formulieren.

11.1 Das geschlossene System (Johann Gottlieb Fichte)

Einer der ersten, der darüber systematisch reflektiert und das Modell für einen Idealstaat aufstellt, ist Johann Gottlieb Fichte. Seine Abhandlung über den *Geschloßnen Handelsstaat* (1800) versteht sich als philosophische Beweisführung jenseits der rein juristischen Perspektive, quasi als eine Art »Probe einer künftig zu liefernden Politik« (Fichte: Handelsstaat, Titelblatt, S. 1). Dem späteren Professor für Philosophie an der Humboldt-Universität geht es somit um die Zukunftsfähigkeit der Politik und dafür steht wiederum das Prinzip der Organisation des Staates im Zentrum des Interesses. Neben den bisher schon gängigen Überlegungen zur naturrechtlichen und positivrechtlichen Seite möchte Fichte auch den ökonomischen Zweck des Staates darlegen. Sein Staat ist damit nicht einfach nur ein Rechtsstaat, Nationalstaat oder Machtsstaat, sondern ein »Handelsstaat« (ebd., S. 6). Es geht ihm somit auch um die Zuordnung der materiellen Zwecke und Mittel; damit zugleich aber auch um die seit Platon stets virulente Frage, wozu denn überhaupt die politische Ordnung (*Staat* genannt) sein soll.

Für Fichte ist dies notwendigerweise im Gefolge der Aufklärung die Optimierung der Vernunft in der Gesellschaft. Die **Glückselig-**

keit ist nicht nur bei Kant, sondern auch bei vielen anderen das entscheidende Kriterium für eine solche Optimierung. Glückseligkeit erscheint hier als Leitbegriff, der die Moral (als Tugend) wie auch die Vernunft (als Verpflichtung) gleichermaßen umfaßt. In dieser Hinsicht besteht für Fichte die Aufgabe einer jeden (aufgeklärten) Regierung darin, zwischen dem absolut vernünftigen Ideal und dem jeweils gegebenen Staat eine »Politik in der Mitte« zu finden (ebd., S. 12). Das aristotelische Prinzip der Mitte nimmt er zum Anlaß einer kognitiven Unterscheidungskunst, bei der es der Politik zukommt, alles auf dem ihr eigenen (richtigen) Begriff zwischen Ideal und Wirklichkeit zu bringen. Dafür ist der Staat eine existentielle Notwendigkeit: Ohne ›ihn‹ kann ein Überleben der Menschen nicht möglich sein. Wobei es Fichte hier nicht nur auf ein physisches Überleben im Hobbesschen Sinne ankommt, sondern mehr noch auf das normative richtige (gute) Über-Leben (vgl. auch Hahn 1969). Dies erweist sich zentral an der **Eigentumsfrage**: Ohne Staat kein Eigentum – so die Grundthese bei Fichte. Wobei dem Staat bereits die Generierung der Eigentumsrechte noch vor der speziellen Schutzpflicht zukommt, denn Fichte meint, daß es die »Bestimmung des Staats« sei, »jedem erst das Seinige zu geben, ihn in sein Eigentum erst *einzusetzen*, und sodann erst, ihn dabei zu *schützen*« (Fichte: Handelsstaat, I, S. 13). Während Hobbes implizit davon ausgegangen war, daß der Leviathan die faktisch bereits vorhandenen Rechtsansprüche anerkennt und fortschreibt, vertritt Fichte eine radikalere Variante: »Der Staat allein ist's, der eine unbestimmte Menge Menschen zu einem *geschloßnen Ganzen*, zu einer *Allheit* vereinigt; er allein ist's, der bei allen, die er in seinen Bund aufnimmt, herumfragen kann; durch ihn allein sonach wird erst ein rechtsbeständiges Eigentum begründet« (ebd., I.1, S. 15). Eigentum entsteht somit aus der vertraglichen Bindung »Aller mit Allen« (ebd., I.1, S. 16), dies aber ist und kann nur auf der Grundlage eines Staatsvertrages geschehen, den ein konkretes Volk mit sich selbst abschließt. Der Zweck dieser Volksübereinkunft ist zunächst die primäre Existenz des Menschen selbst – nämlich »leben zu können« (ebd.): »und auf diese Möglichkeit zu leben haben alle, die von der Natur in das Leben gestellt wurden, den gleichen Rechtsanspruch«. Die Regelung der Eigentumsfrage als staatliche Aufgabe stellt sich insofern grundsätzlich, da es für Fichte naturrechtlich der Staat ist, der eine Teilung der Eigentumsverhältnisse so regeln muß, daß »alle dabei bestehen können« (ebd.). Von daher ergibt sich konsequenterweise das Plädoyer für den **Staat als Wohlfahrtsstaat.**

Die arbeitsteilige Gesellschaft bedingt geradezu die Notwendigkeit dafür: Eben weil die Produktionsabläufe in der modernen Gesellschaft, die nicht einfach mehr nur ständisch gegliedert ist, nach Leistungs- und Effizienzkriterien abläuft, darf der Staat die natürliche Lebensberechtigung aller Individuen in der Gesellschaft nicht vergessen. Hierfür ist der Staat als das **Allgemeine** zuständig: ›Er‹ muß die Grundbedarfsdeckung seiner Bürger gewährleisten können. ›Er‹ muß die »Kräfte der Nation« so bündeln und aufteilen, daß »alle gleich angenehm leben« können (ebd., I.2, S. 31). Keiner kann sich bei einem solch dirigistischen System »sonderlich bereichern, aber es kann auch keiner verarmen« (ebd., I.2, S. 33).

Wie schon bei Hobbes erscheint der Staat hier als großgeschriebene Person, aber mehr noch als bei der Lehre vom *Leviathan* ist dieser Leviathan auf Omnipotenz angelegt: Der Idealstaat des Johann Gottlieb Fichte kann alles – muß im Prinzip **alles beherrschen** können. Die Herrschaft des Staates dient der Ordnung des Ganzen. Das Interesse der Individuen wird mit der **Vernunft des Staates** gleichgesetzt, wobei die Vernunft des Staates eine höherwertig potenzierte Vernunft darstellt, denn sie muß das Interesse des Ganzen im Blick behalten.

Das Interesse des Ganzen ist die Förderung des Wohlstands, denn jedes Volk »hat das Recht zu wollen, daß sein Wohlstand sich erhöhe« (ebd., I.3, S. 38). Die natürliche Arbeitsteilung und die staatlich herbeigeführte Arbeitsaufteilung führen zum Wohlstand. Grundsätzlich existieren hierbei für Fichte vier Berufsgruppen, die zentral an diesem Wohlstand partizipieren, andererseits aber auch dafür politisch verantwortlich sind:

1. der Produzent,
2. der Kaufmann,
3. der Fabrikant,
4. der Beamte.

Der Beamte ist unter diesen vier Berufen derjenige, der maßgeblich dafür zuständig ist, daß ein ökonomisches »Gleichgewicht« im Sinne einer »öffentlichen Gerechtigkeit« eingelöst und aufrechterhalten werden kann (ebd., I.4, S. 41). Hierfür empfiehlt der Philosoph aus Jena das System einer staatlichen Planwirtschaft, in der von Staats wegen alles geregelt und koordiniert wird, was es überhaupt nur zu regeln gibt. Nicht zuletzt der Geldverkehr außer Landes ist zu kontrollieren, am besten durch vollständige Abschließung vom Ausland.

Fichte verfolgt dabei das Konzept der Autarkie – die möglichst vollständige Unabhängigkeit des nationalen Staates von seiner Umwelt: Wenn es »militärisch gedeckte und feste Grenzen« gibt und die wirtschaftliche Produktivität des Staates auf **Selbständigkeit und Selbstgenügsamkeit** basiert (ebd., III.3, S. 94), dann ist die Souveränität des Staates tatsächlich gewährleistet.

Voraussetzung dafür ist das Gewaltmonopol des Staates, denn die »Erhaltung der inneren Ruhe ist notwendig der erste Zweck der Regierung, und muß der Beförderung ihrer Macht nach außen stets vorangehen« (ebd., II.6, S. 83/84). Indem der Staat »alle Gewalt in den Händen« hat (ebd., III.5, S. 107), kann er die Belange des Volkes regeln wie er will. Die Souveränität des Volkes ist hier zugleich die **Souveränität des Staates**, mehr noch: Ohne die Souveränität des Staates kann es gar keine Souveränität des Volkes geben. Fichte begreift das Prinzip der Souveränität als einen Zirkelschluß: Volk und Staat bilden ein tautologisches Verhältnis, wobei es allerdings dem Staat zukommt, das Volk als nationale Einheit überhaupt erst zu formieren. Wie in einem fernen Echo auf die Polis-Lehre des Aristoteles lautet daher bei Fichte das Credo: Am Anfang steht immer der Staat.

11.2 Die sittliche Ordnung der Dinge (Georg Wilhelm Friedrich Hegel)

Die Dignität und Notwendigkeit des Staates bedingen sich für Fichte als Realisierung der Menschenrechte überhaupt. Ohne eine Zwangsgewalt, welche die Ordnung garantiert, verpuffen die Menschenrechte in der Praxis des Politischen. Der Staat kann diese Ordnung der Dinge aber nur dann garantieren, wenn er sich seiner Grundlagen auch nach den Kriterien der Vernunft bewußt ist und sich stets entsprechend verhält. Die Tendenz in der Argumentation Fichtes, um der hermetischen Geschlossenheit seines staatlichen Gebildes eine totalisierende Wirkung in Kauf zu nehmen, bedarf somit einer Korrektur. Der Staat muß – gerade wenn er auf ein Gewaltmonopol und die Ausschließlichkeit seiner Mittel setzt – eine **Tugend** haben, an der er sich stets messen lassen kann. Genau mit diesem Punkt begründet sich die Argumentation in der Staatsphilosophie von Fichtes Nachfolger in Berlin, Georg Wilhelm Friedrich Hegel.

In seinen Vorlesungen über die *Grundlinien der Philosophie des Rechts* (1821) geht Hegel wie Fichte und die englischen Vertragstheoretiker von der Notwendigkeit des Eigentums zur Konstituierung der sozialen Verhältnisse aus. Ohne Eigentum existiert für Hegel überhaupt gar keine Fähigkeit, zwischen **Subjekt und Objekt** zu unterscheiden. Denn das »Vernünftige des Eigentums liegt nicht in der Befriedigung der Bedürfnisse, sondern darin, daß sich die bloße Subjektivität der Persönlichkeit aufhebt« (Hegel: Philosophie des Rechts, § 41). Die Subjektivität der bürgerlichen Person hebt sich insofern stets auf, weil in der wechselseitigen Anerkennung, was *mein* und *dein* ist, eine Objektivierung der Interessen und Vernunftgründe notwendig wird. Das »absolute Zueignungsrecht« des Menschen »auf alle Sachen«, wie es im Hobbesschen Naturzustand besteht (ebd., § 44), existiert im bürgerlichen Kontext keineswegs mehr. Dafür sorgt nicht zuletzt der Staat, indem er möglichst objektive Regeln und Bedingungen dafür gibt, was privates Eigentum ist und was nicht.

Da auch alle Menschen selbst in ihren noch so subjektivistischen Ansprüchen auf Eigentum hierin ein objektives Kriterium für die sozialen Belange anzeigen, muß der Staat dieses als Grundregel seiner Existenz anerkennen. Für Hegel ist die Eigentumsfrage schlicht eine Angelegenheit des freien Willens (vgl. auch Baruzzi [3]1993, S. 46ff.). Im materiellen wie im geistigen Eigentum begründet sich der Mensch als Subjekt und erfährt von hierher auch zugleich seine notwendige Objektivierung. Das ist das Grundmotiv für die Hegelsche Staatsphilosophie: die Formulierung der individuellen Freiheit in der **Freiheit des Staates**. Auch hier wird ein tautologisches System aufgestellt: Die Freiheit des bürgerlichen Willens kann nur dann existieren, wenn und insofern die Freiheit des Staates, seine unumschränkte Autarkie, gewährleistet ist. Diese ist aber in ihrer Legitimation wiederum gebunden an unveräußerliche Güter, die einzig und allein dem Individuum als Person zukommen: Hegel nennt hier an erster Stelle das individuelle »Selbstbewußtsein«, die »allgemeine Willensfreiheit«, die »Sittlichkeit« und die »Religion« (Hegel: Philosophie des Rechts, § 66).

Doch die Unveräußerlichkeit dieser Güter funktioniert nur dann, wenn zum individuellen Bewußtsein ein allgemeines Bewußtsein hinzukommt. Schließlich ist das Leben insgesamt mehr als nur der individuelle Wille auf die Selbstauslegung. Insofern ist die einzelne Person »allerdings ein Untergeordnetes, das dem sittlichen Ganzen sich weihen muß« (ebd., § 70). Was ist das **sittlich Ganze**? – Für Hegel ist dies die Allgemeinheit als Gemeinschaft. Diese Allgemeinheit ist nicht identisch mit Gesellschaft, sondern sie ist als Gemeinschaft über die Gesellschaft hinausweisend. Die Allgemeinheit ist ein »gemeinsamer« Wille, der stets über den Besonderheiten der Gesellschaft liegt (ebd., § 71). Etwas von der *volonté générale* schimmert hier durch, doch basiert für Hegel die Vergemeinschaftung nicht notwendigerweise auf dem Kontrakt. Im Gegenteil: »Ebensowenig liegt die Natur des *Staats* im Vertragsverhältnisse« (ebd., § 75); der Staat ist vielmehr eine natürliche, um nicht zu sagen ontologische Notwendigkeit für den Menschen. Weder als Bürger noch als natürliches Wesen kann sich der Mensch ohne den Staat ausleben. Denn schon in seiner Natur ist der Mensch prinzipiell Bürger. »Die vernünftige Bestimmung des Menschen ist« demnach, »im Staate zu leben, und ist noch kein Staat da, so ist die Forderung der Vernunft vorhanden, daß er gegründet werde« (ebd., § 75). Sofern es einen gemeinsamen Willen für das Allgemeine gibt – und den wird es irgendwann in einer konkreten Situation immer geben –, ist dieser Wille »für beide« Seiten da, für das Individuum wie für das Ganze (ebd., § 79). Daraus erfolgt auch die logische **Notwendigkeit zur sittlichen Einheit**. Wenn der Wille gemeinsam ist und die Verpflichtung tatsächlich wechselseitig zu unterstellen ist, wie dies auch Kant fordert, dann ist auch der Staat als ein Allgemeines sittlich (ebd., § 157). So wie die natürlichen Lebensformen – hierzu zählt Hegel vorrangig die der Familie – sittlich sind, weil sie sich über den Akt der Liebe formieren, so verhält es sich auch bei der höchstpotenzierten Lebensform der Menschen, dem Staat. Er ist »das an und für sich Vernünftige«, weil »die Freiheit hier zu ihrem höchsten Recht kommt« (ebd., § 258). Die Liebesfähigkeit der Bürger zu ihrem Staat wird im Gegensatz zur Familie hier noch ergänzt durch das Prinzip der Vernunft. Freiheit, im umfassenden Sinne, als Gestaltung von Objektivität, ist nur auf der Ebene des Staates möglich. Wo die Familie stets als natürliche Einheit etwas Besonderes darstellt, ist der Staat Kennzeichen des Allgemeinen. Die einzelnen Status- und Akteursebenen gruppieren sich im Hegelschen Verständnis zu einem kompletten Zirkelsystem (vgl. Abb. 8). Staat und

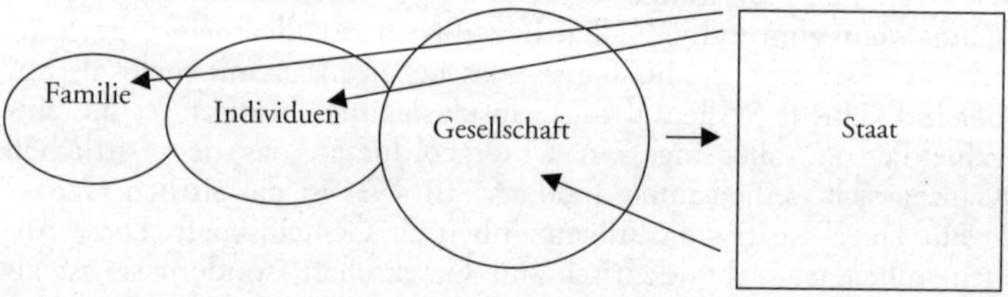

Abb. 8: Das Staatsmodell Hegels

Familie bilden hierin die natürlichen (ontologischen) Antipoden, die eine immerwährende Daseinsgrundlage aufweisen und damit alles andere, wie Individuen, Verbände und Gesellschaft, aufeinander einstimmen und zuordnen.

Was in der Modelldarstellung wie eine Stufenfolge von sozialen Formen aussieht, ist tatsächlich in der Lehre Hegels als eine komplette Organologie gedacht: Innerhalb des Staates existieren alle weiteren Daseinsformen, nichts außerhalb.

Der Staat wird hierbei nicht nur zum Souverän selbst, sondern er ist gleichsam auch die »Totalität« aller, des Volkes selbst (ebd., § 279). Der Begriff des Volkes wird somit in der Hegelschen Auslegung von seinem hohen Podest, auf welches Rousseau und andere es gestellt haben, wieder heruntergenommen. Ohne den Staat, d.h. ohne »Souveränität, Regierung, Gerichte, Obrigkeit, Stände und was es sei« ist das Volk nichts (ebd.): Ihm wäre die »zusammenhängende *Gliederung* des Ganzen genommen«, es wäre mithin eine formlose Masse.

Auch hier steht (wie bei Fichte) der Staat am Anfang aller Dinge: Er ist dasjenige Etwas, das alles zusammenhält und überhaupt erst in die Welt setzen kann. Dafür sorgen die Gesetze des Staates und die »organische« Einheit seiner Gewalten (ebd., § 299): Der Staat ist »*ein* Geist, der das Allgemeine festsetzt und der es zu seiner bestimmten Wirklichkeit bringt und ausführt«.

Mit dieser sehr metaphysischen Auslegung von Staatlichkeit hat Hegel nicht nur die wesentliche Weichenstellung für eine nachhaltige Staatszentriertheit in der Moderne formuliert, sondern zugleich auch eine geschichtsphilosophische Deutung mit auf den Weg gegeben, die von erheblicher Auswirkung ist.

Denn der Staat als die höchste Verwirklichung von Objektivität des Allgemeinen vollzieht sich für Hegel als Manifestation eines welthistorischen Prozesses, der keineswegs beliebig ist. Die **Weltgeschichte** ist nicht einfach nur der Fortgang der Dinge in der Vielzahl ihrer Erscheinungsformen, sie ist ganz konkret und damit auch objektiv »die Auslegung und *Verwirklichung des allgemeinen Geistes*« (ebd., § 342). An der »Spitze aller Handlungen« zur Verwirklichung dieses allgemeinen Geistes steht das Individuum (ebd., § 348). Objektiv und damit allgemein sein kann es jedoch erst, sofern ein Volk vorhanden ist. Hierfür gilt wiederum die Existenz des Staates als Voraussetzung: Denn ein »Volk ist zunächst noch kein Staat, und der Übergang einer Familie, Horde, Stammes, Menge usf. in den Zustand eines Staates« macht für Hegel erst »die *formelle* Realisierung der Idee überhaupt in ihm aus« (ebd., § 349).

In seinen *Vorlesungen über die Philosophie der Geschichte* (ediert 1837 bzw. 1840) hat er diesen Gedanken systematisiert und präzisiert: Der Gang der Weltgeschichte dient der **Manifestation eines Freiheitsbewußtseins** – und zwar des Bewußtseins eines Volkes, eines Staates, wie der Individuen. Freiheit wird zur ›Wirklichkeit‹ jedoch nur im und durch den Staat. Während die Familie zwar auch ein Bewußtsein ihrer selbst hat und eigene Spielregeln kennt, ist es erst auf der Ebene des Staates möglich, aus einem Binnenverhältnis in ein Außenverhältnis zu treten. Die Geschichte demonstriert diesen Sinnzusammenhang in aller Deutlichkeit: »Erst im Staate mit dem Bewußtsein von Gesetzen sind klare Taten vorhanden und mit ihnen die Klarheit eines Bewußtseins über sie, welche die Fähigkeit und das Bedürfnis gibt, sie so aufzubewahren« (Hegel: Philosophie der Geschichte, Einleitung C, S. 84). D.h. der Staat vermittelt über die Gesetze nicht nur historische Kontinuität, sondern er produziert damit auch Geschichte in ihrem eigentlichen, elementarsten Sinne. So, wie sich die Familie zu den Stämmen hin entwickelt und aus den Stämmen die Völker entstehen, so formuliert sich aus den Völkern heraus, quasi zu deren eigener existentieller Erhaltung, die Notwendigkeit des Staates. Und hier erst kommt im strengen Sinne Hegels die Politik ins Spiel. Denn der »Endzweck des Geistes« ist nicht das Ausleben irgendeiner Privatheit, sondern die Realisierung der Allgemeinheit in ihrer ganzen Wirklichkeit (ebd., Einleitung C, S. 91). Weltgeschichte ist somit ein unendlicher Prozeß der Verfolgung des Geistes zugunsten einer höheren Vernunft. In der Konsequenz dient die Weltgeschichte in ihrem Verlauf einer **Synthese von Moral und Politik**. Jedes Volk, jeder Staat und jeder Staatsmann versucht sich an dieser Synthese und so ist die Weltgeschichte »die Auslegung des Geistes in der *Zeit*« (ebd., Einleitung C, S. 97). Die Qualität der Völker in ihrer Suche nach Freiheit erkennt man an ihren Taten. Insofern liefert die Analyse der Weltgeschichte nach Hegels Auffassung eine qualitative Bestimmung der objektiven Wirklichkeit (vgl. Löwith 1995, Ottmann 1997). Hierbei ist der Staat, jeweils in seiner historisch bedingten Erscheinungsform, das konkrete Nonplusultra der **wirklichen** Wirklichkeit. Er ist »göttlicher Wille als gegenwärtiger, sich zur wirklichen Gestalt und *Organisation einer Welt entfaltender Geist*« (Hegel: Philosophie des Rechts, § 270).

11.3 Der Anstaltsbetrieb (Max Weber)

Die hegelianische Festlegung auf den Staat als Repräsentant einer sich in der Welt verwirklichenden Vernunft hat eine enorme Wirkung gezeigt. Ein Großteil der Staatslehren der Moderne haben darauf mehr oder weniger explizit Bezug genommen. Selbst wenn die These vom Staat als Exekutivkraft des Weltgeistes nicht akzeptiert wird, wie etwa bei Karl Marx, dann erweist sich doch die geschichtsphilosophische Perspektive der Hegelschen Lehre als derart attraktiv, daß selbst die Gegenpositionen noch von ihr beeinflußt sind (vgl. allgemein Loewenstein 1990). Dank Hegels Darlegung läßt sich der Staat nunmehr nicht nur als eine funktionale Organisation zur Kompensation der individuellen Bedürfnisse verstehen, sondern als eine durch und durch sittliche Größe, die mit dem Pathos der Vernunft zelebriert werden will.

Wiederum ein deutscher Denker, Max Weber, hat davon massiven Gebrauch gemacht. Er hat aber zugleich den Staat als eine rationale Veranstaltung menschlicher Interessen systematisiert und damit für die Belange der modernen Welt auf den Punkt gebracht. In seinem großangelegten Werk *Wirtschaft und Gesellschaft* (1922) wird die **Soziologie des Staates** in all ihren Facetten für die moderne Industriegesellschaft und für die Ordnung der Massen dargelegt. So strikt soziologisch sich die fein säuberlich durchdeklinierte Untersuchung bei Weber auch auf den ersten Blick ansehen läßt, so dokumentiert sie doch eine substantielle Orientierung für die Politische Philosophie der Moderne (vgl. grundsätzlich Hennis 1987). Dies resultiert in erster Linie aus der **Definition von Macht** und **Gewalt** – und darauf aufbauend das Verständnis von Herrschaft. Weber geht von einem Interaktionsverhalten aus. D.h., die Frage der Macht und die Frage der Herrschaft sind nur dann richtig beantwortbar, wenn man sie als Sozialverhalten versteht, das immanenten Regeln unterliegt, die keineswegs beliebig sind. Hierin gleicht er Machiavelli, von dem er auch eine Reihe grundsätzlicher Einschätzungen übernimmt. So ist die Frage der Macht für Weber in erster Linie eine Sache des personalen Willens, d.h. der Art und Weise, wie jemand mit seinem Willen zum Zuge kommt oder nicht. Darauf begründet sich auch die berühmte Definition Webers: »*Macht* bedeutet jede Chance, innerhalb einer sozialen Beziehung den eigenen Willen auch gegen Widerstreben durchzusetzen, gleichviel worauf diese Chance beruht« (Weber: Wirtschaft u. Gesellschaft, T.1, I, § 16).

Macht ist demnach ein Faktor der Erzwingung dessen, was der eigene Wille zur Durchsetzung seiner Absichten benötigt. Mehr noch: Macht ist die Fähigkeit, die Absichten überhaupt durchsetzen zu können. Indem Weber hier bewußt von der Chance ausgeht, zeigt er zugleich, daß Macht an sich nicht stabil ist. Macht ist vielmehr eine amorphe Größe, die kommt und geht, die kein festes Gewand hat, sondern sich nach der Situation und den Umständen richtet. Machiavellis Überlegungen zum strategischen Handeln spielen zweifellos hier eine Rolle. Die Macht ist stets interpersonal, d.h., sie richtet sich nach den Gegebenheiten im Miteinander und Gegeneinander. Da es Weber vorrangig um einen potentiell widerstrebenden Willensanspruch geht, kommt dem Verständnis von Macht prinzipiell eine Eigenschaft des Kampfes zu.

Der **Kampf** basiert auf der Konkurrenz mindestens zweier rivalisierender Willensbekundungen. Wer sich in einer gegebenen Situation durchsetzt, ist demzufolge mächtig, wer scheitert und unterliegt, ist ohnmächtig. Darin manifestiert sich für Weber ein agonales Prinzip, das aber soziologisch betrachtet zunächst noch nicht politisch sein muß. Jede Mutter-Kind-Beziehung, jeder Streit unter Freunden beinhaltet in dieser Hinsicht auch ein Macht-Verhältnis. Zwar mögen die Spielregeln hierfür klar sein (wie in der Mutter-Kind-Beziehung), doch sie sind nicht statisch, sondern willkürlich, wie es die Situation verlangt oder erscheinen läßt. Die Macht ist somit für Weber eine Art perpetuum-mobile, eine sich selbst permanent von neuem reproduzierende Größe, die im Hinblick auf *ihre* Akteure großen Schwankungen unterliegt. Eine Mutter, die sich heute noch dem Kind gegenüber durchsetzt, kann morgen schon eventuell scheitern.

Das Besondere an dieser Definition von Weber ist, daß sich damit das Verständnis der politischen Macht erweitern und ausdifferenzieren läßt. Selbstverständlich ist der Fürst, der Staatsmann, der Kanzler *mächtig*, doch es ist nicht so sehr die Kategorie der Macht, die im politischen Sinne den Ausschlag gibt, sondern für Weber ist dies das Kennzeichen der Herrschaft.

Herrschaft ist mehr als Macht. »*Herrschaft* soll heißen die Chance, für einen Befehl bestimmten Inhalts bei anggebbaren Personen Gehorsam zu finden«, definiert Weber und fügt hinzu (ebd.), »*Disziplin* soll heißen die Chance, kraft eingeübter Einstellung für einen Befehl prompten, automatischen und schematischen Gehorsam bei einer angebbaren Vielheit von Menschen zu finden«.

Während bei der Machtfrage immer wechselseitig um ihre Behauptung und um ihre Anteile gerungen wird, ist die Herrschaft aufgrund einstudierter Spielregeln festgelegt. Herrschaft setzt eine Struktur voraus – und zwar eine **Befehlsstruktur**. »Der Tatbestand einer Herrschaft ist nur an das aktuelle Vorhandensein *eines* erfolgreich *andern* Befehlenden« geknüpft (ebd.). Das muß nicht immer bedeuten, daß eine Art von Verband oder gar eine Verwaltung vorhanden ist, doch konstatiert Weber, daß dies soziologisch der Normalfall entweder in der einen oder der anderen Variante ist. **Befehlen und Gehorchen**, die beiden klassischen Kategorien der Politischen Philosophie seit der Antike, gehören somit auch für das Leben in der modernen, individualisierten Arbeitswelt zum Grundbestandteil der menschlichen Existenz. Herrschaft konkretisiert sich überall dort, wo sich soziale Interessen als Ordnungen von Gruppen konkretisieren. Jeder Kaufmannsverband ist somit durch Herrschaft gekennzeichnet, und zwar durch Herrschaft über die Mitglieder kraft der eingeübten Satzung, zu der man sich verpflichtet hat. Überall dort, wo der Gehorsam durch Spielregeln verbindlich festgelegt ist, bedarf es einer Verwaltung, welche die Regeln kontrolliert und sanktioniert. Noch jeder Taubenzüchter- oder Tennisverein funktioniert aufgrund dieser Logik. Alle sozialen Verbände sind in dieser Hinsicht **Herrschaftsverbände**.

Zu einem *politischen* Verband wird ein Herrschaftsverband »dann und insoweit [...] als sein Bestand und die Geltung seiner Ordnungen innerhalb eines angebbaren geographischen *Gebiets* kontinuierlich durch Anwendung und Androhung *physischen* Zwangs seitens des Verwaltungsstabes garantiert werden« (ebd., T.1, I, § 17). Wenn man so will, kulminieren alle Debatten in der Politischen Philosophie zur Frage der Staatlichkeit seit Marsilius von Padua in diesem Satz (vgl. Nitschke 2000, S. 19ff.). Der Zwangscharakter, der Ordnungscharakter, der Anwendungsbezug für einen fest umgrenzten territorialen Raum sind hier gleichermaßen angesprochen. Die Pointe an der Weberschen Definition liegt aber gerade darin, daß sie eine besondere Gewichtung vornimmt – nämlich die **Androhung von Zwang**. Ohne Zwang vermag keine politische Ordnung ihren Willen tatsächlich auch durchzusetzen. Die Debatten, die seit Spinoza um die Triebstrukturen der menschlichen Existenz geführt werden, zeigen die innere Notwendigkeit einer Ordnung auf, die im Zweifelsfall – bei Nichtbefolgung der Anweisungen der Gesetze – auf den Zwangscharakter setzen muß. Das ist für Max Weber das Kriterium des Staates schlechthin: Nirgendwo in den sozialen Herrschaftsformen des Menschen manifestiert sich der Zwang so berechtigt und gründlich wie im Staat. Daher formuliert Weber zugespitzt (Weber: Wirtschaft und Gesellschaft, T. 1, I, § 17): »*Staat* soll ein politischer *Anstaltsbetrieb* heißen, wenn und insoweit sein Verwaltungsstab erfolgreich das *Monopol legitimen* physischen Zwanges für die Durchführung der Ordnungen in Anspruch nimmt.«

Ein **Anstaltsbetrieb** ist der Staat für Weber insofern, als er ein festgefügtes Regelwerk etabliert hat, das aus Befehl und Gehorsam besteht. Träger und Exekutivkraft dieses Regelwerks ist die Verwaltung mit ihrer Beamtenschaft. In der Existenz der Beamtenschaft erfüllt sich für Weber die Umsetzung des Kantischen Vernunft-Ideals. Denn die »bureaukratische Herrschaft ist spezifisch rational im Sinn der Bindung an diskursiv analysierbare Regeln« (ebd., T.1, III, § 10). Der Beamte darf in seiner staatlichen Eigenschaft nicht handeln wie er will, sondern er muß sich an die Regeln der Satzung der Anstalt halten. Das sind im Rahmen des Staates die Gesetze. Da diese in einer parlamentarischen Demokratie aus dem Willen des Volkes resultieren, ist die Herrschaft der Beamtenschaft eine **legale Herrschaft**. Das Gewaltmonopol des Staates ist in dieser Hinsicht absolut legitim: Es wird von allen Beteiligten, den Bürgern wie den Beamten, als zwingende Notwendigkeit der Existenz des Staates anerkannt. Die Rechtsgründe hierzu formulieren die **Gesetze im Namen des Volkes**. Für den einzelnen Bürger beinhalten die Gesetze Schutz und Sicherheit vor einer möglichen Willkür der politischen Herrschaft.

Insofern sorgen die gesetzten Regeln in der Anstalt dafür, daß die Insassen als Bürger auch stets die ihnen zustehenden Rechte und Leistungen bekommen. So wie in einer Schule, einem Gefängnis, einem Krankenhaus die Leistungen strikt nach Anordnen und Befolgen geregelt sind, die Anstaltsinsassen also rational einsehen können, weshalb die Dinge ihre Ordnung haben, so funktioniert auch der Staat als Großanstalt: Die Bürger sind nationale Anstaltsinsassen, die von einer nationalen Bürokratie versorgt und in ihren unterschiedlichen Bedürfnissen aufeinander hin organisiert werden. Die Amtstätigkeit erfolgt »ohne allen Einfluß persönlicher Motive oder gefühlsmäßiger Einflüsse, frei von Willkür und Unberechenbarkeit, insbesondere ›ohne Ansehen der Person‹ streng formalistisch nach rationalen Regeln« (Weber: Typen der legitimen Herrschaft, S. 476). Auch wenn dies zweifellos ein Idealbild von Verwaltung ist, das mit der bestehenden Wirklichkeit oft nicht übereinstimmt (vgl. grundsätzlich Ellwein 1993 u. 1997), kommt dieser Festlegung bei Weber ein hohes erkenntnistheoretisches Profil zu. Mittels der Konstruktion eines **Idealtyps** von öffentlicher Verwaltung im Sinne einer rationalen Herrschaft kann man die Elemente näher bestimmen, aus denen sich die Legalität der modernen Herrschaft heraus zwingend ergibt (vgl. auch Breuer 1998). Im einzelnen sind dies in der Bestandsaufnahme Max Webers:

a) eine arbeitsteilige und ausdifferenzierte Gesamtstruktur,
b) eine Ordnung, die durch schriftliche Regeln formalisiert und standardisiert ist,
c) eine hierarchische Struktur, basierend auf Befehl und Gehorsam,
d) die Unterscheidung von Amt und Person,
e) eine Fachqualifikation für die Rekrutierung,
f) lebenslängliche Anstellung und die Vermittlung von Aufstiegschancen,
g) eine spezifische Berufsethik sowie die dazu gehörende Arbeitsdisziplin.

Die moderne Herrschaft, die sich in der Figur des Staates als einer Anstalt auf die Legalität ihrer Maßnahmen stützt, hat mit diesem Kriterienkatalog ein schönes Instrumentarium für die Überprüfung in der Realität. Ist z.B. die Trennung von Amt und Person gegeben, wenn der Schulleiter für private Zwecke sein öffentliches Amt benutzt? Wie verhält es sich mit der besonderen Arbeitsdisziplin und Berufsethik von Lehrern, Polizisten, Soldaten etc.? – Das alles sind Fragen, die nach dem Kriterienkatalog Webers empirisch gemessen werden können. Insofern ist der Idealtypus in der Weberschen Lehre ein methodologisches Instrument für das klassische Problem nach der richtigen **Beziehung von Theorie und Praxis** (vgl. auch Beyme ^{8}2000, S. 97ff.).

Das Plädoyer für die Rationalität der Beamtenschaft und damit der Legalität der Herrschaft des Staates mag man empirisch für ein überzogenes Konstrukt halten. Es ist gemessen an den theoretischen wie empirischen Alternativen aber zweifellos das Konstrukt, das für eine Demokratie zu bevorzugen ist. Denn die von Weber ebenfalls systematisch vorgestellten Alternativen einer **traditionalen oder gar charismatischen Herrschaft** bedingen zwar Ordnung – aber in einem höchst willkürlichen Sinne. Bei dem einen entscheidet die Tradition (und damit die patriarchalischen Machtverhältnisse) über den Sinn der Ordnung, bei dem anderen die spirituelle Auslegung durch den verehrten Führer, der die Gefolgschaft zu einer emotionalen Gemeinschaft macht. Für Weber ist insbesondere letzteres »spezifisch irrational im Sinn der Regelfremdheit« (Weber: Wirtschaft u. Gesellschaft, T.1, III, § 10). Da, wo die legale Herrschaft auf den Diskurs der (möglichst) vernünftigen Regeln setzt, ergibt sich in der charismatischen Herrschaft ein Frageverbot über den Sinn der politischen Handlungen. Derjenige, der kraft Charisma führt, ist im politischen Diskurs nicht kritisch hinterfragbar. Denn das **Charisma ist magisch**, es kann nicht »geweckt« oder »erprobt«, weder »erlernt« noch »eingeprägt« werden (ebd., T.1, III, § 12).

Die Kennzeichnung des charismatischen Führers als einer Herrschaft, die letztlich irrational ist, steht dem rationalen Anstaltsbetrieb diametral gegenüber. Beide Herrschaftsformen stehen zudem in Webers Lehre dialektisch zueinander: Während der moderne rationale Staat mit seinem schriftlich fixierten Regelwerk die traditionale Fürstenherrschaft historisch besiegt und abgelöst hat, taucht die charismatische Herrschaft als Widerpart ständig von neuem auf. Sie ist das Revolutionäre alter ego zum Anstaltsbetrieb: Immer dann, wenn die rationale Herrschaft so weit verkrustet ist, daß sie ihre eigenen Regeln nicht mehr richtig befolgt, schlägt die Stunde der charismatischen Herrschaft – der **Revolution**. Ob der Täter dann Robespierre, Lenin oder Hitler heißt, ist nicht so wichtig. Weitaus wichtiger noch ist das Verhältnis zwischen legaler und charismatischer Herrschaft: Geschichtsphilosophisch ist dies nach Webers Diagnose ein permanentes Ringen um den Staat selbst. Als Demokratie kann er jedoch nur als rationale Anstalt bestehen – alles andere würde auf eine Diktatur hinauslaufen.

12. Jenseits des Staates: Ende und Anfang des Politischen

»Verglichen mit dem öffentlich politischen Raum haftet der gesellschaftlichen Sphäre immer etwas Ungreifbares an.«

(Hannah Arendt: Vita activa, 39)

Die modernen Konzeptionen zur Politischen Philosophie haben alle mehr oder weniger explizit eine geschichtsphilosophische Grundlage – und dies nicht erst seit Hegels Entwurf zum weltgeschichtlichen Absolutum der Vernunft. Der Siegeszug der Moderne unter dem Paradigma der Vernunft formuliert zugleich die Verheißung auf etwas, das stets am Firmament der menschlichen Leidenschaften quasi wie eine große (letzte) Bereinigung von allen Schwachstellen der menschlichen Existenz freimachen soll. Ob damit jedoch wirklich das Ende aller schlechten Dinge in der Politik erreicht wird oder nur zu neuen Ufern der politischen Ungerechtigkeit aufgebrochen wird, bleibt in der Beantwortung ambivalent. Nicht wenige Autoren haben sich (wie Rousseau) im Gefolge von Hobbes auf die Wiederkehr des Gleichen festgelegt. Unter der oftmals recht dünnen Schicht der politischen Zivilität lauert jenseits des Leviathans der **Abgrund des Naturzustands**. D.h., der Wolf im Menschen ist immer mit dabei, wenn es um die Gestaltung der Ordnung geht. Jeder noch so gut gemeinte Versuch, die Bedingungen menschlicher Existenz in ihrer Janusköpfigkeit zwischen Bestialität und Friedfertigkeit, zwischen Leidenschaften und Vernunft auszugleichen oder gar auszumerzen, scheitert an der notwendigen Orientierung der Machtfrage als Herrschaftsfrage. Wo Menschen sind, da geht es stets um Herrschaft. Denn ohne Herrschaft können die Regeln, ob selbst induziert oder göttlich angehaucht, nicht existieren. Insofern führt an der Herrschaftsinstanz des Staates, egal wie man ihn inhaltlich organisiert, kein Weg vorbei. Dennoch – oder gerade deswegen – ist der Staat aber keineswegs das Non-plus-ultra der Politischen Philosophie. Am Staat läßt sich nur am leichtesten das alles bündeln, was zur Politischen Philosophie gehört: die Gerechtigkeit, die Vernunft, die Tugenden, die Macht und die Herrschaft. Jeweils für sich betrachtet verweisen alle Begriffe und ihre Inhalte auch auf das Ding an sich –

den Menschen. Wenn vielen daher der Staat als großgeschriebener Mensch erscheint, dann ist umgekehrt das platonische Paradigma ebenso zutreffend: der einzelne als **kleingeschriebener Staat**.

Spätestens an dieser Analogie zeigt sich daher, wie brüchig das Ordnungsverständnis der Moderne ist: Der Staat kann nur dann dauerhaft existieren, wenn die Individuen sich willentlich verstaatlichen. Das aber ist nur tendenziell der Fall. Ebenso gern und ebenso oft revoltiert das einzelne Individuum gegen die politische Ordnung, sei es wegen der Zwänge, sei es wegen der als ungerecht empfundenen Leistungen durch die Allgemeinheit. Jenseits des Staates lauert immer schon die Revolution – und diese ist zunächst stets eine kognitive Leistung. Wenn die Dinge von unten nach oben gekehrt werden, die Ordnung gewendet wird, dann ist auch dies keineswegs der Ausgang aus dem politischen Geschäft, sondern nur der Fortgang des ewig gleichen Spiels um die Macht. Selbst Karl Marx zeigt diesen Sachverhalt deutlich auf – und gerade hierin liegt sein spezifischer Beitrag zur Politischen Philosophie jenseits aller ökonomischen Sinndeutungen.

12.1 Die Maske des politischen Kampfes (Karl Marx)

Im berühmt-berüchtigten *Manifest der Kommunistischen Partei*, das Marx 1848 zusammen mit Friedrich Engels publiziert hat, ist die Zielrichtung der Argumentation die Befreiung der Arbeiterschaft aus den Herrschaftszwängen des Bürgertums. Hier geht es jedoch nicht nur um die Herrschaft der sogenannten **Bourgeoisie**, der kapitalbesitzenden Bürger, sondern es wird zugleich ein grundsätzlicher Anspruch auf die Deutung der menschlichen Geschichte festgemacht. In typisch hegelianischer Manier wird der gesamte Prozeß der Weltgeschichte, die »Geschichte aller bisherigen Gesellschaft« als eine »Geschichte von Klassenkämpfen« ausgelegt (Marx/Engels: Manifest, S. 23). Für die beiden Autoren besteht der Sinn von Geschichte in einer systematischen Auslegung der jeweiligen materiellen Gegebenheiten, d.h. der ökonomischen Abhängigkeitsverhältnisse, denen sich die Individuen in ihrer jeweiligen Sozialordnung ausgesetzt sehen. Nicht die politische Ordnung bestimmt den Gang der Dinge, sondern die materiellen Gegebenheiten, d.h. die Ressourcennutzung und ihre organisatorische Verarbeitung definieren, was an politischer Ordnung gewünscht ist und herauskommen soll. Zu einer wenig rationalen Agrargesellschaft wie in der Antike paßt die Existenz von Sklaven, zu einer bereits arbeitsteiligen Ständegesellschaft das Feudalsystem und zu einer kapitalorientierten Bürgergesellschaft die Einrichtung von »industriellen Armeen« (ebd., S. 25).

Die Position des Arbeiters, der seinen Körper für die Gewinnmargen anderer in den Dienst stellt, ist das Ergebnis der neuen Zeit und ihrer neuen Ökonomie (vgl. grundsätzlich Hartmann 1970, Euchner 1982 u. Stammen 2001). Die Masse der Menschen des Industriezeitalters degeneriert zu einem **Proletariat**, zum Fußvolk weniger, die mit ihrem Kapital alles gestalten und befehlen können. Der Ausgangspunkt für die Marxsche These ist die Definition Hegels vom sittlichen Gebot der Ein- und Unterordnung zugunsten des Ganzen. Das Ganze ist jedoch hier nicht mehr der Staat, sondern der Faktor Arbeit selbst. Darum wird in jeder Gesellschaft gerungen. Insofern ist jede historische wie aktuelle Gesellschaft für Marx gekennzeichnet von selbstproduzierten Klassenkämpfen. Denn so, wie Rom einen inneren Widerspruch zwischen den Sklaven und den Patriziern kannte, so auch die bürgerliche Gesellschaft: Sie steht schlichtweg in Antithese zur Masse der Besitzlosen – dem Proletariat.

Der Staat ist in dieser Konstellation nur ein **Medium der besitzenden Klasse**. Da alle Herrschaftsverhältnisse aus den Produktionsbedingungen resultieren, mit denen sich jede Gesellschaft umgibt, ist der Staat an sich und die moderne Staatsgewalt erst recht »nur ein Ausschuß, der die gemeinschaftlichen Geschäfte der ganzen Bourgeoisklasse verwaltet« (Marx/Engels: Manifest, S. 25). Der Staat erscheint damit bei Marx keinesfalls als Verkörperung der Sittlichkeit des Allgemeinen, sondern als Maskierung der Herrschaft einer Minderheit über die Mehrheit. Diese Herrschaft aber ist brüchig: Denn das Prinzip der Kapitalgesellschaft ist auf die Pleonexie des Geldes gerichtet. Dazu muß stets ein immer größerer Mehrwert produziert werden. Dadurch wiederum ergibt sich die Notwendigkeit, die gesellschaftlichen Verhältnisse in ihren Produktionsbedingungen »fortwährend zu revolutionieren« (ebd., S. 26). Damit aber treibt die Bourgeoisie immer mehr Menschen in die Selbstentfremdung und strukturelle Armut. In der Analyse von Marx sägt sich so die bürgerliche Klasse selbst den Ast ab, auf dem sie sitzt: Sie schmiedet »nicht nur die Waffen [...], die ihr den Tod bringen«, sondern »sie hat auch die Männer gezeugt, die diese Waffen führen werden« (ebd., S. 30). Die geschichtliche Entwicklung treibt damit für Marx auf den Zustand eines Endkampfes zwischen Bourgeoisie und Proletariat hin. Den eschatologischen Verheißungen der Apokalypse nicht unähnlich ist dies ein Kampf zwischen Gut und Böse (vgl. grundsätzlich Lukács 1923). Sollte das Proletariat einst siegen, wovon Marx apodiktisch und prophetisch zugleich ausgeht, dann würde die Ausbeutung der Individuen untereinander aufhören, und mit der Aufhebung des Gegensatzes »der Klassen im Innern der Nation« würde zugleich »die feindliche Stellung der Nationen gegeneinander« fallen (Marx/Engels: Manifest, S. 44).

Diese Aussage ist zweifellos ein Wunschtraum. Jedoch sollte auch das grandiose Scheitern der Marxschen Lehre in diesem Punkt nicht verdunklen, daß ihr Autor das Wechselspiel zwischen politischer Herrschaft (der Besitzenden) und der Unterdrückung (der Nicht-Besitzenden) systematisch darlegt. Mehr noch als im *Manifest* kommt dies in der Analyse zum *Achtzehnten Brumaire des Louis Bonaparte* (1869) zum Ausdruck, wo Marx zum Staatsstreich Louis Napoleons im Jahre 1851 Stellung bezieht.

Hierbei macht er deutlich, wie sehr die Akteure im politischen Raum abhängig sind von der strukturellen (ökonomischen) Gesamtsituation und den Interpretationsmustern der jeweils herrschenden **Besitzideologie**. Denn die Menschen machen zwar »ihre eigene Geschichte, aber sie machen sie nicht aus freien Stücken, nicht unter selbstgewählten, sondern unter unmittelbar vorgefundenen, gegebenen und überlieferten Umständen« (Marx: Der achtzehnte Brumaire, I, S. 271). Was die »Aufgabe ihrer Zeit« ist, das stellt sich für jede Gesellschaft und jede Generation insofern anders dar (ebd.). Gerade den nicht-besitzenden Klassen kommt es daher zu, sich in den Erkenntniszustand ihrer spezifischen Unterdrückungssituation zu versetzen. Das gilt erst recht für die Klasse am letzten Glied der historischen Entwicklung – für das Proletariat: Revoltiert es, dann darf es nicht verzagen »vor der unbestimmten Ungeheurlichkeit ihrer eigenen Zwecke« (ebd., I, S. 275); dann muß der ganze Einsatz gewagt werden – und der heißt »Abschaffung des Staates und der bestehenden Gesellschaft«. »Alles was besteht, ist wert, daß es zugrunde geht«, bilanziert Marx radikal (ebd., I, S. 276).

Die bürgerliche Republik muß allein deshalb vollständig abgeschafft werden, weil sie eine **Klassendespotie der wenigen über die vielen** darstellt. Allein auf eine »Änderung der Inhaltsregister« zu setzen, wie die bürgerlichen Kräfte es praktizieren (ebd., II, S. 285), reicht für Marx nicht aus. Solange die öffentliche Sicherheit eine »Sicherheit der Bourgeoisie« ist, die vollständig über die bewaffnete Macht als Repressionsorgan verfügt (ebd., II, S. 286), so lange wird sich die Ungerechtigkeit der sozialen Lage perpetuieren. Alle bürgerlichen Revolutionen sind somit nur Scheinkämpfe, die den eigentlichen Hauptkampf vernebeln (vgl. Dunn ^{7}1993, S. 82-120). Das Volk belagert sich selbst bei diesen Revolutionen, es vermag sein Eigenstes, sein Innerstes, nämlich den Bedarf der Massen, gar nicht mehr zu artikulieren. Die »Plattheit der Massen« wird ständig fortgeschrieben durch die Zelebrierung von Images, die an der Sache selbst – dem Endkampf des Proletariats – vorbeigehen (Marx: Der achtzehnte Brumaire, IV, S. 321). Das »parlamentarische Regime« debattiert und debattiert, aber ändern an der Sache, den Besitzständen, tut es nichts (ebd., IV, S. 320): »Der Rednerkampf auf der Tribüne ruft den Kampf der Pressebengel hervor, der debattierende Klub im Parlament ergänzt sich notwendig durch debattierende Klubs in den Salons und in den Kneipen, die Repräsentanten, die beständig an die Volksmeinung appellieren, berechtigen die Volksmeinung, in Petitionen ihre wirkliche Meinung zu sagen.« Doch die wirkliche Meinung ist es nicht, die dort zum Ausdruck kommt. Denn die Majorität, der Mehrheitswille des Volkes, kann gar nicht in diesem Diskursverfahren appellieren, weil ihm die Wege zur Appellation faktisch durch die Staatsmacht verbaut sind. Insofern verhindert die Bourgeoisie durch ihre tatsächliche Beherrschung der Staatsapparatur, daß es zu einer substantiellen **moralischen Herrschaft** »über die Volksmassen« kommt (ebd., IV, S. 325). Wie in einem tragischen Nachspann zu Rousseaus Entwurf dokumentiert Marx hier die Faktizität der Machtverhältnisse. Die *volonté générale* ist so lange eine Fiktion, wie die Machtverhältnisse den Besitzverhältnissen untergeordnet werden. Das aber ist in einer bürgerlichen Gesellschaft stets der Fall, und insofern macht die Demokratie sich etwas vor, wenn sie (wie Hegel) die Freiheit als Notwendigkeit von Besitzverhältnissen ansieht. In der Marxschen Analyse wird daraus unvermeidlich der Gang in den Abgrund der Despotie. Der Demokrat ist in seinen Augen der Repräsentant einer historischen Übergangsklasse – vornehmlich der des Kleinbürgertums. Um die eigene Existenz aufrechtzuerhalten, bedarf es der Erzwingungsstäbe, d.h. der Gewaltorgane der »Staatsmaschine« (ebd., IV, S. 316). Wenn es dabei zum Äußersten kommt, wenn die Mißstände allenthalben offensichtlich werden, greift das Bürgertum um des eigenen Überlebens willen zur **Diktatur**. Diese wirkt wie eine »eiserne Maske«, die verhindert, daß die »eigene Physiognomie« gezeigt wird. (ebd., IV, S. 314). Damit verschleiert die Bourgeoisie ihre eigenen Inhalte und verliert sich letztlich selbst. Ihre Ziele werden von der Diktatur des Einen verraten, denn der Diktator hat stets nur Interesse am Mehrwert für die eigene Person. Um sich selbst ständig an der Macht zu halten, vollzieht der Diktator im Namen des Volkes (und der besitzenden Klasse) eine »Maskerade, wo die großen Kostüme, Worte und Posituren nur der kleinlichsten Lumperei zur Maske dienen«

(ebd., IV, S. 329). Tatsächlich existiert dann jenseits der Masken nur noch eine »Gesellschaft der Unordnung, der Prostitution und des Diebstahls« (ebd., IV, S. 330). In einer solchen Konstellation kann nur noch die **Diktatur des Proletariats** den Schrecken der bourgeoisen Diktatur überbieten und bereinigen. Dann wäre es nach dem Marxschen Selbstverständnis allerdings keine Diktatur mehr, sondern eine Aufhebung aller Zwangsverhältnisse. Auch hier schimmert ein Rest von Hegels Weltbild durch: die Freiheit des Individuums, allerdings nicht durch die Vervollständigung der Vernunft, sondern durch die Enthebung von den materiellen Abhängigkeiten. Im Prinzip antwortet Marx auf die Hegelianische These mit einer Antithese, die er zugleich zu einer Synthese verdichten will. Dies jedoch gerinnt ihm mehr zu Prophetie als zur Philosophie.

12.2 Der Begriff des Politischen (Carl Schmitt)

Substantiell am Marxschen Ansatz ist allemal der Verweis auf die Relevanz der Arbeitsbedingungen, in denen politische Ordnung als soziales Verhalten strukturiert wird. Ob dabei tatsächlich die Ökonomie die Politik bestimmt, läßt sich vor dem Hintergrund der Theoreme in der Politischen Philosophie keineswegs bestätigen. Zweifellos ist der Faktor Arbeit wichtig, und offenkundig fließen die materiellen Produktionsbedingungen mit ein in die Art und Weise, wie ein politisches System sich interpretiert. Allein ausschlaggebend ist dies jedoch nicht. Die Ökonomie findet auch nicht jenseits der Politik statt, sondern korrespondiert mit ihr – ohne dabei allerdings völlig vereinnahmt zu werden. Wenn Marx aber im Kampf der verschiedenen Klassen quer durch die Geschichte ein antagonistisches Prinzip verortet, dann ist dies nicht unwichtig für das Verständnis von politischer Herrschaft. Sie resultiert (auch) aus dem **Kampf-Moment**. Dies ist – jenseits des Staates – dann immer schon ein anthropologisches Kriterium.

Der Staatsrechtler Carl Schmitt hat hierzu im ersten Drittel des 20. Jahrhunderts eine maßgebliche Festlegung gemacht, indem er in seiner spektakulären Abhandlung über den *Begriff des Politischen* (1928) alles einem Kampfverständnis unterordnet. Schmitt orientiert sich ausdrücklich an einer Bestimmung des Politischen jenseits des Staates. Denn der »Begriff des Staates setzt den Begriff des Politischen voraus« (Schmitt: Begriff des Politischen, 1, S. 20). Das **Politische** ist demnach eine Vorbedingung dafür, um überhaupt in einem je gegebenen Staat Politik machen zu können. Doch was ist nun dieses Politische, wenn zum Wesen des Staates die Herrschaft und die Zwangsgewalt gehören?

Für Schmitt ist eine Gleichsetzung von »Staatlich = Politisch in demselben Maaße unrichtig und irreführend, in welchem Staat und Gesellschaft sich gegenseitig durchdringen« und alles in der ein oder anderen Weise zugleich ausgelegt werden kann (ebd., 1, S. 24). D.h., eine Differenz von Staat und dem Politischen ergibt sich durch die **Unterscheidung von Gesellschaft und Staat**. Selbst der total sittliche Staat Hegels kennt immer noch die Eigenständigkeit der gesellschaftlichen Elemente wie z.B. die der Familie. Insofern folgt Schmitt dem Hegelianischen Modell, wenn er darauf abhebt, daß dem gesellschaftlichen Bereich ein Wert sui generis zukommt, der auch von aller noch so gut gemeinten Omnipotenz nicht erstickt werden kann (und darf). Wenn es demgegenüber zum *totalen* Staat kommen sollte, werden paradoxerweise gerade durch die Aufladung zur Politisierung alle Bereiche unscharf: Alles und jedes ist »der Möglichkeit nach politisch«, doch »die Bezugnahme auf den Staat ist nicht mehr imstande, ein spezifisches Unterscheidungsmerkmal des *Politischen* zu begründen« (ebd.). Der Staat aber lebt geradezu davon, daß ihm eine soziale Einheit gegenübersteht, die in Form der Gesellschaft auf ideelle wie materielle Ressourcen zurückgreifen kann, die mit denen des Staates sowohl normativ wie funktional nicht identisch sind. Zwar mag der Staat ein Monopol auf die Umsetzung des Politischen in Form der ihm zustehenden Zwangsgewalt haben, festlegen im normativen Sinne, was die Wünsche und Inhalte des Politischen sind, kann er es nicht. Das Politische agiert quasi aus der Tiefe des gesellschaftlichen Raumes, orientiert sich an den Wünschen und Bedürfnissen der Individuen in ihrer vielschichtigen Gesamtheit. Das kann mal als Votum der Mehrheit die Religion sein, so wie bei mittelalterlichen Autoren, mal ist es die reine Machtfrage (wie bei Machiavelli), mal das Recht (wie von Kant formuliert), mal die Ökonomie als neuester Schrei (wie bei Marx). Für Schmitt sind dies alles noch keine zufriedenstellenden Festlegungen auf das Politische. Er geht vielmehr davon aus, daß die inhaltliche Formulierung, sei sie mal eine ökonomische, mal eine machiavellistische, stets aus der gleichen Quelle resultiert, d.h. einem gemeinsamen Mechanismus entspringt. Was aber ist dieser gemeinsame Mechanismus? – Wenn die unterschiedlichen Ausformulierungen des Politischen im Endeffekt so etwas wie einen Gottesstaat auf Erden, eine Feudalherrschaft, eine Diktatur oder eine Demokratie ermöglichen, dann ist der Sinn des Politischen in einer Art Endzweck zu suchen, in einer Bestimmungsmöglichkeit der »eigenen letzten Unterscheidungen«, »auf die alles im spezifischen Sinne politisches Handeln zurückgeführt werden kann« (ebd., 2, S. 26).

Für Schmitt besteht dieser **Endzweck oder Antriebsgrund des Politischen** in einem **Freund-Feind-Gegensatz** und dessen Unterscheidung. Die Kennzeichnung von Freund und Feind erscheint ihm als der Urbezug für jegliche Ausgangsposition, aus der heraus eine Gesellschaft ihre Belange steuern und organisieren möchte. »Die Unterscheidung von Freund und Feind hat den Sinn, den äußeren Intensitätsgrad einer Verbindung oder Trennung, einer Assoziation oder Dissoziation zu bezeichnen«, konstatiert Schmitt (ebd., 2, S. 27). Es kommt keineswegs darauf an, ob diese Unterscheidung tatsächlich *praktisch* geworden oder nur ideeller Natur ist. Faktisch reicht es aus, wenn in den Köpfen einer Mehrheit des Volkes eine Freund-Feind-Bestimmung vorherrscht. Der Feind muß auch gar »nicht moralisch böse« sein oder »ästhetisch häßlich«, er muß nicht als Wirtschaftskonkurrent auftreten (ebd.). Es reicht einfach aus, wenn ›er‹ als Bestimmung für eine Unterscheidung zwischen dem eigenen und dem anderen kenntlich gemacht wird. Der Feind »ist eben der andere, der Fremde, und es genügt zu seinem Wesen, daß er in einem besonders intensiven Sinne existentiell etwas anderes und Fremdes ist, so daß im extremen Fall Konflikte mit ihm möglich sind, die weder durch eine im voraus getroffene generelle Normierung, noch durch den Spruch eines *unbeteiligten* und daher *unparteiischen* Dritten entschieden werden können« (ebd.).

Der Feind wird hier als existentielle Kategorie verstanden, die das Leben der Menschen noch vor der Existenz des Staates prägt. Politisch ist die Freund-Feind-Klassifizierung deshalb, weil es hier nicht um individuelle, quasi private Feindschaften geht, sondern stets auf das kollektive Gesamt verwiesen wird. Die Frage nach dem Feind und nach dem Freund ist eine soziale Ordnungsfrage: Sie charakterisiert den Ausgangspunkt aller Regeln, die sich eine spezifische Gesellschaft geben kann und geben will. Nicht alle werden für diese Regeln zugelassen: Sowohl von den Ressourcen her wie hinsichtlich der Zugangsberechtigung für den (politischen) Raum, in dem Menschen leben, wird es stets Menschen geben, die von den konkreten Regeln einer Gesellschaft ausgeschlossen bleiben. Welche Gründe auch immer dafür angebracht werden, stets wird das Kriterium des Feindes als eines **öffentlichen** Feindes den Ausschlag geben.

Der Feind hat durch die Öffentlichmachung »auf ein ganzes Volk Bezug« (ebd., 3, S. 29): Er ist damit der »realen Möglichkeit nach« für eine »*kämpfende* Gesamtheit von Menschen« eine existentielle Gefahr. Damit macht Schmitt deutlich, daß er die Freund-Feind-Unterscheidung für substantiell hält, um das **Volk als eine politische Einheit** überhaupt erst bestimmen zu können. Ohne den öffentlichen Feind kein Volk, das sich seiner selbst bewußt ist. Bewußt (im politischen Sinne) wird ein Volk erst dann auftreten können, wenn es sich in der Anerkennung des anderen als Feind selbst bestimmen kann (vgl. Bolsinger 2001, S. 113). Damit verfolgt Schmitt ein Grundelement der Hegelschen Philosophie, nämlich die Begründung des eigenen Selbst durch die objektive Bestimmung dessen, was alles nicht dazu gehört. Am deutlichsten wird man den Feind als **Feind** und den Freund als **Freund** in einer extremen Situation erkennen können. Dies ist, kollektiv betrachtet, die Gefahr der Existenzauslöschung eines Volkes, wie sie in Kriegszeiten immer droht. Der Krieg ist somit die »äußerste Realisierung der Feindschaft« (Schmitt: Begriff des Politischen, 3, S. 33). Hier erfährt sich die »seinsmäßige Negierung eines anderen Seins« in ihrem schonungslosen existentiellen Sinn (ebd.). Entweder stirbt das Volk oder der Feind. Die Freund-Feind-Unterscheidung basiert somit auf einem Kampfverständnis: »erst im wirklichen Kampf zeigt sich die äußerste Konsequenz der politischen Gruppierung von Freund und Feind« (ebd., 3, S. 35). Die Existenz des Menschen wird erst dadurch zu einer politischen. Wer den Feind bestimmt, entscheidet damit über die Zugehörigkeit und über die Gemeinsamkeiten. Ein Volk ist erst dann im politischen Sinne ›ein Volk‹, wenn es dazu in der Lage ist. Das Kennzeichen des Politischen basiert somit auf der kollektiven Fähigkeit der Konfrontationsentscheidung – und damit auf der Fähigkeit, die unterschiedlichen Dinge auf einen existentiellen Nenner zu bringen. »Jeder religiöse, moralische, ethnische oder andere Gegensatz verwandelt sich in einen politischen Gegensatz, wenn er stark genug ist, die Menschen nach Freund und Feind effektiv zu gruppieren«, bilanziert Schmitt (ebd., 4, S. 37). »Das, worauf es ankommt«, ist somit »immer nur der Konfliktfall« (ebd., 4, S. 39). Der Kampf und die Entscheidung zum Kampf sind quasi die säkulare Offenbarung für das Volk (vgl. Meier 1994, S. 107-186). Wenn es keine Entscheidung für einen Freund und gegen einen Feind mehr gibt, dann gibt es auch »keine einheitliche politische Größe mehr« (Schmitt: Begriff des Politischen, 4, S. 40). Über Dinge wie Volk und Staat brauchte man dann nicht mehr reden, über die Selbstbestimmung der Individuen im Rahmen von Regeln auch nicht.

12.3 Der Diskurs des Öffentlichen (Jürgen Habermas)

Schmitts Kennzeichnung des Politischen als einer Welt des Kampfes ist zweifellos düster und hobbesisch geprägt (vgl. Voigt 2001). Gerechtigkeitsfragen oder Ordnungsfragen im Sinne einer harmonischen Struktur der menschlichen Zivilität spielen hier keine Rolle. Der Kern der Argumentation in der Freund-Feind-Bestimmung verweist jedoch auf eine nicht wegzudiskutierende Grundgröße in politischen Dingen: Egal ob man es im Sinne einer existentiellen Feindschaft auslegt oder nicht, stets ist das Festlegen einer Differenz mit im Spiel. Kein Staat existiert ohne Abgrenzung von anderen Staaten, kein Volk ohne Abgrenzung von anderen Völkern, kein Individuum ohne Unterscheidung von anderen. Der **Begriff des Anderen** ist insofern konstitutiv für den Begriff des Politischen. Die Menschheit als *politische* Größe scheidet damit aus. Die Gattung als Ganzes genommen ist zu allgemein, zu vage, um eine politische Identität darstellen zu können. Insofern konstatiert Schmitt folgerichtig (Schmitt: Begriff des Politischen, 6, S. 55): »Wer Menschheit sagt, will betrügen«. Die »politische Welt ist ein Pluriversum, kein Universum« (ebd., 6, S. 54).

Diese Feststellung hat hinsichtlich der Staatenwelt eine realistische Grundlage. Auch die UNO hat bis heute mit allen Appellen für die gemeinsame Beachtung von Menschenrechten und Völkerrecht daran nichts ändern können. Doch so realistisch die Schmittsche Fixierung auf den Freund-Feind-Gegensatz als dissoziatives Element in der Politik auch ist, vielen ist diese Lehre vor dem Hintergrund der realen Schrecken im 20. Jahrhundert verständlicherweise zu machiavellistisch, zu militaristisch formuliert. Gegenentwürfe hierzu gibt es zahlreiche (vgl. in der Übersicht Brodocz/Schaal 2001). Einer der interessantesten und weitreichendsten stammt aus dem Umfeld der *Frankfurter Schule*, jener kritischen Denkanstalt, welche die Nachkriegsentwicklung der Bundesrepublik (und nicht nur dort) im Sinne ihrer strukturellen Widersprüche im Kontext der Moderne dechiffriert hat (vgl. Demirović 1999). Jürgen Habermas hat bereits frühzeitig in seinen diversen Schriften für die Frage der Öffentlichkeit ein **Diskursverfahren** entwickelt, das sich als Akt der Freiheit verstehen lassen will (vgl. grundsätzlich Dews 1999). Politisch im hier angezeigten Sinn ist seine Philosophie jedoch erst mit einer Spätschrift aus dem letzten Jahrzehnt des 20. Jahrhunderts geworden. Mit *Faktizität und Geltung* (1992) liefert der Frankfurter Soziologe und Philosoph zugleich eine systematische Antwort auf das Schmittsche Szenario.

Ausgangspunkt ist erneut die Frage, was die Gesellschaft als **Gesellschaft** konstituiert, bevor sie dann zu einer Staatsgesellschaft wird.

Im Gegensatz zu Schmitt setzt Habermas auf die **Solidarität** unter den Mitgliedern einer Gesellschaft. Wenn die Gesellschaft nicht auf irgendeine Weise solidarisch ist, kann es keine Gesellschaft geben. Für Schmitt besteht der Solidaritätsanspruch lediglich in der Zuweisung des Freundes als Abgrenzung des Feindes. Für Habermas hingegen basiert Solidarität auf einem **Akt der kommunikativen Freiheit**, die in einem Diskurs zustande kommt. Dieser Diskurs ist öffentlich, und er ist vor allem »moralisch-praktischer« Art (Habermas: Faktizität und Geltung, S. 11). Das kommunikative Aushandeln von politischen Inhalten kann jedoch nur dann als ein Akt der freiheitlichen Selbstverfügung verstanden werden, wenn die Kommunikation selbst *vernünftig* betrieben wird (vgl. Bonacker 1998). So gesehen ist die Diskurstheorie von Habermas eine Weiterentwicklung und Verfeinerung des Kantischen Rationalitätsideals. Doch die »kommunikative Vernunft ist nicht wie die klassische Gestalt der praktischen Vernunft eine Quelle für Normen des Handelns« (Habermas: Faktizität und Geltung, S. 18). Ausdrücklich gibt Habermas zu, daß es sich hierbei lediglich um die formalen Maßstäbe eines möglichst vernünftig zu führenden Diskurses handelt. Die **kommunikative Vernunft** »hat einen normativen Gehalt nur insofern, als sich der kommunikativ Handelnde auf pragmatische Voraussetzungen kontrafaktischer Art einlassen muß« (ebd.). Die kontrafaktischen Gegebenheiten resultieren aus der Notwendigkeit, a) für sich selbst im Diskurs eine Form der Idealisierung der eigenen Inhalte anzustreben und b) dem jeweiligen Diskurspartner als Gegenüber bei dessen eigenen Idealisierungen zugleich einen Anspruch auf Rationalität stets zu unterstellen. Ob dies tatsächlich so ist, entscheidet sich erst im Diskurs. Der Diskurs kann aber gar nicht geführt werden, wenn die Teilnehmer ihren Kommunikationsprozeß nicht als vernünftige Angelegenheit gestalten. Insofern muß auch der Diskurs normativ als eine Wahrheitsfrage behandelt werden. Ohne den Anspruch auf die Richtigkeit des Diskurses vermag kein soziales wie politisches Handeln Sinn (und damit Legitimität) zu ermitteln.

Über die Richtigkeit eines Diskurses entscheidet der Gebrauch der öffentlichen Vernunft; insofern muß der Diskurs öffentlich sein, will er die Inhalte, die vermittelt werden, als legitime Inhalte für die ganze Gesellschaft darstellen. Den Kantianischen Appell an die praktische Vernunft wandelt Habermas somit um in eine Strategie der »kommunikativen Rationalität« (ebd., S. 24). Doch diese Rationalität funktioniert nur dann, wenn sich die Beteiligten am Diskurs zumindest formal in der Wahrheitsberechtigung ihrer Aussagen anerkennen (vgl. kritisch Hennis 1975, S. 289ff. u. Hain 2001). Ein Reflex auf den kategorischen Imperativ Kants schwingt hier mit, ist jedoch insofern problematisch, wie die Anerkennung des anderen in der Wahrhaftigkeit seiner Aussagen in der Praxis paradox wirkt, da gerade das Ringen um die Richtigkeit der eigenen Aussage zum Prinzip der Überwindung des Widerspruchs führt. D.h., jeder Widerspruch im Diskurs wird aufgrund des konkreten eigenen Wahrheitsanspruchs tendenziell als illegitim abgehandelt. Die **Wahrheit** der formalen Anerkennung im Diskurs ist insofern nur ein Ideal. Habermas meint allerdings, daß dies ausreiche, um den Diskurs als öffentliche Veranstaltung zu einem demokratischen Profil zu bringen. Hierbei setzt er auf Kants rationale Selbstverpflichtung (Habermas: Faktizität und Geltung, S. 47): »Rechtsnormen sind unter jeweils verschiedenen Aspekten zugleich Zwangsgesetze und Gesetze der Freiheit«. Das Individuum bindet sich im öffentlichen Diskurs selbst **freiwillig**, insofern der Diskurs als ein vernünftiger interpretiert wird – und daraus folgt andererseits auch die Bindung an die Gesetze des Staates, die notwendigerweise aus diesem öffentlichen Diskurs resultieren. Streng genommen ist dies der Versuch einer Revitalisierung des Rousseauschen Programms: dieses Mal jedoch nicht mehr als simple Willensformulierung, sondern als dialektischer Vernunftcheck in der kommunikativen Auseinandersetzung. »Die Rechtsgenossen müssen unterstellen dürfen«, formuliert Habermas, »daß sie in freier politischer Meinungs- und Willensbildung die Regeln, denen sie als Adressaten unterworfen sind, auch selber autorisieren würden« (ebd., S. 57).

Die demokratische Ordnung basiert somit auf einer Vernunftmaxime, in und mit der unterstellt wird, daß das Individuum auch als autonomes Subjekt zur Anerkennung der Gesetze kommen müßte, die man als Bürger ohnehin zu akzeptieren hat. Die Legitimität der politischen Ordnung steht somit in Analogie zur intern ermittelten Legitimität des handelnden Subjekts. Das beinhaltet eine Einheit des (an sich autonom denkbaren) Menschen mit dem Status als Bürger einer Republik. Faktisch ist diese Synthese aber wiederum ein Ideal, weil die Qualität der politischen Institutionen, sozusagen deren Selbstinteresse, nicht unbedingt dem entsprechen muß, was ein öffentlicher Diskurs an Vernunftgründen ermittelt. Das räumt auch Habermas ein, indem er feststellt, daß »Rechtsstaat und Sozialstaat [...] im Prinzip auch ohne Demokratie möglich« sind (ebd., S. 104). »Die sozialen Rechte bedeuten unter *funktionalen* Gesichtspunkten die Installierung wohlfahrtsstaatlicher Bürokratien, unter *normativen* Gesichtspunkten gewähren sie kompensatorische Ansprüche auf eine gerechte Teilhabe am gesellschaftlichen Reichtum« (ebd., S. 105). **Funktion und Norm** sind somit nicht dasselbe. Im Gegenteil – gerade die »Systeme von Wirtschaft und Verwaltung haben die Tendenz, sich gegen ihre Umwelten abzuschließen und nur den eigenen Imperativen von Geld und administrativer Macht zu gehorchen«; sie sprengen damit für Habermas »das Modell einer Rechtsgemeinschaft, die sich über die gemeinsame Praxis der Staatsbürger selbst bestimmt« (ebd.).

Die moderne Gesellschaft leidet demzufolge aufgrund ihrer pluralistischen Struktur tendenziell unter Privatansprüchen von Subsystemen. Sei es die Wirtschaft, die Verwaltung oder irgendein Taubenzüchterverein, sie alle praktizieren so lange lediglich eine private Moral, wie sie nicht in einem öffentlichen Diskurs ihre Interessen einbringen und rational überprüfen lassen. Die »private Autonomie reicht so weit, wie das Rechtssubjekt *nicht* Rede und Antwort stehen, für seine Handlungspläne *keine* öffentlich akzeptablen Gründe angeben muß« (ebd., S. 153). Habermas kennzeichnet dies als **Akt einer negativen Freiheit**. Zu einer positiven Freiheit gelangt man in einem pluralistischen System jedoch erst dann, wenn man über die rationale Kommunikation den öffentlichen Gebrauch der Vernunft anzeigen kann. Das geschieht mit Hilfe des Rechts. **Moral** als individuelle Kompetenz und **Recht** als allgemeine Übereinstimmung sind somit zunächst indifferente Bezugsgrößen, die erst über den Diskurs aufeinander abgestimmt werden können. Insofern ist für Habermas der »entscheidende Gedanke [...], daß sich das Demokratieprinzip der Verschränkung von Diskursprinzip und Rechtsform verdankt« (ebd., S. 154). Nur was im Diskursverfahren eingesehen worden ist, kann auch als Rechtsnorm (in Anerkennung der Legitimität der Norm) befolgt werden.

Ähnlich wie bei Kant setzt dies in der Lehre von Habermas eine hohe Selbstverpflichtung des Individuums als Bürger zu einem rationalen Diskurs voraus. Nicht die Macht entscheidet, sondern die Vernunft, indem sie die kommunikative Freiheit im Diskurs als existentiell voraussetzt. Das ist zweifellos ein hoher Maßstab, der noch dazu von Habermas als Akt der Selbstaufklärung für das bürgerliche Subjekt ausgelegt wird. Insofern ist die Lehre vom Diskurs im politischen Sinne emanzipativ gemeint, wie Habermas immer wieder unterstreicht: »Aufklärung ist ein Reflex der Selbsterfahrung im Verlauf von Lernprozessen« (Habermas: Was Theorien leisten können, S. 136). Folgerichtig geht es hier nach wie vor um die Verwirklichung des Kantschen Ideals: Die *richtige* Kritik an der etablierten Ordnung der Dinge geschieht mit dem Ziel der Optimierung zu mehr menschlicher Selbstverantwortung. Letztendlich ist dies auch ein marxscher Reflex bei Habermas – die völlige Freiheit des autonomen Subjekts, die Nihilierung von Herrschaft qua Vernunft.

13. Rückblick auf das Weitere ...

»I.I. What is Man?
I.II. Before beginning to answer the question, we must know why it is asked.
I.I2. It is asked because we are beginning an inquiry into civilization, and the revolt against it which is the most conspicuous thing going on at the present time.«

(Collingwood: The New Leviathan, I.I, S.1)

Die Option des Jürgen Habermas auf eine Verhandlungsdemokratie lebt vom Geist der Anerkennung von Diskursverfahren, die als solche für alle Beteiligten nicht hintergehbar sein sollen. **Deliberative Politik** nennt Habermas dies und meint damit den fortwährenden Prozeß des Aushandelns, Abwägens und Urteilens im Namen der Vernunft. Doch dies ist zweifellos ein Anspruch, der nicht notwendigerweise von allen Diskursteilnehmern angestrebt, geschweige denn praktiziert werden muß. Was ist, wenn manche nur zum Schein auf die Verfahrensregeln eingehen? – Was ist, wenn die formal-rationalen Regeln des Diskurses dazu benutzt werden, um ungerechte Politikinhalte zu produzieren oder um diese zu verschleiern?

Auf Fragen dieser Art hat die deliberative Politikkonzeption keine zufriedenstellenden Antworten, weil sie die Wahrheitsfrage nach dem Sinn ihrer Diskursinhalte zu keinem Zeitpunkt als essentielle Voraussetzung hat (vgl. Hösle 1993). Hier hätte Habermas, wenn er ihn denn rezipiert hätte, von der Lehre des Johannes Althusius durchaus etwas lernen können. Der Kommunikationsprozeß kann nur dann dauerhaft gedeihen, wenn die Frage nach dem **Sinn der politischen Gemeinschaft** immer schon als beantwortet gelten kann. Nicht umsonst hat die sogenannte kommunitarische Politiklehre, wie sie vor allem in den USA im letzten Drittel des 20. Jahrhunderts zunehmend an Bedeutung gewonnen hat (vgl. Barry [4]2000, S. 19-28), gegen jede Universalisierung von politischer Gemeinschaft (und Gerechtigkeit) stets auf die Relevanz der Sprache, der Kultur und des Raumes in einem temporären Sinne hingewiesen. Was eine Nation ist, verdankt sie nicht den Interpretamenten der Verhandlungsdemokratie. Die Frage der Nation und die Qualität der politischen Ordnung resultiert in ganz erheblichem Maße aus Faktoren, die keineswegs beliebig ersetzt werden können durch andere Variablen. Montesquieu steht für diese Argumentation ebenso Pate wie Hegel: Die Vernunft ist weltgeschichtlich unterschiedlich strukturiert, jedes Volk wie auch jede Nachbarschaftsvereinigung hat das originäre Recht, seine Dinge so zu gestalten, wie sie es für richtig halten.

So unterschiedlich kommunitarische Entwürfe wie die von Alasdair MacIntyre, Michael Sandel oder Charles Taylor im einzelnen auch sind (vgl. Kymlicka 1997, S. 169-199, Rosa 2001), ist die Rückführung auf das **Gebot einer individuellen Tugend**, die mit einer **allgemeinen Tugend** notwendigerweise gekoppelt werden muß, das vorherrschende Geltungsprinzip für die Neuausrichtung der demokratischen Politik. Jenseits aller Differenzen auch zum liberalistischen Ansatz des selbstbezogenen Nutzens vermag eine solche Rückbesinnung nur den klassischen Gehalt des republikanischen Credos unterstreichen, von dem bereits Machiavelli, Spinoza, Rousseau und nicht zuletzt Hegel ausgegangen sind, demzufolge für die Tugend der Republik eine strikte Selbstverpflichtung der Individuen als Staatsvolk zugunsten der öffentlichen Güter notwendig ist (vgl. Gray 2000). Nur wenn man stets von neuem daran erinnert, was eine Sache der öffentlichen Erziehung ist, wird die mündige Partizipation der Bürger zugunsten einer starken Demokratie tatsächlich praktiziert werden können (vgl. Barber 1994).

Vor dem Hintergrund von beinahe 2.500 Jahren Diskursentwicklung der Politischen Philosophie überrascht der gegenwärtige Disput zwischen universalen Idealisten (wie Rawls und Habermas) und spezifizierenden Traditionalisten (wie den Kommunitariern) keineswegs, ist dies doch die typische Neuauflage des ewig gleichen **Ringens zwischen Idealität und Realität** (vgl. grundsätzlich Reese-Schäfer 1997, McKinnon/Hampsher-Monk 2000). Es geht um eine Modifikation der immer gleichen Fragen nach Macht, Ordnung, Recht und Gerechtigkeit, die bereits Platon und Aristoteles gestellt haben. Lediglich die Maßstäbe für das, was sich menschliche Vernunft nennt, haben sich in ihren Parametern verschoben, nicht aber das Ding an sich. Wenn das Ding an sich in diesem Fall ›Politik‹ heißt und offensichtlich etwas mit dem Anspruch auf eine gerechte Ordnung für möglichst alle Beteiligten zu tun hat, dann fallen für das Resümee mehrere Aspekte auf.

Zunächst ist da einmal grundsätzlich die Tatsache zu nennen, daß für die Politische Philosophie die **Frauenfrage** mit Ausnahme weniger Autoren, die meist im Gefolge Platons argumentieren, bis zur Schwelle der Moderne nicht relevant ist. Das bedarf einer Erklärung: Im Sog der aristotelischen Diagnose hat sich bei allen Lehren, die mit der Besitzstandsfrage den Status des Politischen als einer existentiellen Kategorie der Subsistenzsicherung erklären, zugleich ein patriarchalisches Herrschaftsverhältnis implementiert, das vom griechischen Oikos über das ganze Haus des römisch-germanischen Rechts bis hin zu den bürgerlichen Vertragsentwürfen von Hobbes, Locke und Rousseau reicht. Selbst bei Kant findet bezeichnenderweise die Selbstaufklärung des Subjekts im Rahmen der Emanzipation aus der Unmündigkeit nicht als Vernunft-Akt der Frauen statt. Hegel und auch die Marxsche Lehre ändern an diesem Sachverhalt nicht viel. Die Begründung einer Gleichberechtigung von Mann und Frau als politisches Subjekt resultiert gleichwohl aus all diesen genannten philosophischen Lehren – und zwar bei der Anerkennung ihrer naturrechtlichen Prämissen. Wenn es richtig und vernünftig ist, das das Wollen und Können eines Individuums ein natürliches Recht ist, das als Existenzrecht von keiner politischen Herrschaft grundsätzlich bestritten werden kann, dann ist nicht einzusehen, warum hier gerade die andere Hälfte der Menschheit in Form der Frau aus diesem Maßstab der Vernunft und der Berechtigung zur politischen Teilhabe herausfallen soll. Die erste Frau, die diese philosophische Forderung konsequent aufgreift, ist Mary Wollstonecraft. In ihrem *Plädoyer für die Rechte der Frau* (1792) antwortet sie sowohl auf die Französische Revolution wie (philosophisch) auf die Lehre von Rousseau. Gerade diesem Autor, der sich um die Belange der Volkssouveränität so verdient gemacht hat, kann sie den blinden Fleck bei seinem Volksverständnis systematisch nachweisen.

Wollstonecraft diagnostiziert eine konsequente Verschleppung und Tabuisierung durch die Männerwelt, die mit ihrer auf Männlichkeit fixierten Herrschaft das eigene Vernunftideal (und damit die Aufklärung) verraten. Somit ist es ein Kennzeichen der Herrschaft der Männer, »den Verstand der Frauen abzustumpfen und ihre Sinne zu schärfen« (Wollstonecraft: Plädoyer für die Rechte der Frau, S. 27). Mit einer systematischen und traditionell seit Jahrhunderten praktizierten **Erziehung zur Unvernunft** gerät somit die Rolle der Frau zu einer Art zweiter menschlichen Natur, dem Manne sozial wie politisch nachgeordnet. Dagegen rebelliert Wollstonecraft auf geradezu erfrischende Weise mit ihrer kleinen Schrift, indem sie die

Freiheit als Mutter aller Tugend begreift und dieses Prinzip auch für die Rolle der Frau einfordert. Ihr Hinweis, daß die Prinzipien des Denkens und die Mittel der Moral unteilbar seien und damit notwendigerweise für beide Geschlechter gelten, ist so zentral für die weitere naturrechtliche Debatte geworden, daß Mary Wollstonecraft zur Begründerin der feministischen politischen Philosophie bis auf den heutigen Tag geworden ist (für den Kontext vgl. Bryson 1999). Zugleich verweist ihre Diagnose aber auch auf die Problematik im Umgang mit dem Prinzip der Vernunft selbst: Denn bis »heute regiert brutale Macht die Welt, und das Zögern der Philosophen, entschlossen dem Wissen den Vorzug zu geben, das dem Menschen am nützlichsten ist, zeigt, daß die Wissenschaft der Politik noch in den Kinderschuhen steckt« (Wollstonecraft: Plädoyer für die Rechte der Frau, S. 47).

Was aber ist die **Wissenschaft der Politik**? – Angesichts der barbarischen Akte des 20. Jahrhunderts und der Chaotisierung der Lebensverhältnisse zu fragmentarischen Entwürfen mit größten sozialen Unterschieden wird man kaum behaupten können, daß die heutige Politische Philosophie bei der Lösung ihrer Fragestellungen so viel weitergekommen ist gegenüber den Antworten eines Platon oder Aristoteles. Das muß nicht bedeuten, daß die Antike der Maßstab ist für die heutige Diagnose in der Politischen Philosophie, aber zur Bildung aktueller Maßstäbe ist ihre angemessene Berücksichtigung allemal sinnvoll und gewinnbringend (vgl. auch Williams 2000).

Selbstverständlich haben sich die Bemessungsgrundlagen verschoben, innerhalb derer man Frieden, Gerechtigkeit und die Qualität des Volkes dechiffriert, doch die Selbstgefährdung durch das Daseinsprinzip der Macht ist geblieben. Die fatale Logik der existentiellen Vernichtung von Menschen, wie sie Thukydides im Melier-Dialog analysiert, wird durch das Schreckensszenario von zerstörten Hochhäusern in den USA auf bedrückende Weise revitalisiert. Für Hobbesianer und Machiavellisten kein Grund zur Überraschung. Unterhalb der dünnen Schicht an Zivilisation lauert der Wolf im Menschen, und seine Fähigkeit, ein *animal ferox*, ein wildes Wesen zu sein, ist (mindestens) ebenso hoch zu veranschlagen wie alle Appelle an die Qualität seiner Vernunft.

Doch die Vernunft ist kein Selbstzweck. Rein funktional betrachtet entbehrt sie der Zielsetzungen, die sie eigentlich ermitteln soll. Die inhaltlich-qualitative Füllung bekommt die Vernunft in der Politik insofern nur über die Ebene der Moral – und zwar in der systematischen Anleitung zur bürgerlichen Tugend, einander Gutes zu tun. Gerade hierbei aber kommt es zu den größten Mißverständnissen und Schädigungen in der Politischen Philosophie. Was gut ist und was nicht, bedarf im Idealfall einer Synthese zwischen dem Individuellen und dem Allgemeinen. Wie soll man dies ermitteln – und vor allem wer soll dies feststellen dürfen? – Darüber gehen die Interpretationen seit Platon bekanntlich auseinander. Grundsätzlich existiert dazu eine optimistischere und eine pessimistischere Variante. Wenn schon die **Moral bei der Politik** im Spiel sein soll, dann eigentlich nur aus »Furcht vor dem Nächsten«, wie Friedrich Nietzsche in seiner Abrechnung zu *Jenseits von Gut und Böse* (1886) meint: »An den höchsten und stärksten Trieben, wenn sie, leidenschaftlich ausbrechend, den Einzelnen weit über den Durchschnitt und die Niederung des Heerdengewissens hinaus und hinauf treiben, geht das Selbstgefühl der Gemeinde zu Grunde, ihr Glaube an sich, ihr Rückgrat gleichsam, zerbricht: folglich wird man gerade diese Triebe am besten brandmarken und verleumden« (Nietzsche: Jenseits von Gut und Böse, V.201, S. 122/123). »Alles, was den Einzelnen über die Heerde hinaushebt und dem Nächsten Furcht macht, heisst von nun an *böse*; die billige, bescheidene, sich einordnende, gleichsetzende Gesinnung, das *Mittelmaass* der Begierden kommt zu moralischen Namen und Ehren« (ebd., S.123). So zynisch sich diese Argumentation auch liest, sie verweist in ihrer Radikalität auf ein Grundproblem der Moderne: Denn der auf den reinen Nutzen bezogene Individualismus führt zu einer schrankenlosen, sich potentiell jederzeit austoben wollenden Triebstruktur, gegenüber der ein kategorischer Imperativ wie ein gut gemeintes, aber naiv formuliertes Postulat erscheint. Man kann es mit Nietzsche auch umgekehrt interpretieren: Wenn das »Leben selbst« ein **Wille zur Macht** ist (ebd., I.13, S. 27), dann kann man das Kantsche Postulat auch als ein totalisierendes Stück der individualistischen Selbstsetzung verstehen. Vom Selbst wird kategorisch auf das Ganze geschlossen – und das Ganze hat sich dabei dem Selbst zu fügen. Der Heros des Politischen in all seiner Brutalität der schieren Machtdurchsetzung, wie er von Nietzsche gefeiert wird, versteht sich alsdann im Handeln eines Lenin oder Hitlers als folgerichtiges Dasein moderner Politikauffassung. Politik ist hierbei total geworden. Die Moral wird völlig inkorporiert in den Politikbegriff und stellt kein notwendiges Korrelat mehr da, wie dies in der christlich-abendländischen Politikauffassung bis Rousseau der Fall ist. Die Lehre des französischen Grenzgängers aller Lebensbereiche ist insofern ein Paradigmenwechsel für die Moderne in doppelter Hinsicht: zum einen wegen der Qualifizierung des Volkes aufgrund eines allgemeinen Willens, der mit einer höheren Form von Vernunft gleichgesetzt wird, zum anderen wegen der Selbstverpflichtungslogik, die eine öffentliche Moral über die private Moral stellt. Streng genommen ist letzteres bereits bei Hobbes angelegt, mit dem Unterschied, daß hier eine private Moral politisch gar keine Rolle spielt.

Wenn man jedoch so sehr, wie diese beiden Autoren, auf die **höhere Dignität der öffentlichen Vernunft** setzt, dann ist die Gefahr einer totalisierenden Politikgestaltung nicht weit. Das Problem ist dabei gar nicht so sehr, daß die Politik die Moral fast vollständig absorbiert, sondern vielmehr, daß die politische Moral in einem totalitären Staat stets auch (nur) Ausdruck von Spezialinteressen bestimmter Sonderformationen der Gesellschaft ist. Wenn sich das individuelle Selbst verabsolutiert und das Eigene zum Maßstab des ganzes Volkes oder gar der Gattung Mensch macht, dann ist die Perversion der Vernunft gegeben. Insofern kann jeder Anspruch an die Vernunft der politischen Mittel nur dann tatsächlich erfolgreich sein, wenn die Politik kein Selbstzweck ist, sondern der Moral dient. Aber auch die Moral ist kein Selbstzweck, sondern sie verweist auf eine Art höhere Dignität für die Belange des Menschen: man mag dies (wie Platon) die Idee des Guten nennen, christlich gewendet die Idee Gottes, stets ist damit verbunden die Anleitung zu einem besseren Mensch-Sein auf Erden (vgl. auch Nitschke 2001, S. 907-914).

Im Prinzip unterstreichen alle Autoren der Politischen Philosophie, daß es sich bei diesem Auftragsverhältnis zunächst um eine Frage der **Binnenverpflichtung des Menschen** zu sich selbst handelt. Der kategorische Imperativ Kants weist nachdrücklich auf diese Konstellation hin. So gesehen produzieren die Menschen Gesellschaft und politische Ordnung in einem psychologischen Innenraum ihrer eigenen Existenz, »weil sie in ihrer Seele – in der Machtgestaltung ihres Bewußtseins – jenes Regierungswerk tragen, durch welches ›Politik‹ *im* Menschen schon geschieht, bevor die Menschen überhaupt mit der Gründung und Einrichtung ihrer Gesellschaften zu der Politik als Existenzform finden und aus dieser die Tätigkeit ihres Lebens machen« (Schabert 1998, S. 156). Man tut gut daran, sich hieran stets zu erinnern, denn die Selbstformierung des Politischen aus den Erkenntnis- und Willensakten des Menschen zeigt auch seine immense Verantwortung auf. **Was ist richtig und was nicht?** ist damit keine beliebige sophistische Frage, die durch den Einsatz von Macht und Gewalt schon beantwortet wäre. Im Gegenteil – seit Platons Diagnose bemühen sich alle Angebote in der Politischen Philosophie um die Herleitung des Rechts aus der

Frage der Gerechtigkeit. Dies kann man ganz unterschiedlich beantworten, doch man sollte sich davor hüten, den Nutzen einer bestimmten Interpretation für den Selbstwert eines Volkes oder einer Gruppe bereits für den Sinn und die Vernunft an sich auszugeben. Insofern ist jene Form der Selbstvergöttlichung, wie sie von Eric Voegelin für das Denken der modernen Welt verortet wird, faktisch prekär: Die heilsgeschichtliche Selbstauslegung des Menschen, die Voegelin als einen **Gnostizismus der Moderne** kennzeichnet, bedingt eine selbstgefällige Aufteilung in Gut und Böse, in sogenannte progressive und angeblich rückständige Geister, einer philosophischen Grundrichtung, von der vor allem auch der Liberalismus wesentlich geprägt ist. Dabei wird unterschwellig an einen potentiellen Endzweck der irdischen Güter appelliert, der durch die reine (individuelle) Nutzenmaximierung angeblich (schon) zu erreichen sei. Voegelin geht insofern nicht fehl, wenn er darin eine Art verkappter Heilsgeschichte der westlichen Welt sieht. Diese ist deshalb auch so problematisch, weil sie das Bewußtsein von ›Realität‹ auf Dinge verengt, die vielleicht gar nicht ins Zentrum des Politischen gehören. Der simple Nutzen als Selbstzweck steht hierbei voran. In der Diagnose Voegelins ist dies eine Art von Selbsttäuschung, wie sie die Moderne in den philosophischen Gebäuden eines Thomas Hobbes und Hegels errichtet hat. Die von Voegelin angemahnte *Neue Wissenschaft von der Politik* (1952) ist somit die Rückerinnerung auf die alte Wissenschaft von der Politik, wie sie Platon, Aristoteles, aber eben auch das Lehrgebäude eines Thomas von Aquin errichtet haben. So gesehen ist Politik immer schon verbunden mit der Wahrheitsfrage: kein beliebiges Etwas, das man irgendwelchen Meinungsumfragen opfert, sondern das einen Sinn für das Ganze anstrebt – und dies erst recht dann, wenn der Wald vor lauter Bäumen nicht mehr sichtbar zu sein scheint. Wo die Moderne hiervon abweicht, in dem sie den größtmöglichen Nutzen der größtmöglichen Zahl zum Maßstab der Dinge erklärt, ergeben sich funktionale Beliebigkeiten, die alles andere als vernünftig sind – für die sich aber stets willkürlich herbeigeführte Mehrheitsmeinungen finden lassen, weil sie mit einem angeblichen Nutzen verbunden werden. Auschwitz oder Hiroshima sind somit keineswegs zufällige Produkte rassistischer oder militärischer Leidenschaften eines ganzen Volkes, sondern dahinter verbirgt sich das Kalkül der Mehrheit, die ihre Politik nur noch **ohne jede Alternative** denken kann. Insofern spitzt die Politische Philosophie der Moderne viele ihrer Argumente so existentiell zu, daß man aus dem fatalen Reduktionismus von Freund und Feind im Sinne Carl Schmitts gar nicht mehr herauszukommen scheint. Damit wird das Göttliche in der Perspektive eines Endzwecks säkularisiert und zu »Teilinhalten der Welt« erklärt, die modernen politischen Philosophien mutieren so tendenziell zu »innerweltlichen Religionen« (Voegelin: Die Politischen Religionen, S. 17).

Manchem mag diese Deutung der Veränderungen in der Politischen Philosophie entweder zu radikal oder schlichtweg verkehrt sein und er mag es mehr mit Kant halten, der die Fragen der Moral als eine stets vom Menschen selbst zu lösende Binnenfrage versteht. Kant lehnt ein Denken auf den Endzweck hin rundherum ab, weil von dem Anspruch auf ein Ziel hinsichtlich der ewigen Ruhe ein Denken ausgeht, das allem »Denken selbst ein Ende« macht (Kant: Das Ende aller Dinge, S. 185). Bezogen auf die moralische Qualität einer vernünftigen Aussage kann für ihn nur gelten, daß das, was heute als richtig erscheint, auch in Zukunft nicht ganz verkehrt sein kann. Andernfalls ergäbe jeder Anspruch auf Moral keinen Sinn. Da aber der Sinn von bürgerlichen Tugenden nie vollständig zu ermitteln ist, ist es auch verkehrt, wenn man den politischen Endzweck eines Staates als absolut auslegen wollte. Insofern ist gerade die Philosophie Hegels tatsächlich alles andere als unproblematisch für die moderne politische Kultur. Denn jeder Versuch, einen zeitlich konkreten Plan in der Politik als das Beste dieser Welt auszulegen, ist von der Tendenz her totalitär. Jede Politik hat immer (mindestens) eine Alternative.

Begreift man dies als eine wichtige Grundbedingung des Politischen, dann sind die Elemente und mannigfaltigen Anleihen aus der Politischen Theologie (etwa in der Argumentation eines Augustinus, Thomas von Aquin, aber auch bei Bodin, Althusius, Spinoza und Leibniz) nicht zufällig, sondern konstitutiv: Sie verweisen allesamt auf ein Verständnis des Politischen als einer Einheit der Gattung ›Mensch‹ unter dem Gesichtspunkt der Ewigkeit (*sub specie aeternitatis*). Gerade diese Perspektive kann der Staat nicht gewährleisten, so gern er dies auch möchte. Er wird stets scheitern, weil er die Verfügungsmittel zur Gestaltung der Glückseligkeit der Bürger nur kontingent angehen kann. Die Politische Theologie verweist insofern die Politische Philosophie auf etwas, was außerhalb ihres vernünftigen Verfügungsrahmens steht: Der letztendliche Sinnbezug des Menschen ist anthropologisch unverfügbar, so lange man im Glauben von der **Wahrheit der Schöpfung** ausgeht. Insofern kennzeichnet die Politische Theologie die logische Grenze für die Politische Philosophie: Jenseits dieser hermeneutischen Grenze kann man rational nicht mehr fragen.

Andererseits kennzeichnet aber auch die Politische Theologie ein strukturelles Unvermögen in ihrem praktischen Vollzug: Sie kann die immanente Spannung zwischen dem Können und dem Sollen letztlich nie dauerhaft zur Synthese bringen. D.h. die Politische Theologie, die Voegelin als versteckte säkularisierte Heilslehre auch in der modernen Politischen Philosophie bei Hegel und Marx verortet, zerbricht an ihrem eigenen Dogma – wofür die Geschichte des Marxismus zweifellos ein anschauliches und dramatisches Lehrstück liefert.

Die Politik positiviert sich notwendigerweise wegen der Funktionen, die von ihr in einer Bedürfniskonstellation heterogener Interessen verlangt werden, stets von Neuem. Sie durchbricht damit zwangsläufig den Code der hermetischen Zuordnung von Welt, wie sie die Politische Theologie als ideologische Praxis formuliert. Eine machiavellistische Setzung vom Willen zur Macht führt zu einem anthropologischen Selbstbezug, der noch stets den Suprematieanspruch jeder höheren Form vom (göttlichen oder weltgeschichtlichem) **Endzweck** falsifiziert hat. Aber auch eine solche Falsifizierung bleibt nie von Dauer, weil sie bei aller Hinwendung zur Orientierung auf den reinen Nutzen hin gerade im Sinn der **Richtigkeit von Politik** versagt. Der Nutzen der Mehrheit ist nie der Nutzen aller.

Man kann dies auch als ein dialektisches Prinzip begreifen, wie Michael Oakeshott es vorführt. Seiner Ansicht nach ist das westliche Denken seit dem Spätmittelalter unter dem Wechselspiel von **Zuversicht und Skepsis** zu verstehen. Zwei konkurrierende Politikstile: auf der einen Seite die Skepsis als anthropologische Grundlage für eine Politik, die den Zweifel an der jeweiligen Richtigkeit der Dinge zum beherrschenden Prinzip ihrer Handlungen macht, worunter man so verschiedene Autoren wie David Hume, Tocqueville, aber auch Spinoza, Marc Aurel oder sogar einen Teil der Argumentation Platons fassen könnte. Auf der anderen Seite hingegen das Prinzip der Zuversicht, die Verheißung auf ein besseres Dasein, am Ende gar der hehre Endzweck alles Seins als zu realisierendes Stück für die Wirklichkeit, wozu zweifellos ein Großteil der utopischen Autoren wie Morus (trotz aller Skepsis), Campanella, Leibniz, Thomas von Aquin, aber auch Kant, Fichte und nicht zuletzt Hegel und Marx zu rechnen sind. Platon steht hier zusammen mit der Eudaimonie-Lehre des Aristoteles ebenso Pate. Eine »Regierung im Stil der Zuversicht ist eine gottähnliche Tätigkeit«, konstatiert Oakeshott und kennzeichnet damit in der Tat ein wesentliches Element der abendländischen politischen Philosophie (Oakeshott: Zuversicht und Skepsis, S. 215). Zweifellos ist dies ein originäres Stück einer europäischen Sicht auf das Politische, denn eine Politik der Zuversicht ist in dieser Form nicht denkbar ohne die Attribute der christlichen Offenbarungslogik, der utopischen Konstruktion von Welt und damit dem Ansporn, sich mit dem jeweiligen Zustand der Dinge keineswegs zufrieden zu geben. Insofern kann Oakeshott zu recht folgern, daß das »bemerkenswerteste politische Geschenk Europas an die Welt [...] nicht Repräsentativsystem oder ›Volks‹-Herrschaft« heißt: in diesem Sinne ist es »überhaupt keine Staatsform, sondern der Ehrgeiz und die Lust, im Sinne der Zuversicht zu regieren beziehungsweise regiert zu werden« (ebd., S. 234).

Gegen diese Optimierungslust tritt das skeptizistische Programm mit Notwendigkeit auf den Plan. Faktisch kommt dabei für die Realität stets eine Mischung aus beiden Prinzipien heraus, wobei mal mehr die eine, mal mehr die andere Komponente überwiegt. Gemeinsam ist beiden Politikstilen, daß sie die leidige Frage nach der richtigen Gestaltung der Macht im Sinne einer Wahrheitsfrage beantworten wollen. Hiervon wird auch der Fortgang der Politischen Philosophie im 21. Jahrhundert bestimmt sein. Der wahrhaften Beantwortung zur Frage der Macht wird man sich nicht entledigen können. Und gerade angesichts der globalen Herausforderungen für die Politik wird man trotz aller Schwierigkeiten erst recht zur Formulierung einer »grossen Gerechtigkeit«, wie Nietzsche es nennt, gelangen müssen (Nietzsche: Jenseits von Gut und Böse, VI.213, S. 149). Das wird die Weiterentwicklung der Methoden und der Fragen beinhalten.

Insofern ist hier ein Appell an die **Dringlichkeit der Politischen Philosophie** zu unterstreichen, im nietzscheanischen (oder besser: platonischen Sinne) den Auszug aus dem alten Haus der Lehrmeinungen vorzunehmen in ein neues Gebäude, das noch zu errichten sein wird. Politische Philosophie ist somit stets der Beginn von etwas Neuem. Doch dies kann nur dann gelingen, wenn das bisherige verstanden worden ist und die Kernfragen nach dem gerechten Leben nicht ohne, sondern mit Hilfe der bis dato ermittelten Antworten vernünftig von neuem begründet werden. Das geht nicht ohne die Fähigkeit zur Liebe: a) an der Philosophie im besonderen und b) an der zum Menschen im allgemeinen. Nur dort, wo beides vorhanden ist, wird auch in Zukunft der Gewinn von Politischer Philosophie zu verbuchen sein. Und dieser Gewinn ist nicht wenig, sondern existentiell: wie Leibniz schlicht formuliert, nämlich »die Liebe des Nebenmenschen oder ein ungefärbter Eifer zur Beförderung des allgemeinen Besten« (Leibniz: Von der Glückseligkeit, S. 396).

Literaturverzeichnis

1. Themen der Politischen Philosophie

Primärliteratur:

Russell, Bertrand: *Denker des Abendlandes. Eine Geschichte der Philosophie.* Mit Vorbemerkungen v. Willy Hochkeppel. 5. Aufl. München 1997.

Strauss, Leo: »What is Political Philosophy?« In: *What is Political Philosophy? And other Studies.* 2. Aufl. New York/London 1968, S. 9-55.

Sekundärliteratur:

Ballestrem, Karl Graf von/Gerhardt, Volker/Ottmann, Henning/Thompson, Martyn P. (Hgg.): *Politisches Denken – Jahrbuch.* Stuttgart/Weimar 1991ff.

Baudart, Anne: *Die Politische Philosophie. Ausführungen zum besseren Verständnis – Anregungen zum Nachdenken.* Bergisch Gladbach 1998.

Berber, Friedrich: *Das Staatsideal im Wandel der Weltgeschichte. Eine Einführung in die Hauptprobleme der Staatsphilosophie.* 2. neubearb. Aufl. München 1978.

Brunkhorst, Hauke: *Einführung in die Geschichte politischer Ideen.* München 2000.

Fetscher, Iring/Münkler, Herfried (Hgg.): *Pipers Handbuch der Politischen Ideen.* 5 Bde. Bd. 1: *Frühe Hochkulturen und europäische Antike.* München 1988. Bd. 2: *Mittelalter – Von den Anfängen des Islam bis zur Reformation.* München 1993. Bd. 3: *Neuzeit – Von den Konfessionskriegen bis zur Aufklärung.* München 1985. Bd. 4: *Neuzeit – Von der Französischen Revolution bis zum europäischen Nationalsozialismus.* München 1986. Bd. 5: *Neuzeit – Vom Zeitalter des Imperialismus bis zu den neuen sozialen Bewegungen.* München 1987.

Hartmann, Klaus: *Politische Philosophie.* Freiburg/München 1981.

Hellmuth, Eckhart/Ehrenstein, Christoph von: »Intellectual History Made in Britain – Die Cambridge School und ihre Kritiker«. In: *Geschichte und Gesellschaft* 27 (2001) H. 1, S. 149-172.

Lieber, Hans-Joachim (Hg.): *Politische Theorien von der Antike bis zur Gegenwart.* Bonn 1991.

Maier, Hans/Denzer, Horst (Hgg.): *Klassiker des politischen Denkens.* 2 Bde. Bd. 1: *Von Platon bis Thomas Hobbes.* Bd. 2: *Von John Locke bis Max Weber.* Völlig neu überarb. Ausg. der 6., gebundenen Aufl. München 2001.

Meier, Heinrich: *Warum Politische Philosophie?* Stuttgart/Weimar 2000.

Möbus, Gerhard: *Politische Theorien.* 2 Bde. Teil 1: *Die politischen Theorien von der Antike bis zur Renaissance.* 2., erw. Aufl. Köln/Opladen 1964. Teil 2: *Die politischen Theorien im Zeitalter der absoluten Monarchie bis zur Französischen Revolution.* 2., erw. Aufl. Köln/Opladen 1966.

Morrow, John: *History of Political Thought. A Thematic Introduction.* Houndmills/Basingstoke/London 1998.

Oberndörfer, Dieter/Rosenzweig, Beate (Hgg.): *Klassische Staatsphilosophie. Texte und Einführungen von Platon bis Rousseau.* München 2000.

Sabine, George H.: *A History of Political Theory.* 3. Aufl. London 1971.
Schabert, Tilo: *Die Architektur der Welt. Eine kosmologische Lektüre architektonischer Formen.* München 1997.
Smith, Steven B.: »Political Science and Political Philosophy – An Uneasy Relation«. In: *Political Science & Politics* XXXIII (2000) No. 2, S. 189-191.
Stammen, Theo/Riescher, Gisela/Hofmann, Wilhelm (Hgg.): *Hauptwerke der politischen Theorie.* Stuttgart 1997.
Vollrath, Ernst: *Grundlegung einer Theorie des Politischen.* Würzburg 1987.

2. Griechische Fragen: Über Ehrerbietung und Gerechtigkeit

Primärliteratur:

Aristoteles: *Politik.* Übers. u. hg. v. Olof Gigon. 6. Aufl. München 1986.
Aristoteles: *Die Nikomachische Ethik.* Übers. u. mit einer Einführung und Erläuterungen v. Olof Gigon. München 1991.
Homer: *Ilias.* Übers. v. Hans Rupé. Mit einer Einführung v. Ludwig Voit. München 1990.
Platon: *Politeia / Der Staat.* Werke in 8 Bänden, Sonderausgabe Bd. 4. Griechisch u. deutsch. Griechischer Text v. Émile Chambry. Dt. Übers. v. Friedrich Schleiermacher. Hg. v. Gunther Eigler, bearb. v. Dietrich Kurz. Darmstadt 1990.
Platon: *Politikós / Der Staatsmann.* Werke in 8 Bänden, Sonderausgabe Bd. 6. Griechisch u. deutsch. Griechischer Text v. Émile Chambry. Dt. Übers. v. Friedrich Schleiermacher. Hg. v. Gunther Eigler, bearb. v. Dietrich Kurz. Darmstadt 1990.
Pythagoras von Samos: »Texte«. In: *Die vorsokratischen Philosophen. Einführung, Texte und Kommentare.* Geoffrey S. Kirk, John E. Raven u. Malcolm Schofield. Ins Deutsche übersetzt v. Karlheinz Hülser. Stuttgart/Weimar 1994, S. 237-262.
Thukydides: *Geschichte des Peloponnesischen Krieges.* Hg. v. Georg Peter Landmann. 3. Aufl. München 1981.

Sekundärliteratur:

Baumhauer, Otto A.: *Die sophistische Rhetorik. Eine Theorie sprachlicher Kommunikation.* Stuttgart 1986.
Cartledge, Paul: *Die Griechen und wir.* Stuttgart/Weimar 1998.
Deibel, Daniela: »Zum Begriff des Politischen bei Platon«. In: *Klassische Politik. Politikverständnisse von der Antike bis ins 19. Jahrhundert.* Hgg. v. Hans-J. Lietzmann u. Peter Nitschke. Opladen 2000, S. 23-40.
Hager, Fritz-Peter (Hg.): *Ethik und Politik des Aristoteles.* Darmstadt 1972.
Kamp, Andreas: *Aristoteles' Theorie der Polis – Voraussetzungen und Zentralthemen.* Frankfurt a.M. u.a. 1990.
Kersting, Wolfgang: *Platons »Staat«.* Darmstadt 1999.
Kirk, Geoffrey S./Raven, John E./Schofield, Malcolm: *Die vorsokratischen Philosophen. Einführung, Texte und Kommentare.* Ins Deutsche übers. v. Karlheinz Hülser. Stuttgart/Weimar 1994.
Leppin, Hartmut: *Thukydides und die Verfassung der Polis. Ein Beitrag zur politischen Ideengeschichte des 5. Jahrhunderts v. Chr.* Berlin 1999.

Meier, Christian: »Macht, Gewalt. II. Terminologie und Begrifflichkeit in der Antike«. In: *Geschichtliche Grundbegriffe. Historisches Lexikon zur politisch-sozialen Sprache in Deutschland, Bd. 3.* Hgg. v. Otto Brunner, Werner Conze u. Reinhard Koselleck. Stuttgart 1982, S. 820-835.

Raaflaub, Kurt: »Die Anfänge des Politischen Denkens bei den Griechen«. In: *Historische Zeitschrift* 248 (1989) S. 1-32.

Reale, Giovanni: »Platons protologische Begründung des Kosmos und der idealen Polis«. In: *Polis und Kosmos. Naturphilosophie und politische Philosophie bei Platon.* Hg. v. Enno Rudolph. Darmstadt 1996, S. 3-25.

Weber-Schäfer, Peter: *Einführung in die antike politische Theorie.* Teil 1: *Die Frühzeit.* Teil 2: *Von Platon bis Augustinus.* 2. Aufl. Darmstadt 1992.

Zimbrich, Ulrike: *Bibliographie zu Platons Staat. Die Rezeption der Politeia im deutschsprachigen Raum von 1800 bis 1970.* Frankfurt a.M. 1994.

3. Römische Antworten: Von Tugend und Recht

Primärliteratur:

Cicero, Marcus Tullius: *Über die Rechtlichkeit (De legibus).* Übersetzung, Anmerkungen u. Nachwort v. Karl Büchner. Bibliographisch erg. Aufl. Stuttgart 1989.

Cicero, Marcus Tullius: *Über den Staat.* Übers. v. Walther Sontheimer. Stuttgart 1993.

Marc Aurel: *Wege zu sich selbst.* Griechisch/deutsch. Studienausgabe. Düsseldorf/ Zürich 1998.

Polybios: *Polybios Geschichte.* Gesamtausgabe, 2 Bde. Eingeleitet u. übertragen v. Hans Drexler. Zürich/Stuttgart 1961/63.

Seneca, Lucius Annaeus: *Ad Lucilium epistulae morales LXX-CXXIV [CXXV]. An Lucilius Briefe über Ethik 70-124 [125].* Philosophische Schriften Bd. 4. Lateinisch u. deutsch. Lateinischer Text v. Francois Préchac. Übers., eingel. u. mit Anmerkungen versehen v. Manfred Rosenbach. Darmstadt 1984.

Sekundärliteratur:

Drexler, Hans: *Politische Grundbegriffe der Römer.* Darmstadt 1988.

Fuhrmann, Manfred: »Die Alleinherrschaft und das Problem der Gerechtigkeit (Seneca: De clementia)« (1963). In: *Prinzipat und Freiheit.* Hg. v. Richard Klein. Darmstadt 1969, S. 271-320.

Fustel de Coulanges, Numa Denis: *Der antike Staat. Kult, Recht und Institutionen Griechenlands und Roms.* Aus dem Französischen übertragen v. Ingrid-Maria Kraefft auf der Grundlage der Übersetzung v. Paul Weiss. Mit einer Einleitung v. Karl Christ. München 1988.

Glei, Reinhold F.: »Lux Regiomontana. Der kategorische Imperativ in Ciceros ›De officiis‹«. In: *Bochumer Philosophisches Jahrbuch für Antike und Mittelalter* 4 (1999) S. 49-61.

Jehne, Martin (Hg.): *Demokratie in Rom? Die Rolle des Volkes in der Politik der römischen Republik.* Stuttgart 1995.

Klein, Richard (Hg.): *Das Staatsdenken der Römer.* 2. Aufl. Darmstadt 1973.

Lehmann, Gustav Adolf: *Ansätze zu einer Theorie des griechischen Bundesstaates bei Aristoteles und Polybios.* Göttingen 2001.

Maurach, Gregor: *Geschichte der römischen Philosophie. Eine Einführung.* Darmstadt 1989.

Nippel, Wilfried: *Mischverfassungstheorie und Verfassungsrealität in der Antike und früher Neuzeit.* Stuttgart 1980.

Oppermann, Hans (Hg.): *Römische Wertbegriffe.* 3. Aufl. Darmstadt 1983.

Pöschl, Viktor: *Römischer Staat und griechisches Staatsdenken bei Cicero. Untersuchungen zu Ciceros Schrift De re publica.* Sonderausgabe, Nachdr. d. 1. Aufl. Berlin 1936, Darmstadt 1990.

Schofield, Malcolm: »Cicero's Definition of ›Res Publica‹«. In: *Cicero the Philosopher. Twelve Papers.* Hg. v. J. G. F. Powell. Oxford 1999, S. 63-83.

Steinmetz, Peter: »Die Stoa.« In: *Die Philosophie der Antike.* Bd. 4: *Die hellenistische Philosophie.* 2. Halbbd. Hg. v. Helmut Flashar. Völlig neu bearb. Ausg. Basel 1994, S. 491-716.

Weinkauf, Wolfgang (Hg./Übers.): *Die Stoa. Kommentierte Werkausgabe.* Augsburg 1994.

Wood, Neal: *Cicero's Social and Political Thought.* Berkeley/Los Angeles/Oxford 1991.

4. Christliche Erweiterung: Die Heilige Ordnung der Dinge

Primärliteratur:

Augustinus, Aurelius: *Bekenntnisse.* Eingeleitet u. übertragen v. Wilhelm Thimme. 2. Aufl. München 1983.

Augustinus, Aurelius: *Vom Gottesstaat. Buch 1 bis 10, Buch 11 bis 22.* 2 Bde. Aus dem Lateinischen übertragen v. Wilhelm Thimme. Eingeleitet u. kommentiert v. Carl Andresen. 3. Aufl. München 1991.

Offenbarung des Johannes: »Apokalypse«. In: *Die Heilige Schrift des Alten und Neuen Testamentes.* Nach den Grundtexten übersetzt u. hg. v. Vinzenz Hamp u.a. 29. Aufl. Augsburg 1988, S. 337-361.

Salisbury, Johannes von: *Das sechste Buch des ›Policraticus‹ von Ionnes Saresberiensis (John of Salisbury). Ein Beitrag zur Militärgeschichte Englands im 12. Jahrhundert.* Übersetzt u. erläutert v. Roman W. Brüschweiler. Zürich 1975.

Thomas von Aquin: *Über die Herrschaft der Fürsten.* Übersetzung v. Friedrich Schreyvogl mit einem Nachwort v. Ulrich Matz. Stuttgart 1987.

Thomas von Aquin: *Summe der Theologie.* Bd. 2: *Die sittliche Weltordnung.* Zusammengefaßt, eingeleitet u. erläutert v. Joseph Bernhart. 3., durchges. u. verbesserte Aufl. Stuttgart 1985.

Sekundärlitaratur:

Berges, Wilhelm: *Die Fürstenspiegel des hohen und späten Mittelalters.* Stuttgart 1938, unveränderter Nachdruck Stuttgart 1952.

Burns, J. H. (Hg.): *The Cambridge History of Medieval Political Thought ca.350-ca.1450.* Cambridge 1988.

Butterworth, Charles E.: »Die politischen Lehren von Avicenna und Averroës«. In: *Pipers Handbuch der Politischen Ideen.* Bd. 2: *Mittelalter – Von den Anfängen des Islams bis zur Reformation.* Hgg. v. Iring Fetscher u. Herfried Münkler. München/Zürich 1993, S. 141-173.

Canning, Joseph/Oexle, Otto Gerhard (Hg.): *Political Thought and the Realities of Power in the Middle Ages. Politisches Denken und die Wirklichkeit der Macht im Mittelalter.* Göttingen 1998.

Coleman, Janet: »The Science of Politics and Late Medieval Academic Debate«. In: *Criticism and Dissent in the Middle Ages.* Hg. v. R. Copeland. Cambridge 1996, S. 181-214.

Flasch, Kurt: *Einführung in die Philosophie des Mittelalters.* 2. Aufl. Darmstadt 1989.

Kantorowicz, Ernst H.: *Die zwei Körper des Königs. Eine Studie zur politischen Theologie des Mittelalters.* Amerik. Originalausg. Princeton, N. J., 1957, dt. Übersetzung v. Walter Theimer, Übersetzung der Anmerkungen v. Brigitte Hellmann, Redaktion Walter Kumpmann. München 1990.

Kerner, Max (Hg.): *Ideologie und Herrschaft im Mittelalter.* Darmstadt 1982.

Koch, Klaus: *Europa, Rom und der Kaiser vor dem Hintergrund von zwei Jahrtausenden Rezeption des Buches Daniel* (Berichte aus den Sitzungen der Joachim Jungius-Gesellschaft der Wissenschaften e.V., Jg. 15, H. 1). Hamburg 1997.

Meyer, Hans: *Thomas von Aquin. Sein System und seine geistesgeschichtliche Stellung.* 2., erw. Aufl. Paderborn 1961.

Miethke, Jürgen: »Politische Theorien im Mittelalter«. In: *Politische Theorien von der Antike bis zur Gegenwart.* Hg. v. Hans-Joachim Lieber. Bonn 1991, S. 47-156.

Nedermann, Cary J./Forhan, Kate Langdon (Hgg.): *Medieval Political Theory – a Reader. The Quest for the Body Politic 1100-1400.* London/New York 1993.

Perler, Dominik: »Was ist Philosophie im Mittelalter?« In: *Zeitschrift für philosophische Forschung* 54 (2000) H. 1, S. 95-107.

Ullmann, Walter: *Law and Politics in the Middle Ages. Introduction to the Sources of Medieval Political Ideas.* London u.a. 1975.

5. Doktrinäre Positionen: Vom Sinn einer absoluten Gewalt

Primärliteratur:

Bodin, Jean: *Über den Staat.* Auswahl, Übersetzung. u. Nachwort v. Gottfried Niedhart. Stuttgart 1987.

Lipsius, Justus: »Majestät und Autorität (Politicorum II)«. In: *Die Politischen Theorien im Zeitalter der absoluten Monarchie bis zur Französischen Revolution. Politische Theorien Teil II.* Gerhard Möbus. 2., erw. Aufl. Köln/Opladen 1966, S. 272-278.

Machiavelli, Niccolò: *Discorsi. Gedanken über Politik und Staatsführung.* Deutsche Gesamtausgabe, übersetzt, eingeleitet u. erläutert v. Rudolf Zorn. 2., verb. Aufl. Stuttgart 1977.

Machiavelli, Niccolò: *Il Principe / Der Fürst.* Italienisch/Deutsch. Übersetzt u. hg. v. Philipp Rippel. Stuttgart 1988.

Marsilius von Padua: *Der Verteidiger des Friedens.* Auf Grund der Übersetzung v. Walter Kunzmann bearb. v. Horst Kusch. Auswahl u. Nachwort v. Heinz Rausch. Stuttgart 1985.

Ockham, Wilhelm von: *Dialogus. Auszüge zur politischen Theorie.* Ausgewählt, übersetzt u. mit einem Nachwort versehen v. Jürgen Miethke. 2., durchges. u. korr. Aufl. Darmstadt 1994.

Sekundärliteratur:

Basta, Danilo N.: »Wie die Politik zur Technik geworden ist. Beiläufige Aufzeichnungen über den Fürsten Machiavellis«. In: *Archiv für Rechts- und Sozialphilosophie* 68 (1982) S. 349-358.

Cassirer, Ernst: *Der Mythus des Staates. Philosophische Grundlagen politischen Verhaltens*. 2. Aufl. Zürich/München 1978.

Denzer, Horst: »Jean Bodin«. In: *Klassiker politischen Denkens*. Bd. 1: *Von Plato bis Hobbes*. Hgg. v. Hans Maier u. Horst Denzer. München 2001, S. 179-191.

Kersting, Norbert: »Handlungsmächtigkeit – Machiavellis Lehre vom politischen Handeln«. In: *Philosophisches Jahrbuch* 95 (1988) S. 235-255.

Koch, Bettina: »Zum mittelalterlichen Politikverständnis – Die Civitas als Fokus des Politischen im Defensor Pacis des Marsilius von Padua?« In: *Klassische Politik. Politikverständnisse von der Antike bis ins 19. Jahrhundert*. Hgg. v. Hans J. Lietzmann u. Peter Nitschke. Opladen 2000, S. 49-69.

Münkler, Herfried: *Im Namen des Staates. Die Begründung der Staatsraison in der Frühen Neuzeit*. Frankfurt a.M. 1987.

Nitschke, Peter: *Staatsräson kontra Utopie? Von Thomas Müntzer bis zu Friedrich II. von Preußen*. Stuttgart/Weimar 1995.

Parel, Anthony J.: *The Machiavellian Cosmos*. New Haven/London 1992.

Pocock, John G. A.: *The Machiavellian Moment. Florentine Political Thought and the Atlantic Republican Tradition*. Princeton/London 1975.

Quaritsch, Helmut: *Staat und Souveränität*. Bd. 1: *Die Grundlagen*. Frankfurt a.M. 1970.

Skinner, Quentin: *Machiavelli zur Einführung*. Engl. Ausg. Oxford 1981, dt. Übersetzung Hamburg 1988.

Stolleis, Michael: »Löwe und Fuchs. Eine politische Maxime im Frühabsolutismus«. In: *Staat und Staatsräson in der frühen Neuzeit. Studien zur Geschichte des öffentlichen Rechts*. Frankfurt a.M. 1990, S. 21-36.

Viroli, Maurizio: *From Politics to Reason of State. The Acquisition and Transformation of the Language of Politics 1250-1600*. Cambridge 1992.

Wyduckel, Dieter: *Princeps Legibus Solutus. Eine Untersuchung zur frühmodernen Rechts- und Staatslehre*. Berlin 1979.

6. Spiegelbilder: Utopische Kalkulationen

Primärliteratur:

Andreae, Johann Valentin: *Christianopolis*. Aus dem Lateinischen übersetzt, kommentiert u. mit einem Nachwort hg. v. Wolfgang Biesterfeld. Stuttgart 1975.

Bacon, Francis: »Neu-Atlantis«. In: *Der utopische Staat*. Übersetzt u. mit einem Essay ›Zum Verständnis der Werke‹, Bibliographie u. Kommentar. Hg. v. Klaus J. Heinisch. Reinbek b.H. 1960, S. 171-215.

Campanella, Tommaso: »Sonnenstaat«. In: *Der utopische Staat*. Übersetzt u. mit einem Essay ›Zum Verständnis der Werke‹, Bibliographie u. Kommentar. Hg. v. Klaus J. Heinisch. Reinbek b.H. 1960, S. 111-169.

Leibniz, Gottfried Wilhelm: *Essais de théodicée sur la bonté de Dieu, la liberté de l'homme et l'origine du mal. Die Theodizee von der Güte Gottes, der Freiheit des Menschen und dem Ursprung des Übels*. 2 Bde. Hg. u. übers. v. Herbert Herring. Darmstadt 1985.

Morus, Thomas: »Utopia«. In: *Der utopische Staat.* Übersetzt u. mit einem Essay ›Zum Verständnis der Werke‹, Bibliographie u. Kommentar. Hg. v. Klaus J. Heinisch. Reinbek b.H. 1960, S. 7-110.
Orwell, George: *Nineteen Eighty-Four.* 38. Nachdr. New York u.a. 1984.
Rousseau, Jean-Jacques: *Abhandlung über den Ursprung und die Grundlagen der Ungleichheit unter den Menschen.* Aus dem Französischen übersetzt u. hg. v. Philipp Rippel. Stuttgart 1998.

Sekundärliteratur:

Braungart, Wolfgang: *Die Kunst der Utopie. Vom Späthumanismus zur frühen Aufklärung.* Stuttgart 1989.
Hölscher, Lucian: »Utopie«. In: *Geschichtliche Grundbegriffe. Historisches Lexikon zur politisch-sozialen Sprache in Deutschland.* Bd. 6. Hgg. v. Otto Brunner, Werner Conze u. Reinhard Koselleck. Stuttgart 1990, S. 733-788.
Kamlah, Wilhelm: *Utopie, Eschatologie, Geschichtstheologie. Kritische Untersuchungen zum Ursprung und zum futuristischen Denken der Neuzeit.* Mannheim 1969.
Mannheim, Karl: *Ideologie und Utopie.* 7. Aufl. Frankfurt a.M. 1985.
Neugebauer-Wölk, Monika/Saage, Richard (Hgg.): *Die Politisierung des Utopischen im 18. Jahrhundert. Vom utopischen Systementwurf zum Zeitalter der Revolution.* Tübingen 1996.
Neusüss, Arnhelm (Hg.): *Utopie. Begriff und Phänomene des Utopischen.* 3., überarb. u. erw. Aufl. Frankfurt a.M./New York 1986.
Nitschke, Peter: *Einführung in die Politische Theorie der Prämoderne 1500-1800.* Darmstadt 2000.
Saage, Richard: *Politische Utopien der Neuzeit.* Darmstadt 1991.
Salewski, Michael: *Zeitgeist und Zeitmaschine. Science Fiction und Geschichte.* München 1986.
Schneiders, Werner: »Respublica optima. Zur metaphysischen Fundierung der Politik bei Leibniz«. In: *Studia Leibnitiana* IX (1977) S. 1-26.
Skinner, Quentin: »Sir Thomas More's Utopia and the Language of Renaissance Humanism«. In: *The Language of Political Theory in Early-Modern Europe.* Hg. v. Anthony Pagden. Cambridge 1987, S. 123-157.
Voßkamp, Wilhelm (Hg.): *Utopieforschung. Interdisziplinäre Studien zur neuzeitlichen Utopie.* 3 Bde. Erstausgabe Stuttgart 1982, als Taschenbuch 1. Aufl. Frankfurt a.M. 1985.
Willms, Bernhard: *Planungsideologie und revolutionäre Utopie. Die zweifache Flucht in die Zukunft.* Stuttgart u.a. 1969.

7. Funktionale Logik: Vom Nutzen des Vertrags

Primärliteratur:

Grotius, Hugo: *De Jure Belli a Pacis. Libri tres. Drei Bücher vom Recht des Krieges und des Friedens, Paris 1625, nebst einer Vorrede von Christian Thomasius zur ersten deutschen Ausgabe des Grotius vom Jahre 1707.* Neuer deutscher Text u. Einleitung v. Walter Schätzel. Tübingen 1950.
Hobbes, Thomas: *Vom Menschen. Vom Bürger. Elemente der Philosophie II/III.* Eingeleitet u. hg. v. Günter Gawlick. 3. Aufl., mit neu erg. Literaturverzeichnis, Hamburg 1994.

Hobbes, Thomas: *Leviathan oder Stoff, Form und Gewalt eines kirchlichen und bürgerlichen Staates.* Übersetzt v. Walter Euchner. Eingeleitet u. hg. v. Iring Fetscher. Frankfurt a.M. 1984.

Locke, John: *Über die Regierung (The Second Treatise of Government).* In der Übersetzung v. Dorothee Tidow, hg. mit einem Nachwort v. Peter Cornelius Mayer-Tasch. Bibliographisch erg. Ausg. Stuttgart 1983.

Rawls, John: *Eine Theorie der Gerechtigkeit.* Übersetzt v. Hermann Vetter. Amerik. Originalausg. Harvard 1971, 7. Aufl. Frankfurt a.M. 1993.

Rawls, John: *Politischer Liberalismus.* Übersetzt v. Wilfried Hinsch. Amerik. Originalausg. New York 1993, 1. Aufl. Frankfurt a.M. 1998.

Sekundärliteratur:

Brocker, Manfred: *Arbeit und Eigentum. Der Paradigmenwechsel in der neuzeitlichen Eigentumstheorie.* Darmstadt 1992.

Buchheim, Hans: »Zu Hobbes' ›Leviathan‹«. In: *Politisches Denken – Jahrbuch 1993.* Stuttgart/Weimar 1993, S. 47-57.

Hegmann, Horst: *Politischer Individualismus. Die Rekonstruktion einer Sozialtheorie unter Bezugnahme auf Machiavelli, Bodin und Hobbes.* Berlin 1994.

Kauffmann, Clemens: *Strauss und Rawls. Das philosophische Dilemma der Politik.* Berlin 2000.

Kersting, Wolfgang: *Die politische Philosophie des Gesellschaftsvertrags.* Darmstadt 1994.

Koller, Peter: »Die neuen Vertragstheorien«. In: *Politische Philosophien des 20. Jahrhunderts.* Hgg. v. Karl Graf Ballestrem u. Henning Ottmann. München 1990, S. 281-306.

Kymlicka, Will: *Politische Philosophie heute. Eine Einführung.* Aus dem Englischen v. Hermann Vetter. Engl. Originalausg. Oxford 1990, Frankfurt a.M./New York 1997.

Lemke, Anja: »Überlegungen zur Sprachphilosophie bei Thomas Hobbes«. In: *Zeitschrift für Politik* 43 (1996) H. 1, S. 1-22.

Ludwig, Bernd: *Die Wiederentdeckung des Epikureischen Naturrechts. Zu Thomas Hobbes' philosophischer Entwicklung von »De Cive« zum »Leviathan« im Pariser Exil 1640-1651.* Frankfurt a.M. 1998.

Nonnenmacher, Günther: *Die Ordnung der Gesellschaft. Mangel und Herrschaft in der politischen Philosophie der Neuzeit – Hobbes, Locke, Adam Smith, Rousseau.* Weinheim 1989.

Schröder, Peter: »Völkerrecht und Souveränität bei Thomas Hobbes«. In: *Souveränitätskonzeptionen. Beiträge zur Analyse politischer Ordnungsvorstellungen im 17. bis zum 20. Jahrhundert.* Hgg. v. Martin Peters u. Peter Schröder. Berlin 2000, S. 41-57.

Trigg, Roger: *Ideas of Human Nature. An Historical Introduction.* Nachdr. der 2. Aufl. von 1999, Malden, Massachusetts 2000.

Tuck, Richard: *Philosophy and Government 1572-1651.* Cambridge 1993.

Weiß, Ulrich: *Das philosophische System von Thomas Hobbes.* Stuttgart-Bad Cannstatt 1980.

8. Selbstbindungen: Gesetze und Gewalten

Primärliteratur:

Althusius, Johannes: *Politica*. An abridged Translation of *Politics Methodically Set Forth and Illustrated with Sacred and Profane Examples*. Translated, with an Introduction and edited by Frederick S. Carney. Foreword by Daniel J. Elazar. Indianapolis, Indiana 1995.

Hamilton, Alexander/Madison, James/Jay, John: *Die Federalist Papers*. Übersetzt, eingeleitet u. mit Anmerkungen versehen v. Barbara Zehnpfennig. Darmstadt 1993.

Montesquieu, Charles-Louis de Secondat, Baron de la Brède et de: *Vom Geist der Gesetze*. Auswahl, Übersetzung u. Einleitung v. Kurt Weigand. Durchgesehene u. bibliographisch ergänzte Ausgabe Stuttgart 1994.

Montesquieu: *Meine Gedanken. Mes pensées – Aufzeichnungen*. Auswahl, Übersetzung u. Nachwort v. Henning Ritter. Wien 2000.

Sekundärliteratur:

Allen, William B./Cloonan, Kevin A.: *The Federalist Papers – A Commentary*. New York u.a. 2000.

Böhlke, Effi: *»Esprit de nation«. Montesquieus politische Philosophie*. Berlin 1999.

Dahm, Karl-Wilhelm/Krawietz, Werner/Wyduckel, Dieter (Hgg.): *Politische Theorie des Johannes Althusius*. Vorwort v. Werner Krawietz. Berlin 1988.

Gebhardt, Jürgen: »›The Federalist‹ (1787/88)«. In: *Klassiker des politischen Denkens*. Bd. 2: *Von Locke bis Max Weber*. Hgg. v. Hans Maier u. Horst Denzer. Völlig neu überarb. Ausg. der 5., gebundenen Aufl. München 2001, S. 73-86.

Heideking, Jürgen: »The Law of Nature and Natural Rights. Die Positivierung von Naturrecht im Amerika des ausgehenden 18. Jahrhunderts«. In: *Naturrecht – Spätaufklärung – Revolution*. Hgg. v. Otto Dann u. Diethelm Klippel. Hamburg 1995, S. 48-60.

Herz, Dietmar: *Die wohlerwogene Republik. Das konstitutionelle Denken des politisch-philosophischen Liberalismus*. Paderborn u.a. 1999.

Hueglin, Thomas O.: *Early Modern Concepts for a Late Modern World. Althusius on Community and Federalism*. Waterloo, Ontario 1999.

Kondylis, Panajotis: *Montesquieu und der Geist der Gesetze*. Berlin 1996.

Ottow, Raimund: »›Ancient Constitution‹ und ›Mixed Monarchy‹ – Zur Diskussion um britische Verfassungsdiskurse der frühen Neuzeit«. In: *Zeitschrift für Politik* 48 (2001) H. 1, S. 72-104.

Nitschke, Peter: »Die föderale Theorie des Johannes Althusius«. In: *Konsens und Konsoziation in der politischen Theorie des frühen Föderalismus*. Hgg. v. Giuseppe Duso, Werner Krawietz, Dieter Wyduckel. Vorwort v. Dieter Wyduckel. Berlin 1997, S. 241-258.

Pocock, John G. A.: *The Ancient Constitution and the Feudal Law. A Study of English historical Thought in the Seventeenth Century. A Reissue with a Retrospect*. Cambridge u.a. 1987, reprinted 1990.

Schmidt, Manfred G.: *Demokratietheorien. Eine Einführung*. 3., überarbeitete u. erweiterte Aufl. Opladen 2000.

Skinner, Quentin: *The Foundations of Modern Political Thought*. Vol. 1: *The Renaissance*. Cambridge 1978, reprinted 1994. Vol. 2: *The Age of Reformation*. Cambridge 1978, reprinted 2000.

Weinacht, Paul-Ludwig (Hg.): *Montesquieu. 250 Jahre »Geist der Gesetze«. Beiträge aus Politischer Wissenschaft, Jurisprudenz und Romanistik*. Baden-Baden 1999.

White, Morton: *The Philosophy of the American Revolution*. New York/Oxford 1978.

Winters, Peter Jochen: »Johannes Althusius«. In: *Staatsdenker in der frühen Neuzeit*. Hg. v. Michael Stolleis. 3., um 15 Abbildungen erweiterte Aufl. München 1995, S. 29-51.

9. Inneneinsichten: Individuum und Gesellschaft

Primärliteratur:

Hume, David: *Eine Untersuchung über die Prinzipien der Moral*. Übersetzt u. hg. v. Gerhard Streminger. Stuttgart 1984.

Hume, David: *Politische und ökonomische Essays*. 2 Teilbde. Übersetzt v. Susanne Fischer. Mit einer Einleitung hg. v. Udo Bermbach. Hamburg 1988.

Kant, Immanuel: »Beantwortung der Frage – Was ist Aufklärung?« In: *Was ist Aufklärung? Thesen und Definitionen. Kant, Erhard, Hartmann, Herder, Lessing, Mendelssohn, Riem, Schiller, Wieland*. Hg. v. Ehrhard Bahr. Stuttgart 1974.

Kant, Immanuel: »Über den Gemeinspruch – Das mag in der Theorie richtig sein, taugt aber nicht für die Praxis«. In: *Immanuel Kant, Werke in sechs Bänden. Bd. VI:- Schriften zur Anthropologie, Geschichtsphilosophie, Politik und Pädagogik*. Hg. v. Wilhelm Weischedel. 3., nochmals überprüfter reprografischer Nachdr. d. Ausg. Darmstadt 1964, S. 125-172.

Kant, Immanuel: »Zum ewigen Frieden. Ein philosophischer Entwurf«. In: *Immanuel Kant, Werke in sechs Bänden. Bd. VI: Schriften zur Anthropologie, Geschichtsphilosophie, Politik und Pädagogik*. Hg. v. Wilhelm Weischedel. 3., nochmals überprüfter reprografischer Nachdr. d. Ausg. Darmstadt 1964, S. 191-251.

Kant, Immanuel: *Die Metaphysik der Sitten*. Werkausgabe, Bd. VIII. Hg. v. Wilhelm Weischedel. 9. Aufl. Frankfurt a.M. 1991.

Mandeville, Bernard: *Die Bienenfabel oder Private Laster als gesellschaftliche Vorteile. Mit einer Abhandlung über Barmherzigkeit und Armenschulen und einer Untersuchung über die Natur der Gesellschaft sowie einer Rechtfertigung des Buches gegen die Verleumdungen, die in einer Anklage vor dem Schwurgericht von Middlesex und einem Schmähbrief an Lord C. enthalten sind*. Mit 16 Abbildungen. Aus dem Englischen übertragen v. Helmut Findeisen, Nachdichtung der Verse v. Christa Schuenke. Hg. mit einem Nachwortessay (Versuch über Philopirio) u. Anmerkungen v. Günter Walch. Leipzig/Weimar 1988.

Pufendorf, Samuel von: *Über die Pflicht des Menschen und des Bürgers nach dem Gesetz der Natur*. Übersetzt u. hg. v. Klaus Luig. Bibliothek des deutschen Staatsdenkens, Bd. 1. Hgg. v. Hans Maier u. Michael Stolleis. Frankfurt a.M./ Leipzig 1994.

Spinoza, Baruch de: *Theologisch-Politischer Traktat*. Sämtliche Werke in sieben Bänden und einem Ergänzungsband, Bd. 3. Auf der Grundlage der Übersetzung v. Carl Gebhardt neu bearb., eingeleitet u. hg. v. Günter Gawlick. 2., durchgesehene Aufl. Hamburg 1984.

Spinoza, Baruch de: *Abhandlung über die Verbesserung des Verstandes. Abhandlung vom Staate*. Sämtliche Werke in sieben Bänden, Bd. 5. Hg., Übersetzung, Anmerkungen u. Register v. Carl Gebhardt. Einleitung v. Klaus Hammacher. 5. Aufl. Hamburg 1977.

Sekundärliteratur:

Brandt, Reinhard: »Historisch-kritische Beobachtungen zu Kants Friedensschrift«. In: *Politisches Denken – Jahrbuch 1994*. Stuttgart/Weimar 1995, S. 75-102.

Cassirer, Ernst: *Die Philosophie der Aufklärung*. 3. Aufl. Tübingen 1973.

Deleuze, Gilles: *David Hume*. Frankfurt a.M./New York 1997.

Haakonssen, Knud: *Natural Law and Moral Philosophy. From Grotius to the Scottish Enlightenment*. Cambridge 1996.

Höffe, Otfried (Hg.): *Zum ewigen Frieden*. Klassiker Auslegen, Bd. 1. Berlin 1995.

Ludwig, Bernd: »Politik als ›ausübende Rechtslehre‹. Zum Politikverständnis Immanuel Kants«. In: *Klassische Politik. Politikverständnisse von der Antike bis ins 19. Jahrhundert*. Hgg. v. Hans-J. Lietzmann u. Peter Nitschke. Opladen 2000, S. 175-199.

Nusser, Karl-Heinz: *Politische Ethik*. Studienbriefe Ethik. Hg. v. Max Klopfer. Freising 1998.

Pocock, John G.A.: *Die andere Bürgergesellschaft. Zur Dialektik von Tugend und Korruption*. Aus dem Englischen v. Klaus Blocher. Mit einem Vorwort v. Werner Sewing. Frankfurt a.M./New York/Paris 1993.

Strauss, Leo: *Die Religionskritik Spinozas und zugehörige Schriften*. Gesammelte Schriften, Bd. 1. Unter Mitwirkung v. Wiebke Meier hg. v. Heinrich Meier. Stuttgart/Weimar 1996.

Walther, Manfred: »Die Religion des Bürgers – eine Aporie der politischen Kultur der Neuzeit? Hobbes, Spinoza und Rousseau oder Über die Folgenlast des Endes der politischen Theologie«. In: *Bürgerreligion und Bürgertugend. Debatten über die vorpolitischen Grundlagen politischer Ordnung*. Hg. v. Herfried Münkler. Baden-Baden 1996, S. 25-61.

10. Legitimation: Die Volkssouveränität

Primärliteratur:

Burke, Edmund: *Betrachtungen über die französische Revolution*. In der deutschen Übertragung v. Friedrich Gentz, bearb. u. mit einem Nachwort v. Lore Iser. Einleitung v. Dieter Henrich. Frankfurt a.M. 1967.

Mill, John Stuart: *Betrachtungen über die repräsentative Demokratie (Considerations on representative Government)*. Neu übersetzt v. Hannelore Irle-Dietrich, mit einer Einleitung hg. v. Kurt L. Shell. Paderborn 1971.

Paine, Thomas: *Die Rechte des Menschen*. Übersetzt,. eingeleitet u. hg. v. Wolfgang Mönke. Berlin 1983.

Rousseau, Jean-Jacques: »Vom Gesellschaftsvertrag (Du contrat social)«. In: *Politische Schriften, Bd. 1*. Übersetzung u. Einführung v. Ludwig Schmidts. Paderborn 1977.

Tocqueville, Alexis de: *Über die Demokratie in Amerika*. Ausgewählt u. hg. v. J. P. Mayer (Hg.). Stuttgart 1985.

Sekundärliteratur:

Ballestrem, Karl Graf von: »›Klassische Demokratietheorie‹. Konstrukt oder Wirklichkeit?« In: *Zeitschrift für Politik* 35 (1988) H. 1, S. 33-56.

Bartelson, Jens: *A Genealogy of Sovereignty*. Cambridge 1995.

Beer, Samuel H.: *To Make a Nation. The Rediscovery of American Federalism*. Cambridge/London 1994.

Dworkin, Ronald: »Gleichheit, Demokratie und die Verfassung – Wir, das Volk und die Richter«. In: *Zum Begriff der Verfassung. Die Ordnung des Politischen*. Hg. v. Ulrich K. Preuß. Frankfurt a.M. 1994, S. 171-209.

Estel, Bernd: »Grundaspekte der Nation«. In: *Das Prinzip der Nation in modernen Gesellschaften. Länderdiagnosen und theoretische Perspektiven*. Hgg. v. Bernd Estel u. Tilman Mayer. Opladen 1994, S. 13-81.

Göhler, Gerhard/Klein, Ansgar: »Politische Theorien des 19. Jahrhunderts«. In: *Politische Theorien von der Antike bis zur Gegenwart*. Hg. v. Hans-Joachim Lieber. Bonn 1991, S. 259-656.

Hampsher-Monk, Ian: *A History of Modern Political Thought. Major Political Thinkers from Hobbes to Marx*. Oxford/Cambridge, Mass. 1992.

Kielmansegg, Peter Graf von: *Volkssouveränität. Eine Untersuchung der Bedingungen demokratischer Legitimität*. Stuttgart 1977.

Letwin, Shirley Robin: *The Pursuit of Certainty. David Hume, Jeremy Bentham, John Stuart Mill, Beatrice Webb*. Indianapolis 1998.

Mayer-Tasch, Peter-Cornelius: *Politische Theorie des Verfassungsstaates. Eine Einführung*. In Verbindung mit Armin Adam, Franz Kohout, Bernd M. Malunat, Hans Martin Schönherr. München 1991.

Riley, Patrick: »Eine mögliche Erklärung des Gemeinwillens«. In: *Jean-Jacques Rousseau, Vom Gesellschaftsvertrag oder Prinzipien des Staatsrechts*. Hgg. v. Reinhart Brandt u. Karlfriedrich Herb. Klassiker Auslegen, Bd. 20. Berlin 2000, S. 107-133.

Reibstein, Ernst: *Volkssouveränität und Freiheitsrechte. Texte und Studien zur politischen Theorie des 14. bis 18. Jahrhunderts*. Hg. v. Claudieter Schott. Freiburg/München 1972.

Sartori, Giovanni: *Demokratietheorie*. Aus dem Englischen übersetzt v. Hermann Vetter. Hg. v. Rudolf Wildenmann. Darmstadt 1992.

Smith, G. W. (Hg.): *John Stuart Mill's Social and Political Thought – Critical Assessments*. 4 Volumes. With a new Introduction by G. W. Smith. Vol. I: Social Ethics. Vol. II: Freedom. Vol. III: Politics and Government. Vol. IV: Method, Life, Feminism, Culture. London 1998.

Waschkuhn, Arno: *Demokratietheorien. Politiktheoretische und ideengeschichtliche Grundzüge*. München 1998.

11. Herrschaftsgestaltung: Der Anstaltsbetrieb

Primärliteratur:

Achenwall, Gottfried: »Vorbereitung. Von der Statistik überhaupt«. In: *Geschichte der Staatsbeschreibung. Ausgewählte Quellentexte 1456-1813*. Hgg. v. Mohammed Rassem u. Justin Stagl. Dokumentation Wolfgang Rose. Berlin 1994, S. 401-424.

Fichte, Johann Gottlieb: *Der geschloßne Handelsstaat. Ein philosophischer Entwurf als Anhang zur Rechtslehre, und Probe einer künftig zu liefernden Politik mit einem bisher unbekannten Manuskript Fichtes »Ueber StaatsWirthschaft«.* Auf der Grundlage der Ausgabe v. Fritz Medicus, mit einer Einleitung versehen u. hg. v. Hans Hirsch. 3., durchgeseh. Aufl. nach d. Erstdr. v. 1800, Hamburg 1979.

Hegel, Georg Wilhelm Friedrich: *Grundlinien der Philosophie des Rechts oder Naturrecht und Staatswissenschaft im Grundrisse. Mit Hegels eigenhändigen Notizen und den mündlichen Zusätzen.* Werke, Bd. 7. Redaktion Eva Moldenhauer u. Karl Markus Michel. 4. Aufl. Frankfurt a.M. 1995.

Hegel, Georg Wilhelm Friedrich: *Vorlesungen über die Philosophie der Geschichte.* Werke, Bd. 12. Redaktion Eva Moldenhauer u. Karl Markus Michel. 2. Aufl. Frankfurt a.M. 1989.

Weber, Max: *Wirtschaft und Gesellschaft. Grundriß der verstehenden Soziologie.* Besorgt v. Johannes Winckelmann. 5., revid. Aufl., Studienausgabe. Tübingen 1980.

Weber, Max: »Die drei reinen Typen der legitimen Herrschaft«. In: *Gesammelte Aufsätze zur Wissenschaftslehre.* Hg. v. Johannes Winckelmann. 7. Aufl. Tübingen 1988, S. 475-488.

Sekundärliteratur:

Baruzzi, Arno: *Einführung in die politische Philosophie der Neuzeit.* 3., verb., bibliogr. erg. u. um ein Nachwort erw. Aufl. Darmstadt 1993.

Beyme, Klaus von: *Die politischen Theorien der Gegenwart. Eine Einführung.* 8., neubearb. u. erweiterte Aufl. Wiesbaden 2000.

Breuer, Stefan: *Der Staat. Entstehung, Typen, Organisationsstadien.* Reinbek b.H. 1998.

Ellwein, Thomas: *Der Staat als Zufall und als Notwendigkeit. Die jüngere Verwaltungsentwicklung in Deutschland am Beispiel Ostwestfalen-Lippe.* Bd. 1: *Die öffentliche Verwaltung in der Monarchie 1815-1918.* Opladen 1993. Bd. 2: *Die öffentliche Verwaltung im gesellschaftlichen und politischen Wandel 1919-1990.* Opladen 1997.

Finer, S. E.: *The History of Government from the Earliest Times.* Vol. I: Ancient Monarchies and Empires. Vol. II: The Intermediate Ages. Vol. III: *Empires, Monarchies, and the Modern State.* Oxford 1997.

Hahn, Karl: *Staat, Erziehung und Wissenschaft bei J. G. Fichte.* München 1969.

Hennis, Wilhelm: *Max Webers Fragestellung – Studien zur Biographie des Werks.* Tübingen 1987.

Loewenstein, Bedrich: *Problemfelder der Moderne. Elemente politischer Kultur.* Darmstadt 1990.

Löwith, Karl: *Von Hegel zu Nietzsche. Der revolutionäre Bruch im Denken des neunzehnten Jahrhunderts.* Hamburg 1995.

Maier, Hans: *Die ältere deutsche Staats- und Verwaltungslehre.* 2., neubearb. u. erg. Aufl. München 1980.

Morris, Christopher W.: *An Essay on the Modern State.* Cambridge 1998.

Nitschke, Peter: »Der Nationalstaat und seine klassischen Funktionen – Ein theoretischer Problemaufriß«. In: *Metamorphosen des Leviathan? Staatsaufgaben im Umbruch.* Hgg. v. Irene Gerlach u. Peter Nitschke. Opladen 2000, S. 11-29.

Ottmann, Henning: »Die Weltgeschichte (§§ 341-360)«. In: *G. W. F. Hegel, Grundlinien der Philosophie des Rechts.* Hg. v. Ludwig Siep. Klassiker Auslegen, Bd. 9. Berlin 1997, S. 267-286.

Reinhard, Wolfgang: *Geschichte der Staatsgewalt. Eine vergleichende Verfassungsgeschichte Europas von den Anfängen bis zur Gegenwart*. München 1999.

12. Jenseits des Staates: Ende und Anfang des Politischen

Primärliteratur:

Arendt, Hannah: *Vita activa oder Vom tätigen Leben*. 6. Aufl. München 1989.
Habermas, Jürgen: »Was Theorien leisten können – und was nicht«. In: *Jürgen Habermas, Vergangenheit als Zukunft*. Hg. v. Michael Haller. Zürich 1990, S. 130-158.
Habermas, Jürgen: *Faktizität und Geltung. Beiträge zur Diskurstheorie des Rechts und des demokratischen Rechtsstaats*. 4., durchgesehene u. um ein Nachwort u. Literaturverzeichnis erweiterte Aufl. Frankfurt a.M. 1994.
Marx, Karl/Engels, Friedrich: *Manifest der Kommunistischen Partei. Grundsätze des Kommunismus*. Mit einem Nachwort v. Iring Fetscher. Stuttgart 1977.
Marx, Karl: »Der achtzehnte Brumaire des Louis Bonaparte«. In: *Politische Schriften*, Bd. 1. Hg. v. Hans-Joachim Lieber. Stuttgart 1960, S. 268-387.
Schmitt, Carl: *Der Begriff des Politischen. Text von 1932 mit einem Vorwort und drei Corollarien*. Berlin 1979.

Sekundärliteratur:

Bolsinger, Eckard: »Konstitutionsformen des Politischen – Carl Schmitt«. In: *Moderne Politik. Politikverständnisse im 20. Jahrhundert*. Hg. v. Hans J. Lietzmann. Opladen 2001, S. 103-126.
Bonacker, Thorsten: »Die Zweideutigkeit der Demokratie. Zur Macht- und Herrschaftsproblematik bei Jürgen Habermas und Jean-François Lyotard«. In: *Macht und Herrschaft. Sozialwissenschaftliche Konzeptionen und Theorien*. Hg. v. Peter Imbusch. Opladen 1998, S. 199-219.
Brodocz, André/Schaal, Gary S. (Hgg.): *Politische Theorien der Gegenwart II. Eine Einführung*. Opladen 2001.
Demirović, Alex: *Der nonkonformistische Intellektuelle. Die Entwicklung der Kritischen Theorie zur Frankfurter Schule*. Frankfurt a.M. 1999.
Dews, Peter (Hg.): *Habermas – A Critical Reader*. Oxford/Malden, Massachusetts 1999.
Dunn, John: *Western Political Theory in the Face of the Future*. 7. Aufl. Cambridge 1993.
Euchner, Walter: *Karl Marx*. München 1982.
Hain, Karl-Eberhard: »Diskurstheorie und Menschenrechte. Eine kritische Bestandsaufnahme«. In: *Der Staat. Zeitschrift für Staatslehre und Verfassungsgeschichte, Deutsches und Europäisches Öffentliches Recht* 40 (2001) H. 2, S. 193-219.
Hartmann, Klaus: *Die Marxsche Lehre. Eine philosophische Untersuchung zu den Hauptschriften*. Berlin 1970.
Hennis, Wilhelm: »Replik auf Jürgen Habermas (1975)«. In: *Politikwissenschaft und politisches Denken. Politikwissenschaftliche Abhandlungen II*. Tübingen 2000, S. 289-296.
Meier, Heinrich: *Die Lehre Carl Schmitts. Vier Kapitel zur Unterscheidung Politischer Theologie und Politischer Philosophie*. Stuttgart/Weimar 1994.
Lukacs, Georg: *Geschichte und Klassenbewußtsein*. Berlin 1923.

Stammen, Theo: »Karl Marx (1818-1883)«. In: *Klassiker des politischen Denkens. Bd. 2: Von Locke bis Max Weber*. Hgg. v. Hans Maier u. Horst Denzer. Völlig neu überarb. Ausg. der 5., gebundenen Aufl. München 2001, S. 169-190.

Voigt, Rüdiger (Hg.): *Mythos Staat. Carl Schmitts Staatsverständnis*. Baden-Baden 2001.

13. Rückblick auf das Weitere ...

Primärliteratur:

Collingwood, R. G.: *The New Leviathan or Man, Society, Civilization & Barbarism. With »Goodness, Rigthness, Utility« and »What ›Civilization‹ Means«*. Introduction and edited by David Boucher. Revised Edition, Oxford 2000.

Kant, Immanuel: »Das Ende aller Dinge«. In: *Immanuel Kant, Werke in sechs Bänden*. Bd. VI: *Schriften zur Anthropologie, Geschichtsphilosophie, Politik und Pädagogik*. Hg. v. Wilhelm Weischedel. 3., nochmals überprüfter reprografischer Nachdr. d. Ausg. Darmstadt 1964, S. 173-190.

Leibniz, Gottfried Wilhelm: »Von der Glückseligkeit«. In: *Gottfried Wilhelm Leibniz, Kleine Schriften zur Metaphysik*. Philosophische Schriften, Bd. 1. Übers. u. hg. v. Hans Heinz Holz. 2. Aufl. Darmstadt 1985, S. 391-401.

Nietzsche, Friedrich: »Jenseits von Gut und Böse. Vorspiel einer Philosophie der Zukunft«. In: *Sämtliche Werke. Kritische Studienausgabe in 15 Bänden*, Bd. 5. Hgg. v. Giorgio Colli u. Mazzino Montinari. München 1980, S. 9-243.

Oakeshott, Michael: *Zuversicht und Skepsis. Zwei Prinzipien neuzeitlicher Politik*. Aus dem Englischen v. Christiana Goldmann. Mit einem Vorwort v. Wilhelm Hennis. Hg. v. Timothy Fuller. Berlin 2000.

Voegelin, Eric: *Die Neue Wissenschaft der Politik. Eine Einführung*. In Zusammenarbeit mit dem Eric-Voegelin-Archiv an der Ludwig-Maximilians-Universität München, mit einem Nachwort hg. v. Peter J. Opitz u. einer Bibliographie. 4., unveränderte Auflage, Freiburg/München 1991.

Voegelin, Eric: *Die politischen Religionen*. Mit einem Nachwort v. Peter J. Opitz. München 1993.

Wollstonecraft, Mary: *Ein Plädoyer für die Rechte der Frau*. Aus dem Englischen neu übertragen v. Irmgard Hölscher. Mit einem Nachwort v. Barbara Sichtermann. Weimar 1999.

Sekundärliteratur:

Barber, Benjamin: *Starke Demokratie. Über die Teilhabe am Politischen*. Aus dem Amerikanischen v. Christiane Goldmann u. Christel Erbacher-von Grumbkow. Mit einem Vorwort des Autors zur deutschen Ausgabe und einem Nachwort v. Hubertus Buchstein u. Rainer Schmalz-Bruns. Hamburg 1994.

Barry, Norman: *An Introduction to Modern Political Theory*. 4. Aufl., revised and updated, Houndmills/London 2000.

Bryson, Valerie: *Feminist Debates. Issues of Theory and Political Practice*. Houndmills/London 1999.

Gray, John: *Two Faces of Liberalism*. Cambridge/Oxford 2000.

Hösle, Vittorio: »Zur Dialektik von strategischer und kommunikativer Rationalität«. In: *Orientierung durch Ethik? Eine Zwischenbilanz*. Hg. v. Jean-Pierre Wils. Paderborn u.a. 1993, S. 11-35.

Kymlicka, Will: *Politische Philosophie heute. Eine Einführung*. Aus dem Englischen v. Hermann Vetter. Theorie und Gesellschaft, Bd. 35. Hgg. v. Axel Honneth u.a. Frankfurt a.M./New York 1997.

McKinnon, Catriona/Hampsher-Monk, Iain (Hgg.): *The Demands of Citizenship*. London/New York 2000.

Nitschke, Peter: »Christlicher Republikanismus bei Leibniz«. In: *Nihil sine ratione. Mensch, Natur und Technik im Wirken von G. W. Leibniz. VII. Internationaler Leibniz-Kongreß*. Vorträge 2. Teil. Hg. v. Hans Poser in Verbindung mit Christoph Asmuth u.a. Hannover/Berlin 2001, S. 907-914.

Reese-Schäfer, Walter: *Grenzgötter der Moral. Der neuere europäisch-amerikanische Diskurs zur politischen Ethik*. Frankfurt a.M. 1997.

Rosa, Hartmut: »Die politische Theorie des Kommunitarismus – Charles Taylor«. In: *Politische Theorien der Gegenwart II. Eine Einführung*. Hgg. v. André Brodocz u. Gary S. Schaal. Opladen 2001, S. 55-88.

Schabert, Tilo: »›Menschen‹ schaffen – Über das Verhältnis von Macht und Anthropologie«. In: *Anfänge*. Hgg. v. Detlev Clemens u. Tilo Schabert. Eranos, Neue Folge, Bd. 5. München 1998, S. 131-172.

Williams, Bernard: *Scham, Schuld und Notwendigkeit. Eine Wiederbelebung antiker Begriffe der Moral*. Mit einem Vorwort des Autors zur deutschsprachigen Ausgabe. Aus dem Englischen v. Martin Hartmann. Polis. Schriften zur Ethik und Sozialphilosophie, Bd. 1. Hg. v. Axel Honneth. Berlin 2000.

Personenregister